权威·前沿·原创

皮书系列为
"十二五""十三五""十四五"时期国家重点出版物出版专项规划项目

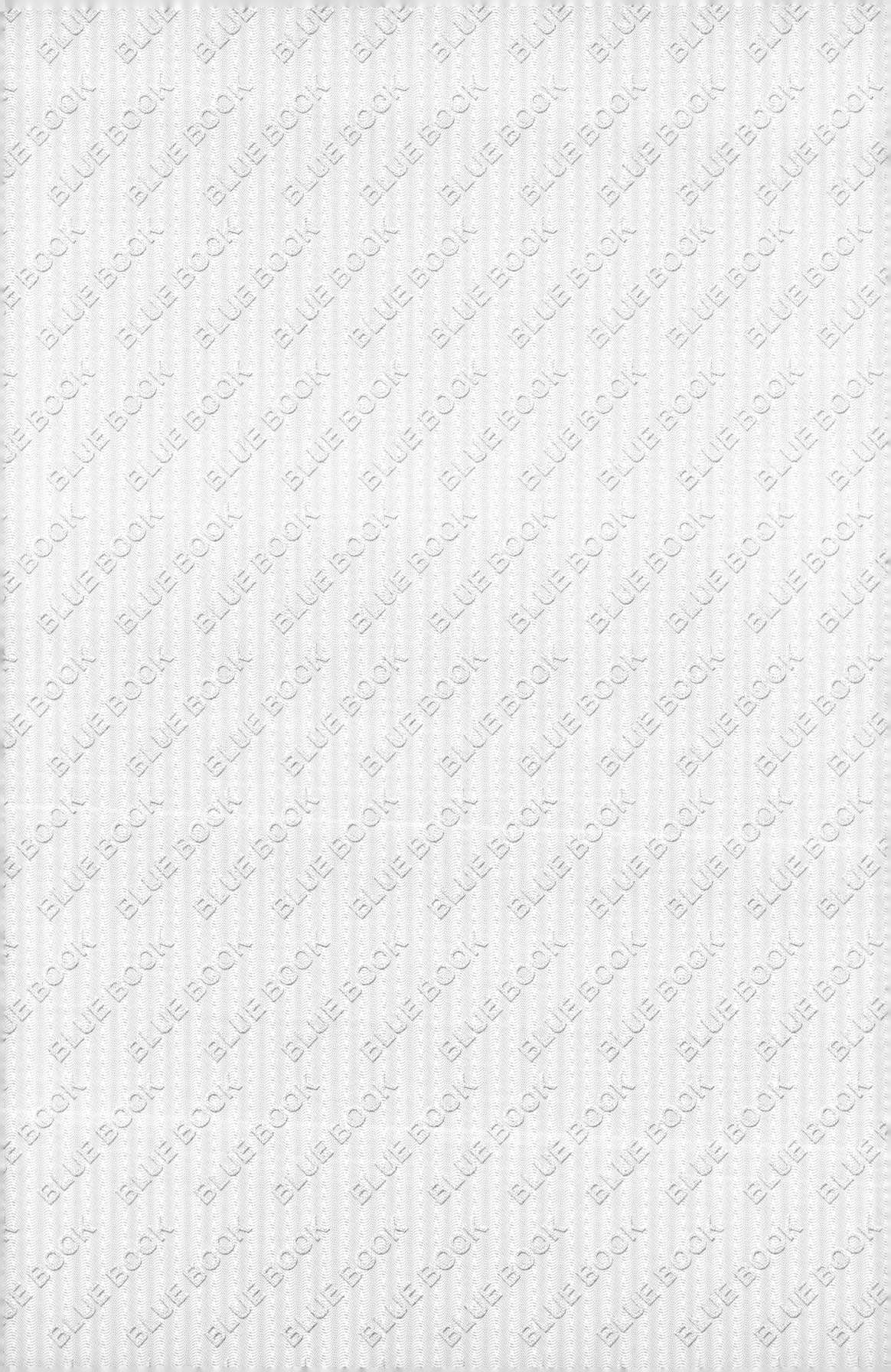

B

BLUE BOOK

智库成果出版与传播平台

对外开放蓝皮书
BLUE BOOK OF OPENING-UP

北京对外开放发展报告（2023）

ANNUAL REPORT ON BEIJING OPENING-UP DEVELOPMENT (2023)

组织编写／对外经济贸易大学北京对外开放研究院
主　　编／黄宝印　赵忠秀
副 主 编／王　强
执行主编／王　颖

社会科学文献出版社
SOCIAL SCIENCES ACADEMIC PRESS (CHINA)

图书在版编目（CIP）数据

北京对外开放发展报告 . 2023 / 黄宝印，赵忠秀主
编；王强副主编；王颖执行主编 . --北京：社会科学
文献出版社，2023. 12
（对外开放蓝皮书）
ISBN 978-7-5228-2875-6

Ⅰ . ①北… Ⅱ . ①黄… ②赵… ③王… ④王… Ⅲ .
①对外开放-研究报告-北京-2023 Ⅳ . ①F127. 1

中国国家版本馆 CIP 数据核字（2023）第 225377 号

对外开放蓝皮书
北京对外开放发展报告（2023）

主 编／黄宝印 赵忠秀
副 主 编／王 强
执行主编／王 颖

出 版 人／冀祥德
组稿编辑／恽 薇
责任编辑／颜林柯
文稿编辑／张 爽 白 银 王雅琪 等
责任印制／王京美

出 版／社会科学文献出版社·经济与管理分社（010）59367226
 地址：北京市北三环中路甲 29 号院华龙大厦 邮编：100029
 网址：www. ssap. com. cn
发 行／社会科学文献出版社（010）59367028
印 装／天津千鹤文化传播有限公司

规 格／开本：787mm×1092mm 1/16
 印张：22 字 数：328 千字
版 次／2023 年 12 月第 1 版 2023 年 12 月第 1 次印刷
书 号／ISBN 978-7-5228-2875-6
定 价／168. 00 元

读者服务电话：4008918866

编　委　会

主要编撰者简介

黄宝印　对外经济贸易大学党委书记，首都高端智库北京对外开放研究院理事长，经济学硕士，研究员，北京市第十三次党代会代表。兼任国家督学顾问、全国普通高校毕业生就业创业指导委员会副主任委员、《中国研究生》杂志编委会副主任、《大学与学科》杂志咨询委员会委员、北京市党建研究会常务理事、北京市习近平新时代中国特色社会主义思想研究中心特约研究员。长期从事学位与研究生教育政策、实践与理论研究，先后主持编写《世界主要国家和地区医学学位体系概况》《开创我国专业学位研究生教育发展的新时代——研究生专业学位总体设计研究报告》《国外研究生教育评估制度研究》《研究生教育创新计划实施报告》等；国家社会科学基金"十三五"规划 2018 年度国家重点课题——"我国研究生教育质量指数研究"首席专家；在《旗帜》《大学与学科》《中国高等教育》《中国高教研究》《学位与研究生教育》《研究生教育研究》等刊物发表文章多篇。

赵忠秀　对外经济贸易大学校长、党委副书记，首都高端智库北京对外开放研究院院长，经济学博士，教授，博士生导师，享受国务院政府特殊津贴专家。国际贸易学国家重点学科带头人，国际贸易国家级教学团队带头人，全国高校黄大年式教师团队带头人。兼任教育部高等学校经济与贸易类专业教学指导委员会主任委员、教育部新文科建设工作组成员、全国国际商务专业学位研究生教育指导委员会委员、中国专业学位案例建设专家咨询委员会委员、中国世界经济学会副会长、中国国际贸易学会副会长、金砖国家智库合作中方理事会联席理事长、国际金融论坛（IFF）第五届学术委员会联合主席、商务部经贸政策咨询委员会委员、财政部宏观研究人才库专家、中国贸促会专家委员会委员。主要研究领域为国际贸易学、产业经济学、全球价值链。在《求是》、《中国社会科学》（英文版）、《管理世界》、《发展经济学评论》、《中国经济评论》等中外学术刊物上发表论文多篇，出版教材、著作、蓝皮书多部，主持国家社会科学基金重大课题、教育部哲学社会科学研究重大课题攻关项目以及联合国工业发展组织、美国、挪威等国际合作课题多项。获国家级教学成果二等奖（2项）、山东省第九届教学成果奖特等奖。

王　强　对外经济贸易大学副校长，管理科学博士，教授，博士生导师，享受国务院政府特殊津贴专家，被授予"有突出贡献中青年专家"。九三学社中央委员，九三学社北京市委常委，北京市政协委员，政协北京市朝阳区第十四届委员会副主席，九三学社朝阳区委主委。主要研究领域为对外开放、产业经济学、物流与供应链管理。在国内外重要学术刊物上发表论文数十篇，"北京市服务业扩大开放"等相关领域研究成果曾获党中央、国务院等部门采纳。获全国商务发展研究成果奖，第六至第八届高等学校科学研究优秀成果奖（人文社会科学），北京市第十四、第十五届哲学社会科学优秀成果奖等。

王　颖　对外经济贸易大学国家对外开放研究院常务副院长，经济学博士，研究员。兼任中国国际贸易学会常务理事，受聘为北京市人民政府研究室合作外脑专家。主要研究领域为对外开放政策实践、中美经贸关系、国际贸易理论与政策。出版专著《美国产业地理与对中国贸易政策制定》，参编著作多部，在核心期刊上发表论文20余篇，主持1项国家社会科学基金项目、1项教育部人文社会科学青年基金项目，参与国家级和省部级重大、重点项目10余项。研究报告曾获国家领导人批示，多项成果被内参采用上报。获北京市优秀教育教学成果奖二等奖。

邓慧慧 对外经济贸易大学北京对外开放研究院、国际经济研究院研究员，经济学博士，博士生导师。国家社会科学基金重大（专项）首席专家。美国密歇根大学、明尼苏达大学访问学者。主要研究领域为区域、城市与产业发展。主持国家自然科学基金面上项目、北京社会科学基金重大项目等省部级以上项目 10 余项，出版专著 4 部。在国内外权威期刊发表学术论文 50 余篇。多篇研究报告曾获国家领导人、北京市领导肯定性批示，多项成果被内参采用上报。获教育部高等学校科学研究优秀成果奖（人文社会科学）（2 次）、北京市哲学社会科学优秀成果奖二等奖（2 次）。

摘　要

《北京对外开放发展报告（2023）》围绕 2022 年北京对外开放发展情况展开了全面梳理和深度分析，明确了北京在对外开放过程中面临的机遇和挑战，并结合国际形势与国家战略，对北京对外开放走向和发展路径进行了研判，进而为推动北京加快形成更高水平对外开放新格局提出建议。本书采用调查研究、案例分析、横纵比较和实证研究等方法，全方位刻画了北京对外开放的主要特征和发展趋势，认为在国际形势复杂严峻、经济环境持续低迷的背景下，2022 年北京紧抓制度型开放这一实现更高水平对外开放的核心，促进数据等关键要素国内国际双向流动、构建京津冀高水平协同开放格局、对接高标准国际经贸规则、加快营商环境等重点领域改革，在高水平对外开放新阶段取得了丰硕成果和重要成就，有力支撑了"双循环"新发展格局。

北京立足"四个中心"城市战略定位，推动"两区""三平台"建设，对外开放水平保持稳健提升态势，货物贸易总量连续两年创历史新高，服务贸易规模质量显著提升。制度创新方面，北京积极优化营商环境，开拓国际合作空间，依托服贸会和"双奥之城"提高了城市国际影响力，并在中小企业"一带一路"融资平台建设、北京自贸试验区制度创新及北京市服务贸易创新发展方面做出了积极探索。数字经济方面，北京持续加大资源投入力度，加强数字基础设施建设，积极开展数字经济国际合作研究，为平台经济等新兴业态发展提供了良好的环境。消费升级方面，北京凭借自身深厚的文化底蕴，积极推动文旅消费，促进国际消费中心城市建设，在"文化+体育""文化+会展"和"文化+康养"等方面取得显著成效。

展望未来,北京高水平对外开放仍面临一系列风险与挑战,应坚定不移地继续制度型开放,提速对接国际高标准经贸规则和世界银行宜商环境新评价标准,持续拓展对外开放的深度和广度;推进数据安全有序跨境流动,积极参与数据跨境流动国际规则制定和数字交易国际合作;推动数字技术发展,促进产业转型升级,激发企业创新活力,提升全球价值链分工地位;紧抓扩大内需战略基点推动北京国际消费中心城市建设,全面促进消费经济提档升级、提质增效;提升北京文化产业国际影响力,融合绿色理念建设智慧城市,立足实践培养复合型人才,培育北京国际竞争合作新优势。

关键词: 对外开放　"两区"建设　制度创新　消费升级　文化贸易

目 录 ↘

Ⅰ 总报告

Ⅱ 分报告

Ⅲ 专题报告

（一）制度开放篇

Ⅳ 案例研究

皮书数据库阅读 **使用指南**

总 报 告
General Report

B.1

北京市对外开放分析与展望（2023）

对外经济贸易大学北京对外开放研究院课题组*

摘　要： 国际形势日趋复杂多变，全球经济面临低增长考验，人工智能引发新的技术革命和产业升级。党的二十大报告明确指出，我国进入全面建设社会主义现代化国家、向第二个百年奋斗目标进军的关键阶段。北京市正在构建更加适应国际经贸规则的服务业开放制度体系，发力"五子"联动，积极推进"两区"建设，加速赋能经济高质量发展。2022 年，北京市货物贸易结构持续优化；服务贸易规模质量双提升；高技术产业快速发展；外资表现活

---

* 总负责人：黄宝印，对外经济贸易大学党委书记，研究员，主要研究方向为学位与研究生教育政策、实践与理论；赵忠秀，对外经济贸易大学校长、党委副书记，教授，主要研究方向为国际贸易学、产业经济学、全球价值链。执行负责人：王强，对外经济贸易大学副校长，教授，主要研究方向为服务贸易、国际运输与物流、全球供应链管理、产业经济学。执笔人：邓慧慧，对外经济贸易大学北京对外开放研究院研究员，主要研究方向为数字经济、区域与城市经济；王颖，对外经济贸易大学国家对外开放研究院常务副院长、研究员，主要研究方向为对外开放政策实践、中美经贸关系、国际贸易理论与政策；刘宇佳，对外经济贸易大学国际经济研究院博士研究生，主要研究方向为世界经济；胡琳娜，对外经济贸易大学国际经济研究院博士研究生，主要研究方向为世界经济。

跃，多领域均有所增长；营商环境进一步优化，新业态新模式赋能商圈；"双奥之城"有效提升国际影响力；数字经济助推京津冀区域协作更上一层楼。面对未知的风险与挑战，北京市将围绕服务构建新发展格局，以制度型开放为重点，坚持践行重大国家战略，聚焦投资、贸易、金融、创新等对外交流合作的重点领域，深化体制机制改革，建设更高水平开放型经济新体制。

关键词： 对外开放 "两区"建设 进出口贸易 北京市

一 北京市对外开放概况

自党的十八大召开以来，北京市在习近平新时代中国特色社会主义思想的引领下，积极实行更加主动的对外开放战略，开创了对外开放新局面。党的二十大报告强调，坚持高水平对外开放，加快构建以国内大循环为主体、国内国际双循环相互促进的新发展格局。北京作为我国对外开放事业的标杆城市，牢牢把握首都城市的战略定位，始终坚持不断提高对外开放水平，积极推进"两区"建设，努力打造四大开放型经济平台，持续在九个重点领域发力，为推动我国高质量发展提供了源源不断的强大动力。在国内外超预期因素的各种冲击下，北京市积极应对风险挑战，成功承办冬奥会，并顺利进入"两区"建设新阶段。

根据《北京市2022年国民经济和社会发展统计公报》，2022年北京市经济总量稳中有进，地区生产总值达到41610.9亿元，较上年增长0.7%；货物进出口总额突破3.6万亿元，连续两年高速增长。双向投资发展平稳有序，全年实际利用外商直接投资174.1亿美元，较上年增长12.7%；对外直接投资额达69.3亿美元，境外直接投资存量突破1000亿美元。这一方面得益于北京市积极出台并完善相关优惠政策，努力打造国际消费中心城市商圈，为对外贸易和投资领域提供便利；另一方面，北京市努力搭建各类会展平台，大力发展跨境电商和数字贸易，为数字经济增添动能。随着对外开放的大门进一步敞开，北京市正向更高水平对外开放发展格局迈进。

（一）外贸提质升级，高技术产业发展步伐加快

1. 货物贸易总额再创历史新高

2022年，北京市持续推出"促外贸、稳增长和调结构"等系列政策措施，货物进出口总额再创历史新高。北京海关数据显示，2022年北京市货物进出口总值达3.64455万亿元，较上年增长19.7%，对全国进出口增长贡献率达19.9%，居全国首位，可持续性增长态势明显（见图1）。其中，2022年北京各季度的货物进出口总额分别达0.806万亿元、0.879万亿元、0.968万亿元和0.991万亿元，同比增长率始终为正（见图2）。

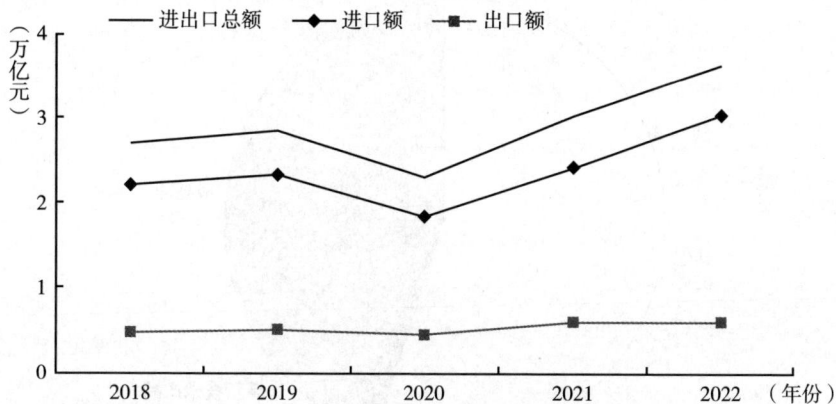

图1　2018~2022年北京市货物贸易进出口总额

资料来源：根据《北京统计年鉴》、北京海关数据整理。

2. 货物贸易结构持续优化

2022年，北京市货物贸易结构持续优化，排名前五的出口产品分别为机电产品、成品油、高新技术产品、钢材与农产品（见图3）。其中，成品油表现最为突出，出口额达0.195万亿元，同比增长45.31%。但高新技术产品出口总额仅为0.172万亿元，较上年明显下降，降幅高达33.88%。从

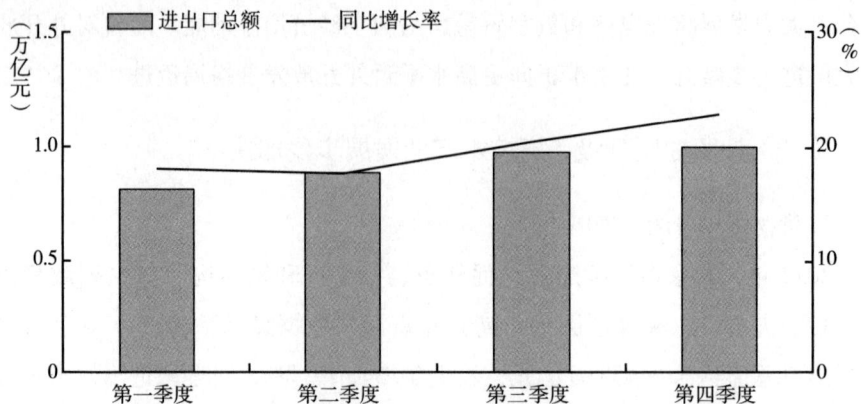

图2 2022年北京市分季度货物贸易进出口总额及增速

资料来源：根据《北京统计年鉴》、北京海关数据整理。

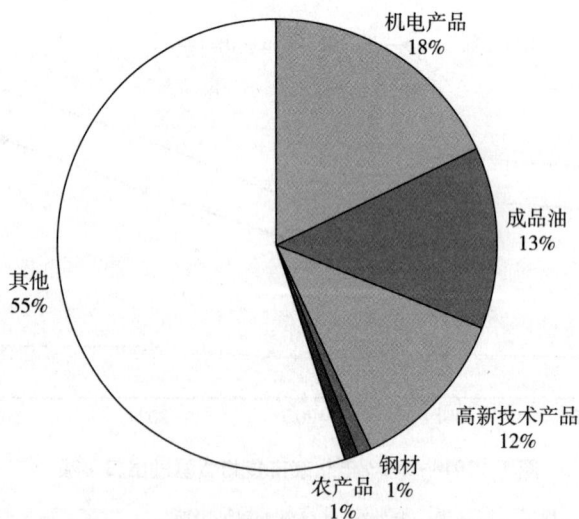

图3 2022年北京市主要出口商品结构

资料来源：北京海关公布的《北京地区进/出口主要商品量值表（2022年1～12月）》。

进口商品结构来看，2022年包括能源产品在内的大宗商品成为北京市拉动进口的主要动力。其中，排名前五的进口商品分别为原油、机电产品、高新技术产品、天然气与农产品（见图4）。原油进口额高达1.358万亿元，同比增长 47.57%；天然气进口额为 0.267 万亿元，同比增长 31.24%。从进出口商品结构来看，能源产品成为 2022 年北京市货物贸易规模增长的主要动力，但高新技术产品出口额的下降需引起重视。在国际政治形势的影响下，高度依赖能源产品的经济结构更易受到冲击，提示北京依然面临出口乏力等问题，须加快核心技术突破，实现产品提质升级，减少能源消耗。

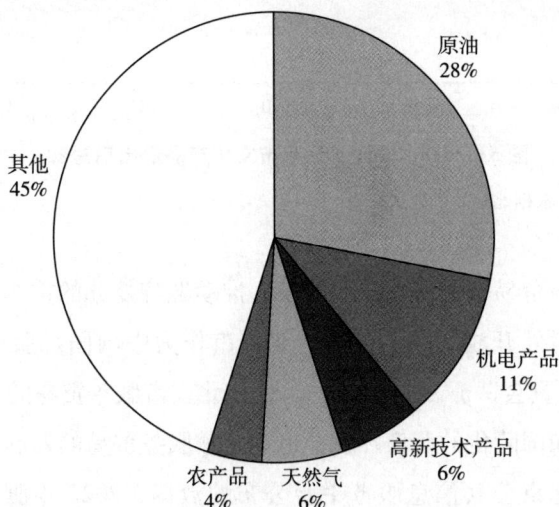

图 4　2022 年北京市主要进口商品结构

资料来源：北京海关公布的《北京地区进/出口主要商品量值表（2022 年 1~12 月）》。

3. 服务贸易规模质量双提升

2022 年北京市多措并举，服务贸易创新试点走深走实，14 个国家级服务出口基地全面落地，服务贸易指标进一步增长。2022 年，北京市服务贸易规模突破万亿元，继续居全国前列。北京市商务局数据显示，2022 年前三季度北京市服务贸易进出口额占对外贸易进出口总额的比重为 21.8%，高于全国平均水平 9.7 个百分点。其中，知识密集型服务进出口额占比达 50.0%，高于全国平均水平 8.0 个百分点。2018~2022 年，北京市文化产品进出口总额整体呈上升趋势，尽管 2022 年有所回落，但仍高达 0.027 万亿元（见图 5）。

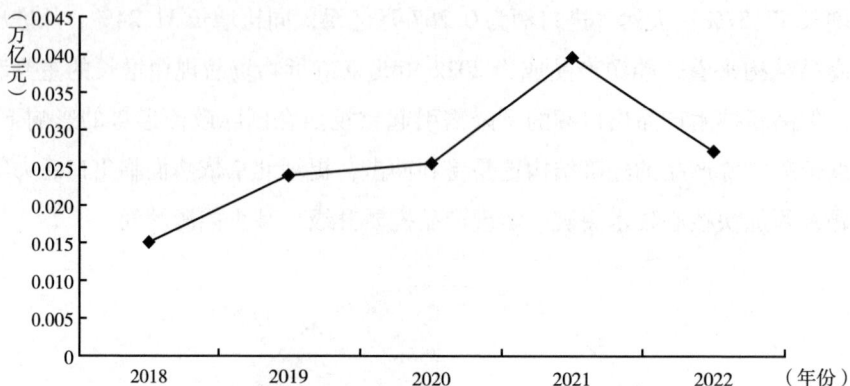

图5 2018~2022年北京市文化产品进出口总额

资料来源：根据北京海关数据整理。

另外，服务贸易作为深化全球改革、推动经济复苏的重要增长点，一直是北京市促进对外开放的重点领域。北京市作为中国国际服务贸易交易会（以下简称"服贸会"）的举办地，不仅为北京市服务贸易的发展提供了专业化、市场化和国际化的营商环境，也为全球服务贸易的发展注入了新的动力。根据开放北京公共信息服务平台公布的数据，2022年服贸会超过400家世界500强企业和国际龙头企业以线下方式参展，整体国际化率达20.8%；北京市服务贸易重点企业与RCEP成员国实现进出口额近67.8亿美元，占全市服务贸易重点企业进出口总额的19.67%。北京市服务贸易国际竞争力的持续提升有效拓展了服务贸易伙伴的范围，充分把握了区域经济一体化带来的新机遇。

4. 高技术产业快速发展

北京海关数据显示，2022年北京市国有企业进出口额达2.73万亿元，同比增长32.3%，占北京市进出口总额的74.9%；民营企业进出口总额达3033.4亿元，同比增长4.5%，占北京市进出口总额的8.3%。其中，383家"专精特新小巨人"企业进出口额达123.4亿元，同比增长27.5%，表明在北京市持续发挥创新引领作用的过程中，高技术产业为外贸注入新动能。其中，企业作为推动进出口高质量发展的主力军，通过技术创新和国际化交流推动高技术产业发展。近年来，北京市高新技术产品进口额持续增加，出口额经历了先上升后下降的过程（见图6）。从进口情况来看，我国对技术型产品需求的增加有效拉动了地区高新技术产品进口；北京市政府对营商环境和海关服务的持续优化则有助于高新技术产品进口额的稳定增长。从出口情况来看，近年来，以美国为首的几个国家对中国实施严格的技术封锁，受国际形势影响，北京市高新技术产品出口额尚存在一定的波动性。

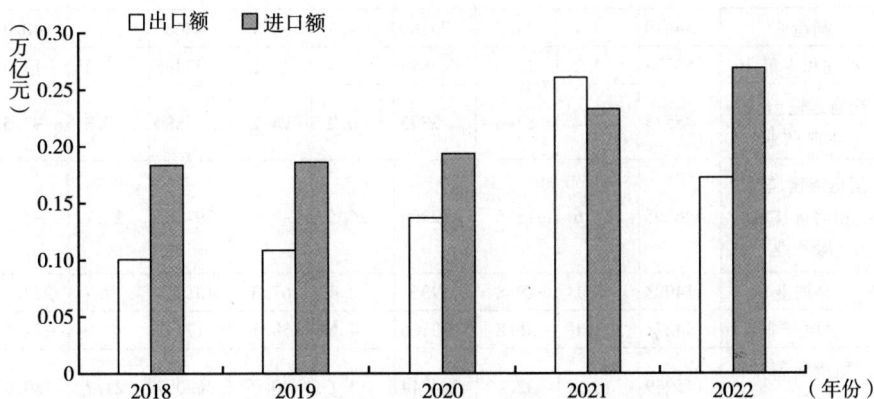

图6　2018~2022年北京市高新技术产品进出口情况

资料来源：根据北京海关数据整理。

（二）外资表现活跃，多领域释放磁吸效应

在"两区"建设的带动下，2022年北京市实际利用外商直接投资额为174.1亿美元，同比增长11.9%。根据2023年北京市商务工作报告，2018~2022年北京市累计实际利用外资金额超过750亿美元。按照重点行业细分领域来看，2022年引资结构中前3位的行业依次是科学研究和技术服务业（69.8亿美元），占比为40.1%；信息传输、软件和信息技术服务业（39.4亿美元），占比为22.7%；租赁和商务服务业（36.9亿美元），占比为21.2%。其中，金融业，交通运输、仓储和邮政业，与租赁和商务服务业在2022年

均实现了快速增长，同比分别增长257.5%、97.5%和80.6%，科学研究和技术服务业增长相对缓慢，同比增长15.6%（见表1）。

表1 2020~2022年北京市重点行业实际利用外资情况

单位：万美元，%

行业	2020年			2021年			2022年		
	实际利用外资	比重	增长率	实际利用外资	比重	增长率	实际利用外资	比重	增长率
总计	1410441	100.0	-0.8	1556162	100.0	10.3	1740768	100.0	11.9
制造业	44419	3.1	31.9	73160	4.7	64.7	43662	2.5	-40.3
批发和零售业	59738	4.2	12.9	67892	4.4	13.6	57485	3.3	-15.3
交通运输、仓储和邮政业	48573	3.4	82.6	2825	0.2	-94.2	5580	0.3	97.5
信息传输、软件和信息技术服务业	446295	31.6	-16.6	412309	26.5	-7.6	394366	22.7	-4.4
金融业	114093	8.1	-29.8	37361	2.4	-67.3	133554	7.7	257.5
房地产业	44271	3.1	-36.8	70166	4.5	58.5	17795	1.0	-74.6
租赁和商务服务业	145949	10.3	32.7	204344	13.1	40.0	369097	21.2	80.6
科学研究和技术服务业	479903	34.0	30.5	604137	38.8	25.9	698192	40.1	15.6

资料来源：历年《北京市国民经济和社会发展统计公报》，北京市统计局。

（三）营商环境优化，推进服务型政府建设

近年来，北京市营商环境的优化实现了从"跟跑"到"领跑"的转变，为首都高质量发展提供了强有力的支撑，逐步营造了公平竞争、开放包容的投资环境。过去5年，北京市持续深化"放管服"改革，以市场化、法治化、国际化为导向，连续推出了优化营商环境1.0至5.0五个版本，共计1000余项改革举措，集中力量攻破阻碍企业发展的难点，打破传统落后体制的限制，取得了显著成效。北京市不断加强商事制度改革，努力推动工程

建设全流程审批和破产制度改革，积极完善监管执法制度和企业"服务包"制度，大力推进政务服务"一网通办"。同时，北京市还推出了外籍人员网上开办企业渠道，试行市场主体登记确认制，大力推进住所登记标准化试点改革等，多措并举帮助企业开办"提速"，显著提高了政府服务效率。目前，在京设立各类市场主体都实现了"一网通办、一天办结"。据北京市十六届人大一次会议的新闻发布会介绍，2022年北京市通过推进企业注销、破产、歇业等方面的改革，压缩简易注销登记公告时间。

此外，2022年北京海关全力助推北京市外贸保稳提质，累计出台28项举措优化营商环境。北京海关公布的数据显示，共计2727家企业在北京海关的帮助下，顺利完成便捷式装卸货运输任务。为进一步提升服务质量，北京海关为集成电路、生物医药、电动汽车、会展等产业提供了定制化海关服务，积极完善相关服务制度，建立产业外贸优势。例如，北京海关为生物医药产业推出"白名单"等19项便利措施。在北京海关的大力支持下，2022年北京市集成电路进口额达426.7亿元，同比增长89.5%；出口额达249.7亿元，同比增长22.8%。同年，生命科学技术行业产品进口额达852.2亿元，同比增长20%。

（四）巩固发展优势，完善数字化基础设施

以数字赋能城市治理，加快智慧城市建设是北京市打造全球数字经济发展高地的重要举措。在《数字城市指数2022》①中，北京市数字化的发展程度及影响力在30个重要城市中排名第三。2022年，北京市建设全球数字经济标杆城市八大任务顺利执行（见图7），在夯实基础、建设市场、促进互联互通、强化科技、培育产业、优化生态、城市治理和监测等方面取得不同程度的进展，为北京市数字经济发展构建有力支撑。根据《北京市2022年国民经济和社会发展统计公报》，2022年，北京市云计算、人工智能等新

---

① 《数字城市指数2022》，"经济学人集团"微信公众号，2022年7月1日，https：//mp.weixin.qq.com/s/trTb1s9NVhv0nefrAXP6Dw。

基建项目固定资产投资较 2021 年增长 25.5%，5G 基站数量增加 2.4 万个，数字基础设施建设得到有效完善。2022 年底，固定互联网宽带接入用户数同比增长 8.8%，移动互联网接入流量同比增长 14.6%，六大工程的引领作用日益显现，形成了培育数字经济新兴产业的新模式，各类新兴数字产业规模位居全国前列。

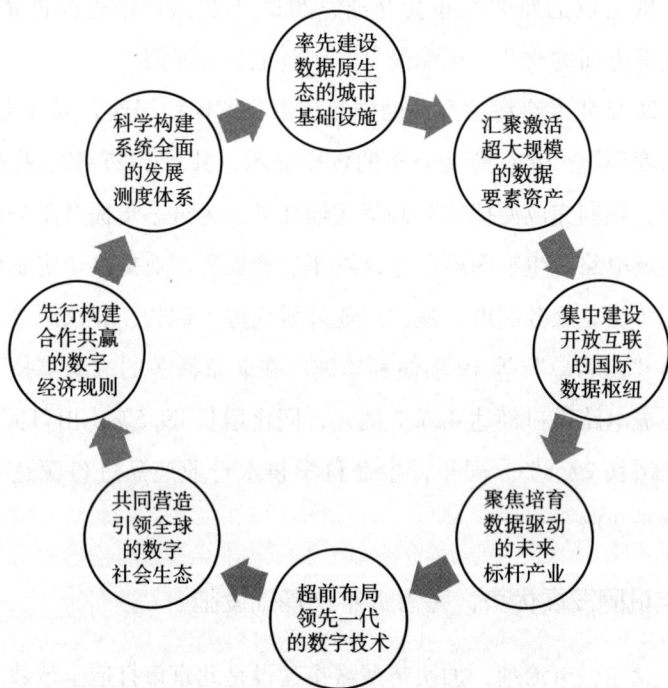

图 7　《北京市关于加快建设全球数字经济标杆城市的实施方案》提出的八大任务

　　目前，高水平自动驾驶示范区 2.0 阶段建设已完成，3.0 阶段正式启动。北京国际大数据交易所建立了全国首个集规则、技术和机制于一体的可信数据流通服务体系。城市空间操作系统海淀百万平方米试点完成了城市脉动、园区脉搏和商圈场景建设。超大规模人工智能模型训练平台和区块链先进算力实验平台建设有序推进。此外，四类标杆企业特色鲜明，数字化时代的新型市场力量作用突出，在推动创新链、价值链和供应链对接融合等方面发挥了重要作用，自主可控、产研一体、软硬协同的技术创新体系正逐步形成，数字技术创新逐渐呈现整体性、立体化、多层次的发展格局。例如，高端芯片技术突飞猛进，区块链高性能技术取得阶段性突破，人工智能创新成果相继迸发，6G 技术和软硬件研发等方面成果丰硕。未来，北京市需要继续推进数字经济全产业链开放发展，释放数据要素价值，提高其在全球价值链中的地位。

（五）支持对外投资，多平台深化全球合作

对外开放平台支撑北京市开展国际合作，是北京市实现对外开放和开展国际交流的重要载体。在党中央的关心和支持下，北京市打造了服贸会、中关村论坛、金融街论坛、双枢纽机场开放平台四大开放型经济平台。其中，服贸会不仅是全球服务贸易领域规模最大的综合型展会和中国服务贸易领域的标志性展会，也是中国对外开放的重大展会平台，为国际服务贸易领域传播理念、连接供需、分享商机、共促发展提供了重要支持。根据《北京日报》报道，2022 年服贸会共达成各类成果 1339 个，其中成交项目类 513 个、评选推荐类 242 个、投资类 175 个、首发创新类 173 个、战略协议类 128 个、权威发布类 82 个、联盟平台类 26 个（见图 8）。

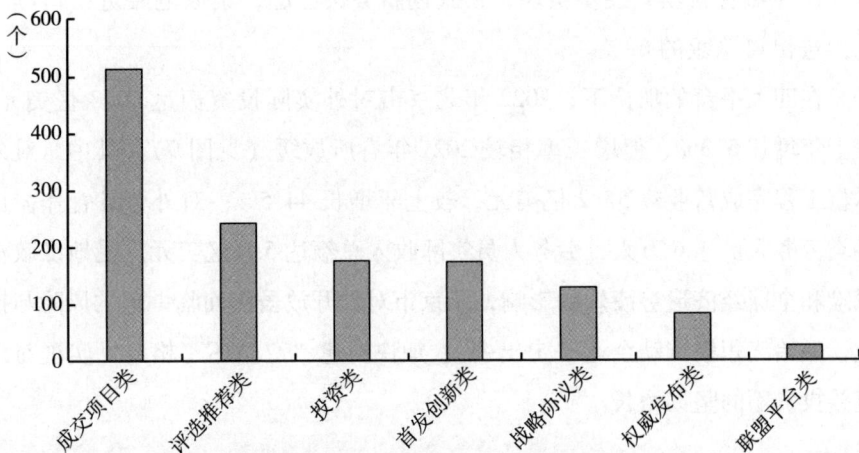

图 8　2022 年服贸会达成的各类成果

资料来源：《北京日报》、《北京市 2022 年国民经济和社会发展统计公报》与北京市统计局。

中关村论坛作为面向全球的国家级平台，2022 年围绕论坛会议、技术交易、展览展示、成果发布、前沿大赛等板块累计开展 130 余场活动，促进了前沿科技创新和高精尖产业发展，为促进全球科技创新与交流做出了突出贡献。此外，2022 年金融街论坛共设置 27 场活动、39 个议题，全球近 400 名嘉宾出席，国际化参与度较往年大幅提升，充分体现了北京市对外开放平台在加强信息交流、促进国际合作中发挥的重要作用，彰显了北京市作为国家级金融管理中心的独特地位。另外，双枢纽机场开放平台致力于成为世界级国际航空枢纽，形成辐射全球的网络布局，保障物流系统灵活运行。然而，2022 年北京市首都机场和大兴机场旅客吞吐量合计 2298 万人次，全国排名第四，不敌广州、上海和成都。① 如何充分发挥双枢纽机场功能，促进人口与货物流动是北京市未来需要关注的重点。除以上对外开放平台外，2022 年在北京海关的助力下，综保区的发展格局发生了新的变化，经历了从天竺"一枝独秀"到天竺、大兴"齐头并进"的转变。根据北京海关公布的数据，2022 年天竺综保区进出口额达 1127.4 亿元，增长 30%。其中，医药材及药品进出口额为 807.2 亿元，增长 33.4%。全国第一个跨省级行政区域综保区——大兴机场综保区正式运营，"四个一"区港一体化监管新模式逐步实现，模式创新势头已起，集成电路进出口额占区内进出口总额的 68%。

在四大平台的加持下，2022 年北京市对外实际投资额达 69.3 亿美元，较上年增长 5.3%，但增长率相较 2021 年有所放缓（见图 9）。其中，对外承包工程完成营业额 53.2 亿美元，较上年增长 44.5%；对外劳务合作派出各类劳务人员 3.6 万人，劳务人员实际收入总额达 5.0 亿美元。受地缘政治风险和全球经济形势疲软的影响，北京市对外开放虽然面临一定的风险与挑战，但始终积极推动企业"走出去"，加快构建"双循环"格局，实现对外直接投资额的坚韧增长。

① 《2022 年中国航空吞吐量 20 强机场排名，成都高居榜首，北京第 4》，"晓宇说"网易号，2023 年 1 月 4 日，www.163.com/dy/article/HQ7OA6AO0553YGEK.html。

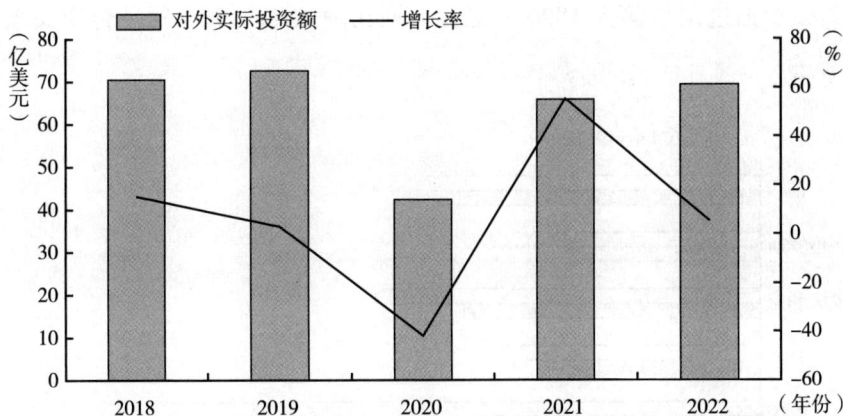

图 9　2018～2022 年北京市对外实际投资额及增长率

资料来源：《北京日报》、历年《北京市国民经济和社会发展统计公报》与北京市统计局。

（六）加强国际合作，北京市积极扩大"朋友圈"

近年来，北京市与贸易伙伴之间的合作关系持续深化。数据显示，2021年北京市与各主要贸易伙伴之间的进出口总额相较于 2020 年均有所上升（见图 10）。其中，美国仍是北京市最大的贸易合作伙伴，北京市对美国进出口总额达 470 亿美元；澳大利亚紧随其后，北京市对其进出口总额达到290 亿美元；德国是北京市第三大贸易伙伴，北京市对其进出口总额达到280 亿美元。此外，根据《北京日报》报道，2022 年服贸会，71 个国家和国际组织参与其中，阿拉伯联合酋长国、瑞士、意大利、挪威等 10 个国家首次以国家名义设展，吸引了 507 家世界 500 强及行业龙头企业线下参展，展位特装率高达 98.4%，为北京扩大国际"朋友圈"提供了契机。

另外，北京坚持"一带一路"倡议，强调合作共赢，进一步拓宽了"朋友圈"。据北京海关数据，2022 年北京对共建"一带一路"国家进出口额达 1.59 万亿元，同比增长 28.2%，占地区进出口总值的 43.7%。同期，北京对中东、非洲和拉美等地区的进出口额分别为 9005.6 亿元、3249.0 亿元和 2757.7 亿元，同比分别增长 52.3%、19.7% 和 10.0%；北京对俄罗斯进出口额为 1896.9 亿元，同比增长 42.1%，贸易合作关系稳中有进。

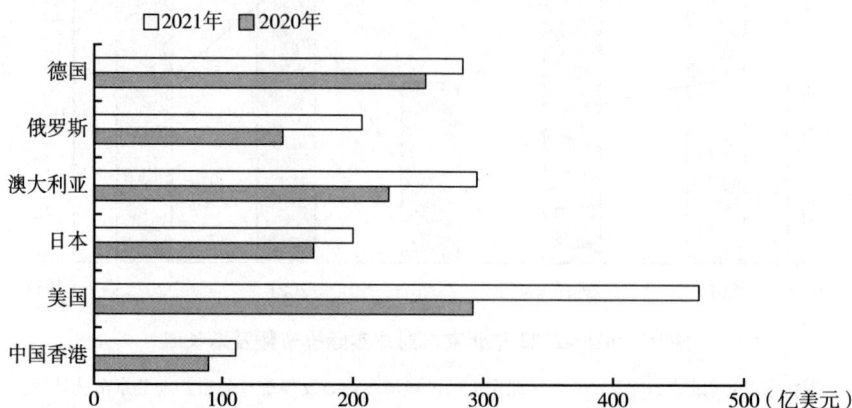

图 10　2020~2021 年北京市对主要贸易伙伴的进出口总额

资料来源：历年《北京统计年鉴》。

（七）创新成果涌现，"领头雁"作用凸显

北京坚持"五子"联动发展战略，积极融入新发展格局，充分发挥了科技创新引领作用。《北京市 2022 年国民经济和社会发展统计公报》数据显示，2022 年 1~11 月，全市大中型重点企业研发费用总额达 3311.7 亿元，同比增长 10.0%；位于中关村示范区的限额以上高新技术企业实现技术收入 16201.8 亿元，占企业总收入的 21.7%，占比提高 2.1 个百分点。截至 2022 年底，北京市有效发明专利共计 47.8 万件，同比增长 18.0%。技术交易呈现积极活跃局面，全年技术合同成交额达 7947.5 亿元，同比增长 13.4%。

随着越来越多的创新成果涌现，"北京智造"品牌逐渐打响，天竺、大兴综保区"齐头并进"。现如今，新一代信息技术和医药健康成为拉动北京市产业增长的两个重要动力。根据北京海关公布的数据，2012~2021 年，北京市高新技术产品出口比重经历了从 31.8% 到 42.6% 的大幅提升；

在药物研发创新的直接推动下，医药材及药品的出口额迅速提升，成为北京市出口额排名第二的商品，占进出口总额的比重从 1% 攀升至 17%。天竺综保区作为具有服务贸易特色的综合保税区，如今已聚集了 400 余家企业，其中包含 30 余家拥有自主品牌及自主知识产权的企业、25 家高精尖研发机构、21 家国家高新技术企业及中关村高新技术企业。北京市医药产品进口额占全国的 1/5，艺术品进口额占全国的 1/3。此外，为推动全国唯一跨省综保区——大兴机场综保区建设，北京海关设计了"一个系统、一次理货、一次查验、一次提离"的港区一体化监管模式，为京津冀协同发展树立了新标杆。2022 年 4 月 25 日，总价值约 1343 万美元的芯片、电子产品及红酒等货物入区，标志着北京大兴国际机场综合保税区正式进入运营阶段。

二　新形势下北京市对外开放的机遇

（一）数字化与低碳化融合驱动经济高质量发展

随着全球经济竞争日趋激烈，数字化与绿色化成为各地区经济社会转型的两大趋势。党的二十大报告指出，"推动经济社会发展绿色化、低碳化是实现高质量发展的关键环节"。为打造一批绿色低碳发展标杆企业，北京市国资委率先推出《市管企业碳达峰行动方案》，基于构建绿色产业体系、打造低碳能源体系和强化科技创新支撑等 7 个维度，先后提出 25 条措施，为成功实现 2030 年前碳达峰目标贡献了国企力量。此外，北京市建设了延东微电子智能工厂等多个工业数字化转型项目，促进生产设备及生产线数字化转型；积极推进京能智慧电厂、北控智慧能源供应云平台等一批数字化平台运营，促进城市基础设施智能化改造；北京移动还对室外基站进行升级，应用新型机房分点控制节电技术，有效提升了网络能效，推动数字化和绿色化融合创新。

建筑领域作为北京市碳排放的主要来源之一，在优化调整北京市产业和能源结构、促进经济社会的全面绿色转型方面具有重要意义。近年来，建筑业的碳排放量约占北京市碳排放量的一半。为推动国有资本增持，聚焦绿色低碳、前瞻性战略性新兴产业，中国铁建联合中信集团等合作伙伴，于 2022 年成立了中国碳基础设施产业发展有限公司。作为中国铁建首个"双碳"专业平台，中国碳基础设施产业发展有限公司以技术创新推动节能减排，开展低碳技术研发和绿色建筑技术研究。《中国铁道建筑报》显示，中铁二十局下属中铁长安重工有限公司自主研发制造的设备在 4000 多米海拔高度工作 10 万小时，累计减少二氧化碳排放 5760 吨。据《中国能源报》报道，如今北京市新建民用建筑在国内率先全面实施绿色建筑一星标准，累计新建装配式建筑面积超过 9400 万平方米，完成 1000 多万平方米公共建筑节能绿色改造。此外，北京市还在加快实施供热计量改造，有序推进智能供热，逐步降低单位建筑面积能耗。在可再生能源建筑利用方面，建成具有太阳能热水系统的建筑 4758 万平方米。

（二）"两区"建设新阶段进一步释放外贸潜力

"两区"建设不仅指引北京市向更深层次、更广范围、更高水平探索开放创新，更是推进北京市高水平对外开放的重要抓手。北京市推出一系列创新性服务政策，例如，支持人类遗传资源服务站开展业务、设立国家金融科技风险监控中心、开设落地汽车平行进口试点等，给予企业政策方面的支持。根据北京市商务局公布的数据，在高新技术企业中，"报备即批准"的试点企业数量达 190 家；知识产权保险试点覆盖全市 472 家企业的 4818 件专利，保障额超 50 亿元。除了政策的大力支持以外，国际项目的引进也为北京"两区"建设带来了新动力。2022 年，"两区"项目库入库项目新增5794 个，同比增长 61.7%。随着"中亚三国"首家在华银行代表处、沙特达兰卡集团亚太区总部、德国特瑞拓工业数控中国区总部等一批标志性项目落地，北京市在国家服务业扩大开放试点示范评估中名列参评省（区、市）首位。

如今北京"两区"建设设立了服务业开放、科技创新和数字经济 3 条主要赛道，实行"产业+园区"双轮驱动开放模式，为发展对外贸易营造了良好的环境。各个园区实施差异化发展战略，海淀区获评知识产权服务领域特色服务出口基地；顺义区聚焦"临空+保税"特征，推动波音维修基地、博乐德艺术空间等特色产业项目落地；朝阳区第四使馆区总体建设方案获批；通州区绿色金融成效显著。根据《北京市 2022 年国民经济和社会发展统计公报》，北京市服务业扩大开放重点领域实际利用外资金额达 158.6 亿美元，同比增长 20.6%，其中科技、互联网信息、商务和旅游服务领域实际利用外资金额占比超 90%。

（三）智慧城市集聚创新要素推动成果落地转化

《北京市"十四五"时期智慧城市发展行动纲要》提出，到 2025 年，北京市将建设成全球新型智慧城市的标杆城市。为此，北京市作为全国科技创新中心，积极推进智慧城市建设，已经从基本完成筑基的 1.0 阶段，逐渐迈向全域应用场景加快开放和大规模建设的 2.0 阶段。2023 年全球数字经济大会专题论坛"全球变化下的智慧城市"公布的《2023 亚洲智慧城市排名》和《2023 二十国集团（G20）智慧城市排名》两份报告显示，无论是在亚洲智慧城市排名中，还是在 G20 智慧城市排名中，北京市均位列前10%。此外，根据北京市统计局公布的数据，2022 年北京市信息类新型基础设施项目投资增长超过 1 倍，全年新增 2.4 万个 5G 基站，年末每万人 5G基站数居全国首位；移动互联网接入流量增长 14.6%，在此带动下物联网、城市大脑、超高清视频等一些 5G 应用场景不断拓展。基础设施建设不断推进的同时，北京市的人工智能产业得到飞速发展。根据《2022 年北京人工智能产业发展白皮书》，截至 2022 年 10 月，北京市拥有人工智能核心企业1048 家，占全国人工智能企业总量的 29%，位列全国第一。在国际人工智能城市排名榜上，北京市的排名也从 2020 年的第七攀升到 2023 年的第五，国际地位逐渐提升。

北京市围绕公共平台建设，近年来陆续推出了大量应用场景，为新技术"训练"提供场所；同时根据城市发展的需求和挑战，北京市打造了一个充满活力的技术孵化器，为企业技术的验证、迭代和集成提供了加速机会。例如，亦庄打造了全球首个联网云控高水平自动驾驶示范区，创造了多项"第一"：国内首个自动驾驶出行服务商业化试点建立、中国特大城市首个"无人驾驶"自动驾驶服务上线、自动驾驶路测临时牌照发放数量位居全国第一。并且随着北京智慧城市建设逐渐深化，越来越多的创新成果落地。近5年，北京市中关村示范区规模以上高新技术企业技术收入占总收入的比重持续上升。根据《北京市 2022 年国民经济和社会发展统计公报》，2022 年北京市中关村示范区规模以上高新技术企业技术收入占总收入的比重为21.7%，同比提高 2.1 个百分点（见图 11）。

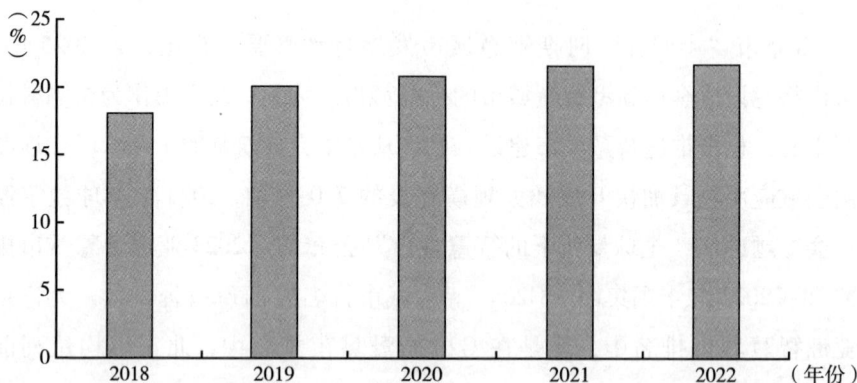

图 11 2018~2022 年北京市中关村示范区规模以上高新技术企业技术收入占总收入的比重
资料来源：历年《北京市国民经济和社会发展统计公报》。

（四）新业态新模式赋能商圈满足多元化消费需求

2018~2022 年，北京市社会消费品零售总额经历了较大波动。根据《北京市 2022 年国民经济和社会发展统计公报》，2022 年北京市消费市场的发展潜力略有下降，市场消费总额相较 2021 年下降 4.9%，但仍高于 2020年水平。其中，社会消费品零售总额达 13794.2 亿元，同比下降 7.2%（见图 12）。在升级类消费板块中，金银珠宝类和文化办公用品类商品零售额同比增长 10.6% 和 0.6%，新能源汽车置换补贴等政策有效带动了新能源汽车类商品零售额增长（同比增长 17.1%）。

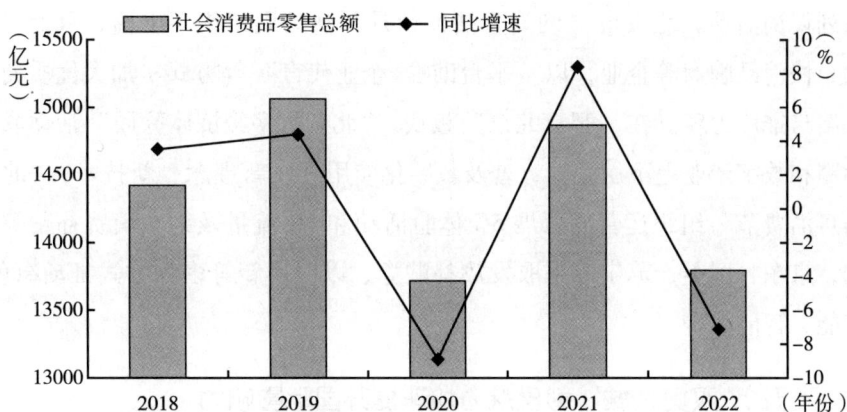

图12 2018～2022年北京市社会消费品零售总额及其增速

资料来源：历年《北京市国民经济和社会发展统计公报》。

在传统商圈消费体系的基础上，为提升服务消费和新型消费能级，建设国际消费中心城市，北京市利用文化优势和"互联网+消费"为新型商圈建设注入新动能。首先，首都文化极具国际吸引力，在促进"文化+体育""文化+会展"和"文化+康养"等横向交流方面，北京市成为文化活动的首选地。2022年，北京市持续发挥"大戏看北京"风向标作用，推出沉浸式、互动式等演出业态。根据北京文化消费高峰论坛公布的数据，第十届北京惠民文化消费季累计举办27.84万场活动，累计消费5.25亿人次，带动近120亿元消费金额，联动开展了北京文化消费促进行动，为市场主体配套了5000万元财政资金，成功引导文化消费升级，为消费市场供需两端提供了动力，丰富了城市文化生活。根据中国人民大学文化产业研究院公布的2022年中国省市文化产业发展指数，北京市在文化产业新业态融合指标中位列前十，16类文化产业新业态企业数量均超过了10万家。

其次，"互联网+消费"为北京市打造新型商圈注入了新动能。2022年，北京市消费季打造了潮购北京、智惠北京、文享北京等8个板块，组织京东、国美、美团等全市重点电商企业，围绕"北京消费季"主题开展了一系列促销活动。北京市"网络直播促销月"活动则组织了电商、百货、商超、快消品牌商等企业，以"平台助推+企业代言"等方式，加大优质商品供给与推广力度。在"智惠北京"板块，"北京数字经济体验周"活动联动商圈和数字产业上下游企业，普及数字化应用开发新理念、新技术；"北京信息消费节"组织运营商开展5G体验活动和5G流量及终端消费补贴等活动；京东、国美、苏宁等采取发放补贴券、以旧换新等多种方式推动绿色、节能、智能消费。

（五）"双奥之城"彰显魅力加速提升国际影响力

北京冬奥会的成功举办，不仅让北京成为世界首个"双奥之城"，还通过数字科技充分展示了我国新时代的技术水平和综合国力。在5G科技的加持下，北京市通过专网设施为观众提供360°自由视角，清晰地展示了冰雪运动的细节，以"5G+8K"技术实现史上最清晰冬奥会，成为全球首次规模化使用8K技术直播的体育赛事。此外，在全球突发性公共卫生事件仍不明朗的阶段，北京市采用科学方法为冬奥会的顺利举办保驾护航，赢得各界的一致好评。根据光明网报道，在数字化平台支持下，2022年北京冬奥赛事获得了数十亿次互动，成为历史上数字化互动最频繁、转播时长最长以及开幕式收视率最高的冬奥会。北京冬奥会的成功举办作为高水平对外开放的体现，为国际奥林匹克运动的发展贡献了"北京方案"，也为构建人类命运共同体提供了契机。

（六）数字经济助推京津冀协同发展迈向更高水平

近年来，北京数字经济产业规模不断扩大，发展动力日益增强，逐步成为京津冀协同发展的主导力量。根据《2023全球数字经济大会北京信息通信技术发展论坛》公布的数据，北京市数字经济增加值从2015年的8719.4亿元增加至2022年的1.7万亿元，年均增速达10.0%，位居全国第一。在"数字经济创新企业百强""软件百强""综合竞争力百强"等重要榜单中，北京市入选企业数量均位列全国第一。2022年，京津冀地区启动建设全国一体化算力网络国家枢纽节点，根据《2023 全球数字经济大会北京信息通信技术发展论坛》，目前北京市算力发展指数已经超过 50，位居全国前列，基础算力和智能算力的规模均在全国排名第一。天津市以发挥先进制造业优势为主，正在着力打造"数实融合"新示范；河北省大力推进雄安新区数字经济创新发展试验区建设，"数字雄安"雏形已现。此外，全球数字经济大会、世界智能大会等活动如期举办，京津冀数字经济影响力持续扩大，根据《天津广播》公布的数据，2021 年京津冀整体数字经济规模超过 4 万亿元，占全国数字经济规模的 10%左右。

为疏解北京非首都功能，京津冀充分利用地理优势和交通便利优势，深度融合三地产业链，产业合作不断升级深化。根据《新华社》报道，2022年京津冀经济总量突破 10 万亿元，其中天津市吸引北京市、河北省投资总额达 1989.4 亿元，北京市、天津市转入河北省的单位总数达 4395 个。在区域协作发力下，京津冀三地数字经济发展提速，2022 年京津冀地区共有 535家企业入选第四批"专精特新"小巨人企业，创新成果不断涌现，占全国的比重达 12.3%。根据北京市经信局公布的数据，2022 年，北京市数字经济产业增加值占地区生产总值的比重超过 40.0%；天津市高技术制造业占规模以上工业增加值的比重为 14.2%；而河北省高技术制造业占比更高，达 20.6%。

三　北京市对外开放面临的问题和挑战

（一）多重因素叠加，全球经济形势复杂严峻

1. 各国经济紧密联系，同时带来断链危机

全球化使各国经济联系紧密，国际贸易、资本流动和技术传播更加频繁，不仅促进了各国市场的开放和互通，还加速了全球供应链、产业链的形成。然而，不同国家之间的政治紧张关系和贸易争端影响了跨国供应链的顺利运作。美国对中国采取了一系列限制性措施，涉及贸易、技术和投资等诸

多领域。例如,美国实施了限制性措施,禁止投资者投资被认为与国家安全相关的中国公司;限制了中国学生和学者的签证,加强了对中国在美国科研与学术交流的监管;华为被列入美国的"实体清单",限制其与美国公司的业务往来,称其对国家安全构成威胁;对中国的一些半导体企业和研究机构采取了限制措施,这些出口限制和制裁措施给中国半导体企业的供应链带来了巨大压力。正是由于地缘政治的复杂性以及全球化带来的连锁效应,北京市关键产业的生产、物流、供应和分销受到严重阻碍,一些国际供应商因为担心断链而选择中止与我国企业合作。这不仅制约了北京市实现产业升级、提高科技水平的目标,也切断了北京市在电子设备、医疗器械等重点科技行业的技术来源和客户源,北京市对外开放面临严峻挑战。

2.贸易保护主义盛行,国际合作难度加大

近年来,贸易保护主义在全球盛行,各国采取了更多的保护性措施,以保护本国经济和产业免受国际竞争的冲击。具体原因主要有如下几个方面。第一,全球经济衰退和不确定性因素增加使许多国家感受到经济压力。为保护本国产业和就业,一些国家采取贸易保护主义措施,试图减少对外国产品的依赖。第二,贸易不平衡导致贸易争端,并引发政治紧张局势。为解决贸易逆差问题,一些国家采取了限制进口的措施。第三,全球突发性公共卫生事件导致供应链中断和经济动荡,一些国家为保障本国经济安全和民生,加强了贸易保护主义措施。贸易保护主义政策,如加征关税、限制进口等,影响了全球供应链和贸易体系的稳定,也使国际合作难度加大。目前,各国缺乏通过国际组织和协定来解决贸易问题的渠道,我国与美国等国家之间的贸易争端使两国难以在其他领域达成合作共识,北京开展国际合作的难度也逐渐加大。

(二)北京市经济内生动力仍显不足

1.北京市经济内生动力不足,发展面临巨大压力

过去几十年北京市经济快速增长,但随着时间的推移,经济内生动力不足等问题逐渐显现。具体来说,内生动力指经济增长动力来自国内的产业、

消费、投资和创新等，而非过度依赖外部刺激或资源。尽管北京市在动能转换、结构优化和提效降耗等方面有所成效，但据北京市统计局发布的数据，2022 年北京市第一产业增加值下降 1.6%，第二产业增加值下降 11.4%，全市规模以上工业增加值按可比价格计算比上年下降 16.7%。在北京市的重点行业中，汽车制造业产值下降 2.6%，医药制造业产值下降 58.3%，北京市经济发展面临巨大压力。从投资来看，根据《北京市 2022 年国民经济和社会发展计划执行情况与 2023 年国民经济和社会发展计划的报告》，2022 年北京市投资项目接续不足，资本市场活跃度不高，经营主体和投资者信心下降，尤其是民间投资增速低于整体投资，投融资意愿持续低迷。从消费来看，2022 年北京市全年实现社会消费品零售总额 13794.2 亿元，同比下降 7.2%，其中商品零售额下降 6.6%，餐饮收入下降 15.2%。① 由此可见，当前北京市在促进企业生产、提振消费、稳定投资等方面面临较大挑战。

2. 北京市需求潜力释放不足，难以支撑当前生产力

"需求不足"指市场中的需求量不足以支撑产品或服务的供应量，将导致生产过剩、价格下跌、产能利用率降低以及企业利润减少等问题。2022 年，北京市居民人均消费支出同比下降 2.2%，其中城镇居民人均消费支出同比下降 2.5%。分析其原因可以发现，首先，北京市收入分配不均衡的问题长期存在，导致大部分收入集中在少数人手中，而中低收入群体难以拥有足够的购买力，因此尽管国内市场潜力巨大，但中低收入群体消费能力不足，进而导致了严重的"需求不足"问题，无法支持当前的生产力发展。其次，北京市的家庭储蓄率相对较高，一部分原因在于经济不确定性增强，个人和家庭对未来的经济预期不高，就业前景不乐观，因此为面对未来的不确定性和风险，居民选择节省开支，进而抑制了消费的增长；另一部分原因在于当前我国社会保障体系仍不够完善，居民倾向于预防性储蓄，以应对就医、养老等问题。再次，北京的高房价和房地产过度投资导致了居民对其他

① 《2022 年经济解读系列——消费篇》，北京市人民政府网站，2023 年 1 月 19 日，https://www.beijing.gov.cn/gongkai/gkzt/2022bjsjjyxqk/2022bjsjjyxqk07/202301/t20230119_2905906.html。

消费的需求减弱。高房价意味着购房后大部分资金滞留在房产中，资金的流动性下降，居民没有充足的资金灵活应对生活中的其他消费需求，从而抑制了整体消费水平的提升。最后，虽然北京市服务业得到迅速发展，但服务水平参差不齐，需要继续发展高品质、高附加值的服务业，提升消费者的消费体验和消费动力。

（三）统筹发展与安全的制度规则亟待完善

对外开放在促进经济发展和国际合作方面具有重要意义，但同时面临一些安全问题。第一，随着数字经济的发展，数据安全和隐私保护成为关键。对外开放过程涉及大量的数据交换和信息传输，没有有效的数据保护措施，可能导致数据泄露和隐私侵犯。第二，当前在知识产权侵权，技术和商业机密泄露等方面尚未形成有效的法律保障体系，可能会对国内企业的创新和发展造成不利影响。第三，开放市场可能导致低质量、假冒伪劣产品的流入，影响本国产业和消费者利益，同时不法商家可能通过贸易渠道进行走私和非法交易，增加国家的安全风险。第四，金融开放可能带来资本流动和外汇波动，增加金融市场的不稳定性，对金融体系的稳健性带来挑战。第五，在对外开放的过程中，我国能源、食品安全等一系列重要领域可能受到威胁。为应对对外开放面临的安全问题，北京需要深化"两区"建设，在加强国际合作的同时，在加强数据安全和隐私保护、建立健全知识产权保护制度、加强贸易监管和风险防控、加强跨国犯罪打击合作、加强金融监管等方面充分发挥先行先试作用，将经济、社会、政治、军事等各方面纳入考量，以应对全球化背景下的安全挑战，确保对外开放的安全可控。

（四）创新生态有待完善

作为中国的首都和科技创新中心，北京市集聚了众多高等院校、科研机构和技术企业，涌现出许多重要的核心技术和创新成果。但随着全球科技竞争愈演愈烈，我国关键技术受制于人的问题依旧突出，北京市高精尖产业不仅面临较大的国际竞争压力，还面临自主创新的技术攻坚难题。2021年，北京市研发经费投入强度保持在 6%左右，超过纽约等国际知名创新城市。然而在创新生态建设等方面，北京与纽约等发达城市相比仍存在一定的差距。根据仲量联行发布的《2022 年全球创新城市指数报告》，硅谷（圣何塞）、东京和旧金山是全球创新城市三强；人才集中度方面，硅谷（圣何塞）、波士顿、旧金山和伦敦位居前列。其中，纽约通过促进科研成果迅速商业化、打造"众创空间"为人们提供创新创业机会等措施形成了良好的"研发创新+成果转化"生态，硅谷形成了以大学、企业、研究机构为核心要素，以政府、金融机构、中介组织、创新平台、非营利性组织等为辅助要素的创新模式。与此相比，北京市形成了集聚众多高科技公司、创业公司、风投机构、研究机构和高等院校的科技创新生态圈，但创新与合作潜力尚未完全发挥，技术成熟度依然较低，创新生态体系有待进一步完善。

（五）高质量人才培养模式有待完善

高技术人才不足是我国科技发展面临的一个重要问题。北京作为中国科技创新的重要城市，吸引了大量的高技术企业和科研机构，北京市成为高技术人才的热门目的地。然而值得注意的是，作为中国的首都和经济中心，虽然北京市吸引了大量毕业生和求职者，但北京市的就业市场有限，毕业生就业压力较大，同时加剧了求职者之间的竞争。这种激烈竞争有可能导致人才结构失衡。例如，由于北京市拥有丰富的高等教育和科研资源，一些知名学府和科研机构培养了大量硕士和博士人才，但在技术技能型人才的培养上可能存在不足。这将导致北京市的人才结构出现失衡，无法适应某些领域的用人需求。因此，北京市需根据城市发展需求，调整人才结构，加强对紧缺领域人才的培养和引进。

此外，当前的人才评价体系依然传统保守，学历和资历往往是重要的评价指标，而忽视了对实际能力的评估。这可能导致一些有实际工作经验和成绩的人才被低估，而一些纸上谈兵的人才被高估。另外，传统的评价体系对科研成果的应用和实际产出没有给予足够的重视，缺乏成果转化评价，体现创新和创业能力的评估指标较少。因此，除了学历和资历以外，还应增加对实际工作成绩、创新能力、创业经历、科研成果等方面的考核，形成多维度的人才评价体系，加强对创新创业能力的评估和认可，为创新创业人才提供更多的支持和机会。

最后，尽管北京市拥有众多优质的高等教育机构，吸引了大量高素质人才，许多科研人员和技术人才在京从事前沿技术创新工作，推动城市科技实力不断增强，但近年来逐渐出现人才流失问题，其中高房价和高昂的生活成本是北京市人才流失的主要原因之一。从数据来看，北京市常住人口已连续6年负增长，2022年人口减少最多，为4.3万人。2020年，在城市人才吸引力排行中，北京市跌至第五。据统计，2013～2020年清华大学本科毕业生的"留京率"从30.7%下降至21.9%。2013年北京大学毕业生的"留京率"为71.79%，2014年为58.04%，2019年"留京率"下跌至16.07%，比例骤减。①因此，如何吸引人才"留京"，是北京市可持续发展面临的挑战之一。

四　北京市实现更高水平对外开放的思路与建议

（一）稳步提高制度型开放水平，优化营商环境促进要素流动

1. 坚持对外开放，加强国际交流与合作

北京作为中国的首都和全球重要城市，扩大国际合作对推动城市经济、文化和科技发展至关重要。建议北京市加强与其他国家和地区的政策协调，通过非政府组织形式拓展国际友好城市关系，促进文化交流和经济合作，尤其是在知识产权和税收等方面，为企业提供可预测的经营环境。提高国际活动举办水准，优化文化、体育、科技等活动内容，依托服贸会等对外开放平台增进世界各地企业交流，扩大活动国际影响力。推进北京城市品牌建设，利用文旅资源挖掘消费潜力，发挥北京"老字号"品牌效应，吸引更多国

---

① 《北京也开始下场"抢人"了？华东五校成赢家，人才争夺战成功触发》，"不凡智库"百家号，2021年8月14日，https://baijiahao.baidu.com/s? id=1708041985769867959&wfr=spider&for=pc。

际游客来访。支持北京企业拓展国际市场，开展对外投资和贸易，鼓励企业之间的跨界合作和资源共享，并与国外投资者、学术机构建立国际合作与文化交流渠道。支持北京市的高校与其他国家高等教育机构、国际科研机构建立合作关系，加大学术交流和留学项目资金支持力度，推动科技成果转化和应用；建议政府为外国投资者提供便利措施和优惠政策，吸引国际企业来北京市设立业务或研发中心。

2. 优化营商环境，促进要素自由流动

良好的营商环境可以吸引更多的投资和创业活动，促进经济增长并创造就业机会。为优化营商环境，建议北京市简化外商投资审批流程，减少审批时间，引入自助办理、在线提交材料和预约服务等方式，减少现场办理的需求，提供便捷的服务体验，提高办事效率。整合不同政务服务事项，提供一站式的服务平台，利用人工智能和自然语言处理等技术，为用户提供智能化的服务支持。维护公平竞争，确保国内外企业在竞争中享有公平的机会，建立健全的知识产权保护制度，增加维权渠道，加大执法力度，并加大违法行为的处罚力度，为创新创业提供良好环境。逐步有序开放金融市场，吸引外国金融机构进入北京市，提供更多金融服务，为国内企业拓展海外市场提供资金支持。进一步降低外资准入门槛，落实完善外资企业国民待遇，通过税收优惠、资金补助等方式吸引外国企业来华投资。优化人才引进机制，为国际人才来华工作提供配套环境支持，支持国内人才出国交流学习，提高人才素质和国际竞争力。

（二）推动服务贸易高质量发展，消费提档扩容维护经济稳定

1. 加大政策支持力度，促进服务贸易发展

支持服务业发展是促进经济转型升级和提升国家竞争力的重要举措，在现代经济中起到至关重要的作用，为经济增长和就业提供了巨大动力。政府应加大减税和财政支持力度，减税降费以降低企业负担；设立专项资金，提供贷款和担保等财政支持，为服务贸易企业提供启动资金，降低创业和经营风险。降低服务贸易准入门槛，简化服务贸易企业的注册和审批手续，缩短

办理时间，减少冗长的审批流程；选择性放宽服务贸易领域的所有制限制，鼓励国内和外国资本共同投资经营服务企业。鼓励企业不断优化服务流程，提高服务质量，通过提供高效便捷的服务以满足客户需求，提高客户黏性和口碑。鼓励企业积极开展国际合作和交流，开拓国际市场，吸引外国客户，扩大服务贸易的国际影响力。

2.完善金融支持体系，提高服务贸易竞争力

鼓励银行为服务贸易企业提供业务指导和金融贸易咨询服务，帮助客户进行境内外资金管理，为客户提供资金规划，帮助企业开展、规划和管理国际业务。鼓励银行为企业提供外汇风险管理服务，降低汇率波动带来的不确定性，保护企业利润和资金安全，并为企业提供高效、安全、低成本的国际汇款服务，提高人民币结算便利化程度，方便服务贸易企业之间的资金往来，减少跨境交易成本和时间，并为其提供便捷、多样化的国际支付解决方案，如电子支付、移动支付和虚拟信用卡等，满足跨境交易的需求。为重点领域重点企业提供更多低息贷款和优惠利率，并为双向投资企业提供税收优惠和信贷支持，针对不同类型的企业提供个性化扶持政策。鼓励金融机构设立专项基金，支持服务业创新和技术发展，提高服务贸易的附加值和国际竞争力。鼓励金融机构采取措施降低服务贸易交易成本，例如减少手续费、提供优惠汇率等，激发创新创业活力，增强企业竞争力。

3.提振消费者信心，推动线上线下消费融合

加强宏观经济政策调控，及时、准确地提供经济和市场信息，消除信息不对称以提振消费信心。支持中小型企业发展，对重点行业的困难企业予以帮扶，优化就业和失业政策，提供并创造更多就业岗位。加强对房屋租赁市场价格的监测及调控，保障租房者的权益，减少居民因住房等成本较高、不确定性大大增加、就业和收入不稳定而引起的"预防性"需求，从而刺激生活消费需求增长。多渠道增加居民收入，加大教育、医疗、养老、育幼等公共服务支出。促进北京文旅品牌消费，加大对老字号品牌的保护与推广力度，支持相关行业挖掘北京文旅老品牌，如"老舍茶馆""张一元茶庄"等。打造节日品牌消费活动，联合网络直播平台通过发放消费券提振消费。

鼓励和推动可持续消费行为，例如绿色购物和环保型产品等，加强消费者权益保护，打击欺诈和不公平交易行为，增强消费者信心。推动线上线下消费融合，提供多样化购物选择，例如，线上下单线下取货、线下选购线上配送等，满足不同消费者的需求和偏好。建立高效的物流配送网络，确保线上线下的库存信息实时同步，避免商品断货或积压，为消费者提供更加高效便捷的服务。

（三）发挥政府与市场互补功能，创新制度规则推动先行先试

1. 发挥政府市场互补功能，促进经济有效运转

明确政府在宏观调控方面的优势，优化市场监管流程，防止垄断和不正当竞争行为，保护消费者权益，合理配置要素，保护市场公平竞争环境。充分发挥有为政府在提升公共服务质量方面的作用，完善社会保障、就业政策等，加大交通、通信、教育、医疗等领域基础设施建设投资，通过保障社会公平和稳定，促进社会和谐发展。优化产业政策，支持战略性新兴产业发展，发挥政府调节功能以完善生产关系，减少市场分割带来的壁垒，加强信息披露，确保市场信息对所有参与者公平透明，以减少信息不对称带来的风险，有效统筹效率和公平。发挥有效市场功能，鼓励企业通过自主创新提高生产率，对标国际提高行业质量标准，促进市场资源有效配置，提升产品质量，为消费者带来良好的服务体验。鼓励企业数字化发展，积极培育数据要素市场，安全有序促进数据流动，挖掘并开发数据资源价值，加大反垄断与反不正当竞争执法力度，实现政府、市场协同发力。

2. 创新扩大开放制度规则，在示范区先行先试

依托国家服务业扩大开放综合示范区和中国（北京）自由贸易试验区，试行更为开放的经济政策，进行制度创新和试点，为全国范围内的对外开放提供经验和参考。一是传统货物与服务贸易方面，对标 CPTPP、RCEP、DEPA 等国际高标准贸易规则，放宽市场准入限制，提高贸易自由化水平；完善有关商业秘密的知识产权保护规则，加大执法力度以提高知识产权保护效能，增强国际合作伙伴的信心；要求企业采用国际通行的

标准和质量管理体系，提高产品服务的国际竞争力；逐步扩大白名单范围，降低关税和非关税壁垒，促进贸易自由化；完善投资保护机制和争端解决机制，为投资者提供法律保障。二是数字贸易方面，加快建立数据跨境流动政策框架，明确数据安全有序跨境流动的标准和要求，推动其在试验区内尽快先行先试。投资建设高效、安全的跨境数据通信存储设施，为数据流动提供可靠支持。鼓励研发和采用数据加密、安全认证等技术手段，提高数据跨境流动的安全性和可信度。参考欧盟《通用数据保护条例》建立跨境数据转移机制，加强合作并争取达成双边或多边数据保护协定。通过加入组织和行业协会，积极参与国际标准制定，以推动数字贸易领域的标准化工作。

（四）提升全球价值链分工地位，激发企业活力增强经济韧性

1. 推动数字技术发展，促进产业转型升级

加大对人工智能、云计算、区块链等数字技术的投资，加强数据中心等数字基础设施建设。通过提供税收优惠、补贴、贷款支持等手段促进企业数字化转型，提高生产率。鼓励企业增加研发投入，推动技术创新，提高产品和服务的附加值，确保产品的竞争力和市场吸引力。鼓励不同行业的企业之间进行跨界合作，促进数字技术在不同领域的应用和创新。鼓励企业与高校、科研机构等开展合作，加强产学研合作，推动科技成果转化和数字技术创新。加快建设重要人才中心和创新高地，全方位加大海内外人才引进力度、北京高校人才培养力度，对软件开发人员、数据科学家、网络安全专家、大数据研究人员、人工智能人才等给予补贴，增加人才储备。关注新兴产业的发展，为新兴产业提供支持，优化产业链条，鼓励企业参与高附加值的环节和业务，提高产业链的附加值，推动产业向绿色可持续方向发展，鼓励企业采用环保技术和绿色生产方式，提高资源利用效率。

2. 激发企业创新活力，提高国际市场份额

激发企业创新活力是促进企业可持续发展的关键。建议政府通过提供财

政支持、税收优惠、创新基金、科研补助等方式，促进企业进行技术研发和创新活动。以"两区"建设为核心，建立并完善创新生态系统，如创新园区、科技孵化器、科研机构等，为企业提供创新资源和支持，促进中小微企业创新创业。推动企业、高校、科研机构之间的产学研合作，加快科技成果转化和科技成果产业化。通过贸促会等平台为本土企业提供国际交流机会，加强本土企业与国际科技组织、跨国公司之间的合作交流，吸收国际先进技术和经验，增强北京市企业的创新能力。鼓励企业与国外的合作伙伴建立供应链网络，例如，分销商、代理商、经销商等，借助当地企业的渠道和资源，加快我国企业产品在目标市场的推广和销售，从而使企业在国际市场中获得更大份额，提升其在全球价值链中的地位。鼓励企业寻找并开发新兴市场，了解目标市场的国际贸易法规和标准，并为其提供专业咨询服务，帮助企业评估产品是否符合当地的法律和标准要求，避免贸易壁垒和潜在的法律问题。

（五）立足实践培养复合型人才，广纳国际英才加强国际合作

为提升北京人才吸引力，建议政府根据不同行业的需求，制定更加灵活的人才引进政策，简化签证申请流程，为真正需要的高技术人才提供更便利的签证政策，减少签证办理时间和烦琐的手续，为其提供更具吸引力的薪酬和福利待遇。改善城市生活环境，降低生活成本，为国内外人才提供更好的服务，增强高技术人才留在北京的意愿。为高技术人才提供税收优惠，如减免个人所得税、降低个人所得税率等，并设立人才奖励制度，表彰其在北京取得的杰出成就，增强北京的吸引力。增加高技术领域的教育和培训资源投入，加强科研机构和高新技术企业之间的合作，提供先进的科研设施和资源，为高技术人才提供更好的创新环境。为高水平人才提供住房支持和优厚的福利待遇，提供专业培训和继续教育机会，并为其子女提供教育支持和优质的教育资源，提高他们在北京的生活品质。总而言之，人才引进政策应根据北京市实际情况和发展需求制定，并与其他政策相互配合，以吸引更多优秀人才参与北京市的经济建设。

（六）提升文化产业国际影响力，融合绿色理念建设智慧城市

1. 丰富文化产品多样性，提升品牌国际知名度

北京市拥有丰富的历史文化和独特的文旅资源。为此，建议北京市打造传统京剧、北京胡同文化、皇城文化等独具魅力的文化特色品牌，推动电影、音乐、文学、艺术品等优秀文化的创作生产，促进文化创意产业发展，进而提高北京市的国际影响力和文化吸引力。加强北京市与其他国际城市的文化交流与合作，在京举办文化节、艺术展览、文化论坛等活动，积极推广北京市的文化产品和文化品牌，通过各种渠道将本国的文化输出到国际市场，促进不同国家之间的文化交流与理解，吸引国内外观众和媒体的关注，进而提高北京市文化产业的曝光度和知名度。建设文化创意产业园区，吸引文化创意企业集聚，形成产业集聚效应，提升北京市文化产业影响力。充分利用数字营销手段和社交媒体平台，通过内容营销、社交分享等方式塑造北京市文化产业的品牌形象，吸引更多关注。吸引外国文化产业机构、艺术家等与北京市合作，打造一批文化产业示范基地，展示北京市文化产业的创新与发展成果，支持北京"老字号"企业发展，打造具有国际竞争力的服务品牌，提升北京市文化品牌的知名度和美誉度。

2. 融合绿色转型发展理念，全面建设智慧城市

建设智慧城市是以改善市民生活质量为目标，通过信息技术和智能化手段提升城市运行效率，为市民提供便利服务的综合性工程。首先，建议北京市加强城市数字基础设施建设，包括高速宽带网络、物联网基础设施、智能传感器等，为智慧应用提供基础支持。其次，打造智慧城市软环境，鼓励数字技术企业参与共建智慧城市，充分发挥企业在技术创新和应用方面的优势，将大数据和人工智能技术应用于城市管理，分析城市海量数据，并在交通优化、环境监测等方面提供智能化的城市管理和服务。建设智慧交通系统，如智能交通信号控制、智能公交调度、智能停车管理等，提高交通效率，缓解交通拥堵。建立智慧环境监测系统，实时监测空气质量、噪声等环境参数，为环境治理和保护提供数据支持。融合绿色转型发展理念，推动智

能能源监控和管理，鼓励可再生能源应用，提高能源利用效率，降低能源消耗。提供智慧公共服务，如智慧医疗、智慧教育、智慧社区服务等，方便市民获取更便捷的公共服务。推进数字化政府建设，提供在线政务服务，方便市民和企业办理政府事务。

参考文献

北京市商务局和北京市财务局：《北京市外经贸发展资金促进服务贸易创新发展实施方案》，2022 年 8 月 8 日。

中共北京市委办公厅：《北京市关于加快建设全球数字经济标杆城市的实施方案》，2021 年 7 月 30 日。

北京市大数据工作推进小组：《北京市"十四五"时期智慧城市发展行动纲要》，2021 年 3 月 5 日。

《北京优化营商 6.0 版重点优化五大环境　力推重点领域改革从"量变"到"质变"》，《北京日报》2023 年 4 月 13 日。

《〈北京数字经济发展报告（2022—2023）〉公布》，《新京报》2023 年 7 月 7 日。

《北京市管企业碳达峰行动方案出台　25 条措施助推国有经济绿色低碳发展》，《北京时报》2023 年 2 月 6 日。

夏文斌、夏雯：《打造高水平对外开放首都新高地》，《前线》2022 年第 6 期。

北京理工大学能源与环境政策研究中心：《新贸易形势下中国能源经济预测与展望》，《能源经济预测与展望研究报告》2019 年第 36 期。

任鹏：《"两个奥运"的时代价值与世界意义》，《光明日报》2022 年 3 月 17 日。

《关于北京市 2022 年国民经济和社会发展计划执行情况与 2023 年国民经济和社会发展计划的报告》，北京市人民政府网站，2023 年 1 月 15 日，https：//www. beijing. gov. cn/zhengce/zhengcefagui/202302/t20230223_2923014. html。

《仲量联行发布报告，北上深跻身全球创新城市榜单前 15》，JLL，2022 年 2 月 8 日，https：//www. joneslanglasalle. com. cn/zh/trends-and-insights/cities/jll-released-a-report-beijing-shanghai-and-shenzhen-are-among-the-top-15-innovative-cities-in-the-world。

分 报 告
Subject-reports

B.2
推动北京数字经济国际合作研究

蓝庆新　张心平*

摘　要： 在数字经济快速发展的背景下，开展数字经济国际合作成为促进数字技术创新、巩固数字经济优势、提高国际竞争力的重要手段。作为国家首都和国际科技创新中心，北京推动数字经济国际合作，是融入新发展格局、提高国际影响力、建设全球数字经济标杆城市的重要支柱。本报告在梳理数字经济内涵与特征的基础上，深入分析了全球数字经济发展趋势与国内数字经济发展现状。综合国际、区域、国内的对比分析，重点对北京参与数字经济国际合作的优势和短板进行了较为系统的分析和总结，并有针对性地就推动北京数字经济国际合作提出了政策建议。研究发现，北京市数字经济竞争力优势明显，数字经济发展基础雄厚，国际合作顶层设计不断完善，但同时存在数字

---

* 蓝庆新，博士，对外经济贸易大学国际经济贸易学院副院长，教授，博士生导师，主要研究方向为开放经济理论与政策；张心平，对外经济贸易大学国际商务战略研究院博士研究生，主要研究方向为开放经济理论与政策。

创新和人才发展不足、数字治理环境仍需改善、数字贸易规则话语权缺失等局限性。有鉴于此，应持续推进北京数字基础设施建设、数字技术与人才培养国际合作、国际规则对接和标准化合作等。

关键词： 数字经济　数字贸易　国际合作

数字经济发展引领新一代产业变革，成为经济发展的重要驱动力量，开展数字经济国际合作备受关注。2022 年，我国数字经济规模达到 50.2 万亿元，占 GDP 比重为 41.5%，相当于第二产业占国民经济的比重。[①] 数字经济作为国民经济的重要支柱地位更加凸显，开展数字经济国际合作成为经济发展的迫切需求。习近平总书记在中共中央政治局第三十四次集体学习时强调，"要积极参与数字经济国际合作"。北京作为国家首都和国际科技创新中心，推动数字经济国际合作是融入新发展格局的重要支柱。

一　研究背景与意义

数字经济是实现中国经济高质量发展的重要推动力量，而数字经济国际合作是推动数字经济快速发展的重要支柱。北京十分重视数字经济的发展，在北京市"十四五"规划中提出，"聚焦数字产业化、产业数字化，实施促进数字经济创新发展行动纲要"。北京作为全国科研创新的先锋，研发投入全国领先，研发环境优越，研发产出突出，是数字经济发展的高地和引领者，在发展数字经济和推进数字经济国际合作方面具有得天独厚的资源优势、科技优势和政策优势。2020 年，北京市国家高新

① 中国信息通信研究院：《中国数字经济发展研究报告（2023 年）》，2023 年 4 月。

技术企业数量达到 2.9 万家，独角兽企业 93 家，数量居全球城市首位。[①]
在此背景下，北京市数字技术创新活跃，数字产业发展迅速。2022 年，北京数字经济实现增加值 1.7 万亿元，占全市地区生产总值的41.6%；[②] 云计算、人工智能等新基建项目固定投资比上年增长 25.5%。[③] 此外，北京互联网产业综合实力强劲，我国互联网百强企业中有 41 家位于北京，企业市值占比全国最高，达到 35.32%，包括美团、京东、百度、字节跳动等头部企业。[④] 在数字经济不断发展的同时，北京也致力于打造数字经济国际合作交流平台，积极推动数字经济对外开放。2021 年 8 月，《北京市关于加快建设全球数字经济标杆城市的实施方案》发布，把"数字经济对外合作开放高地"作为"六大高地"之一写进北京市数字经济发展的总目标中。

进入新发展阶段，加快推动北京数字经济国际合作具有重要意义。一是有利于数字经济不断发展进步，推动数字技术与传统产业融合。二是有利于巩固数字经济发展优势，促进企业参与新时代全球价值链重构，提升企业参与全球价值链的地位。三是通过首都的示范和带动作用，使数字经济国际合作在更多城市传播与扩散，推动全国范围内形成数字经济国际合作新热潮，促进全国数字经济发展。因此，为更好地利用数字经济赋能全国经济发展，统筹国内、国际两个大局，应充分发挥北京在数字经济领域的优势，加快推动北京数字经济国际合作。

---

① 北京市科学技术研究院高质量发展研究中心：《北京产业高质量发展指数报告（2022）》，载方力、贾品荣、姜宛贝主编《北京高质量发展蓝皮书：北京高质量发展报告（2022）》，社会科学文献出版社，2022。
② 毕娟等：《2022 年北京全球数字经济标杆城市建设发展总体情况》，载谢辉主编《北京蓝皮书：北京数字经济发展报告（2022~2023）》，社会科学文献出版社，2023。
③ 孟凡新、王婧：《2022 年北京数字经济标杆城市八大任务进展报告》，载谢辉主编《北京蓝皮书：北京数字经济发展报告（2022~2023）》，社会科学文献出版社，2023。
④ 黄梁峻：《2021~2022 年我国百强互联网企业发展态势研究》，载赵岩主编《工业和信息化蓝皮书：数字经济发展报告（2021~2022）》，社会科学文献出版社，2022。

二 全球及国内数字经济发展现状与趋势

（一）全球层面

一是主要经济体大力推进数字经济发展。在数字技术不断迭代更新的背景下，全球主要经济体都在寻求数字经济发展新机遇。本报告整理了主要经济体在推动数字经济发展方面实施的部分政策措施（见表1）。目前，主要经济体已将发展数字经济提升到战略层面，出台了许多数字经济发展规划，大力推动数字经济发展，特别是在数据要素、人工智能等高端技术、人才培养等方面投入较大。

表1 主要经济体数字经济政策

地区	年份	名称	主要内容
美国	2015	《数字经济议程》	确立数字经济在经济发展中的核心地位
	2018	《数据科学战略计划》	明确数字经济发展的具体内容
		《美国国家网络战略》	
	2019	《维护美国在人工智能领域的领导地位》	将人工智能作为科技发展的优先领域,全方位培养人工智能人才
		《未来20年美国人工智能研究路线图》	
	2020	《设计美国的数字发展战略》	推动多边战略和项目合作、主导国际技术标准建立、加强职业技能培训等以提升数字时代竞争力
欧盟	2010	《欧洲数字化议程》	提出数字化发展规划
	2018	《欧盟人工智能战略》	为欧盟人工智能的发展提供指引
		《通用数据保护条例》	确保欧盟数据资源,并为公民和企业的数据提供更多保护
		《欧盟人工智能》	建立人工智能伦理和基本法律框架
	2020	《欧盟数据战略》	推动建立统一的数据市场,促进数据要素在欧盟各个国家之间的快速流动
	2021	《人工智能协调计划2021年修订版》	协调各成员国在人工智能领域的发展合作

地区	年份	名称	主要内容
日本	2001	《e-Japan 战略》	提出具体举措,推动日本成为最先进的信息化国家
	2004	《u-Japan 战略》	提出基于物联网的国家信息化战略
	2009	《数字日本创新计划》	推动数字技术应用与推广
		《i-Japan 战略 2015》	
	2013	《日本再兴战略》	推动信息技术产业的发展与广泛应用
	2018	《第二期战略性创新推进计划》	推动数字尖端技术在传统产业应用
		《人工智能战略草案》	推动培养人工智能人才
韩国	2021	《数据产业振兴和利用促进基本法》	重点推动大数据、5G 网络和人工智能发展
	2022	《半导体超级强国战略》	强化对半导体等重点领域的政策指导
俄罗斯	2017	《2017~2030 年俄联邦信息发展战略》	明确界定数字经济发展的主要范畴和任务
	2018	《2024 年前俄联邦发展国家目标和战略任务》	明确数字技术发展的重要战略地位

资料来源：笔者整理。

二是发达国家主导数字产业格局。发达国家凭借在技术创新与应用等方面的领先优势,数字经济发展起步更早,引领着全球数字产业。中国社会科学院金融研究所发布的《全球数字经济发展指数报告（TIMG2023）》显示,2021 年美国、新加坡、英国等是 TIMG 指数排名较高的国家。从细分指数来看,数字技术指数中,美国、芬兰、瑞士是前 3 位国家;数字治理指数中,新加坡、芬兰、丹麦排名全球前 3 位。[1]此外,《全球数字经济白皮书（2022）》指出,2021 年,发达国家数字经济规模为 27.6 万亿美元,占 47个重点经济体数字经济总规模的 72.5%。从产业渗透水平来看,英国一产数字经济渗透率最高,超过 30%;德国、韩国二产数字经济渗透率超过40%,美国、英国、爱尔兰、日本、新加坡、法国等国家二产数字经济渗透率高于 47 个重点经济体平均水平;英国、德国、美国等国家三产数字经济

---

① 张明、王喆、陈胤默：《全球数字经济发展指数报告（TIMG2023）》,2023 年 5 月。

渗透率遥遥领先，超过60%。① 可见，不论是数字产业的发展，还是数字技术与传统产业的融合与应用，发达国家都走在世界前列。

三是数字产业移动化趋势明显。世界人口的64.4%是互联网用户，而手机平均占据人们上网时间的56.9%，覆盖了世界网络总流量的近60%。总的来看，全球大约有43.2亿移动互联网活跃用户，2022年全球移动应用下载量高达2550亿次，比2016年的1407亿次增长了80%以上。随着数字产业移动化需求的增加，移动通信产业不断发展壮大，截至2023年1月，全球已经有515家运营商投资建设5G网络，且其中的47%已正式商用，5G用户突破10亿人。② 移动通信技术的不断进步催生了丰富的移动终端类型，无人机、AR/VR眼镜等新型移动终端都呈现巨大的发展潜力。移动数字技术的不断更新正重塑消费者行为，并逐渐改变全球数字产业格局。

四是数字贸易开辟全球贸易发展新空间。近年来，全球货物贸易持续低迷，但在数字经济推动下，全球数字贸易发展迅速。2019年，在全球贸易负增长背景下，全球数字服务出口逆势实现3.75%的增长；③ 2021年，数字服务贸易规模仍保持较高增速，同比增长14.3%。④ 一方面，数字贸易借助数字技术显著提高了贸易效率，打破了传统贸易的时间限制；另一方面，由于可以进行互联网线上交易支付，数字贸易也打破了空间限制，降低了贸易成本。数字贸易在时空限制上的突破不仅提高了贸易效率，降低了参与全球贸易的门槛，扩大了消费群体，还利用数字信息技术提高了贸易主体获取信息的能力和供需双方的匹配效率，不同质量、样式、规模的产品都可以在互联网平台上找到供给者与需求方，拓展了贸易新空间。

五是数字经济出现国际合作趋势。数字经济背景下，互联网技术的

① 中国信息通信研究院：《全球数字经济白皮书（2022年）》，2022年12月。

② 钟祥铭、方兴东、王小禾：《2022~2023年全球移动互联网发展现状与趋势》，载唐维红主编《移动互联网蓝皮书：中国移动互联网发展报告（2023）》，社会科学文献出版社，2023。

③ 中国信息通信研究院：《数字贸易发展白皮书（2020年）》，2020年12月。

④ 国务院发展研究中心对外经济研究部、中国信息通信研究院：《数字贸易发展与合作报告2022》，2022年9月。

发展和普及将全球经济主体连接起来，为数字经济国际合作奠定了基础。因此，不同于传统的实体经济，数字经济天然具有全球化、跨地域的特征，这对发展中国家而言尤为重要。发展中国家能够利用数字经济的开放性、共享性抓住机遇开展国际合作，促进自身的经济发展与转型。

近年来，数字经济国际合作战略和倡议层出不穷，既凸显了数字经济国际合作的重要性，也呈现了其迫切需求和重要机遇。如联合国发布数字合作路线图、数字化战略等；欧盟、东盟、非盟、亚洲开发银行等提出了各类区域性数字合作战略；在2019年大阪G20会议上，中国、欧盟、法国、德国、意大利、日本、俄罗斯、沙特阿拉伯、美国等联合签署了《大阪数字经济宣言》。目前，联合国秘书长技术特使办公室正联合全球多利益攸关方共同制定《全球数字契约》，并拟于2024年联合国"未来峰会"上通过，推动建立全球性、综合性数字治理框架，以加强全球数字经济合作。

（二）国内层面

第一，数据要素市场的培育与完善逐渐成为政策着力点。在数字经济背景下，数据要素不断通过算法、算力形成新的生产力。中国信息通信研究院发布的《中国数字经济发展报告（2023年）》显示，我国数据资源丰富，数据产量达到6.6ZB，占全球数据总产量的9.9%，居全球第2位。[①] 数据的价值化、确权化、可交易特征日益凸显，需要培育和完善数据要素市场。在形成较为完整的数据要素产业链供应链基础上，通过确权、定价、交易等规则的确立，推动数据资源的交易流通，保障数据资源开发主体权益，促进数据安全有效地传输和利用，有效推动数字经济的发展。

第二，数字化治理不断强化，推动数字政府建设。面对日益复杂的经济社会问题，数字化治理在应对公共事件、提升经济社会管理效能等方面表现出了巨大优势。随着数字化治理方式的广泛应用、"放管服"改革的不断深化以及"互联网+政务服务"创新的贯彻落实，数字政府将不断向高效化、

---

① 中国信息通信研究院：《中国数字经济发展研究报告（2023年）》，2023年4月。

智能化、远程化发展。2022 年，国务院印发《关于加强数字政府建设的指导意见》，明确了数字政府的体系框架，完善了数字政府的建设路径。

第三，数字平台企业作用凸显，引领产业数字化升级。数字平台企业作为数字经济重要微观主体，拥有强大的产业数字化供给能力，在数字经济领域的地位不断提升，逐渐引领产业数字化转型和升级。数字平台企业规模不断扩大，将以其强大的创新能力以及平台承载力和拓展力，有效整合创新链和产业链，推动产学研一体化，打造创新联合体，完成数字技术转化与应用，实现传统产业转型升级。此外，实力强大的数字平台龙头企业将不断发挥创投和孵化作用，通过平台化的信息共享流通，或自投或引导风险投资，匹配资本和技术资源，扶持更多数字科技企业的发展。国内目前有影响力的工业互联网平台达到 240 余家，其中跨行业领域平台有 28 个，[①] 有力促进了产品全流程、生产各环节、供应链上下游的数据互通、资源协同，加速全国企业数字化转型。

第四，低代码技术的发展及应用加速驱动数字化管理方式变革。低代码技术是指只需少量代码或无需编码就可以快速生成应用程序，如明道云、简道云、氚云等平台都是在低代码技术的基础上为客户提供服务。企业应用是一个可以模板化的垂直通用场景，借助低代码，开发者可便捷、快速地开发企业应用功能并进行扩展，甚至无技术背景的业务人员也可以借助低代码技术构建应用。因此，低代码技术降低了数字技术的应用门槛，仅凭借计算机与互联网就可以实现沟通交流，做到协同办公、远程办公、移动办公，呈现办公智能化、家庭化、异地化、便利化态势，大幅节约了时间、人力、物力等成本，推动市场主体数字化管理，提升工作效率，加速数字经济发展。目前国内低代码发展仍处于萌芽阶段，市场未来需求潜力巨大，低代码领域的投融资热度将不断上升。

第五，数字经济安全问题日益受到重视。数字经济发展使传统经济活动中的时间与空间界限被打破，极大地提高了经济运转效率，但也使得安

---

① 中国信息通信研究院：《中国数字经济发展研究报告（2023 年）》，2023 年 4 月。

全边界虚化。数字空间具备虚拟性、匿名性，挑战以人为本的信任基础，信息安全责任主体扩大到所有参与数字经济的单位。在数字经济背景下，数字信息安全问题将日益增多，数字技术伪创新活动层出不穷，数据泄露、网络诈骗、计算机病毒等多样化的网络安全事件频发，且攻击手段和形式日渐升级，涉及面也更广，威胁到数字经济赖以生存的网络基础设施，将影响数字经济健康发展。因此，数字经济发展中的安全问题受到极大的关注和重视。2022 年 11 月，《互联网信息服务深度合成管理规定》公布，划定了深度合成服务的底线和红线，明确了信息安全义务。2023 年 2 月，《个人信息出境标准合同办法》公布，完善了我国数据跨境流动管理制度。

三　推动北京数字经济国际合作的优势

北京是我国数字经济发展领先城市，高端人才、龙头企业集聚，具有雄厚的产业基础和扎实的技术优势。此外，北京数字贸易试验区的开放红利和"两区"建设带来的政策红利，使北京成为国际数字经济合作的重要链接者。

（一）数字经济竞争力优势明显

从国际数据来看，近年来，北京数字经济竞争力相对提高且排名靠前。《全球数字经济竞争力发展报告（2022）》指出，2022 年，在全球 30 个代表性城市中，北京市以总得分 69.6 排名第 9 位，相比于 2021 年提升了 3 个位次。分指标来看，在经济与基础竞争力上，北京市表现良好，分数高于平均值，排在第 8 位，其中在城市经济活跃度上表现出众，排在前 3 位；在数字创新竞争力上，北京市表现较好，排名第 4 位，特别是在数字应用深度方面，北京表现最佳，[1] 说明北京市在数字化应用和智慧城市建设方面取得了

---

[1]　赵付春：《全球数字经济城市竞争力发展报告（2022）》，载王振、惠志斌主编《数字经济蓝皮书：全球数字经济竞争力发展报告（2022）》，社会科学文献出版社，2023。

突飞猛进的发展，竞争力较强。

从国内数据来看，北京总体竞争力提升迅速并稳定处于前列。根据《中国城市数字经济发展报告2022》，北京市在数字创新要素、融合应用、经济需求方面排名第1位；在数字基础设施方面排名第2位。综合来看，北京市数字经济发展竞争力排名全国第1位，数字经济发展处于全国前列。① 此外，北京市还拥有全国最好的数字生态。北京大学发布的数字生态指数显示，北京市综合数字生态排名全国第1位，其中数字基础与数字应用居全国第1位，数字能力居全国第2位，仅次于广东省。② 对数字生态指数的全面分析表明，北京在全球顶尖的数字经济合作中具有足够的数字经济禀赋优势。

（二）数字经济发展基础雄厚

北京市在电信基础设施、高端数字化技术应用、互联网产业等领域具有雄厚的发展基础。从电信基础设施来看，2022年，北京市新增5G基站2.4万个，千兆固网累计接入129.6万用户，万人5G基站数、商业卫星数量等均领先全国，并完成了经开区核心区内的EUHT专网建设。此外，在高端数字化技术的应用上，北京市"七通一平"基础设施建设全面启动，"京通"能够提供525项服务；"京办"注册用户实现67个市级部门、"16+1区"全覆盖；"京智"接入了1471项城市运行监测指标。在互联网产业方面，北京市建成国家工业互联网大数据中心和顶级节点指挥运营中心，核心产业规模超千亿元。③

从数字产业规模来看，2022年，北京市信息传输、软件和信息技术服务业实现增加值7456.2亿元，增长9.8%；人工智能产业产值规模超千亿元，区

---

① 中央广播电视总台上海总站、中国信息通信研究院政策与经济研究所：《中国城市数字经济发展报告2022》，2022年12月。
② 北京大学：《数字生态指数2022》，2022年11月。
③ 毕娟等：《2022年北京全球数字经济标杆城市建设发展总体情况》，载谢辉主编《北京蓝皮书：北京数字经济发展报告（2022~2023）》，社会科学文献出版社，2023。

块链产业发展水平居全国第一；国家网络安全产业园落地 300 余家企业。[①] 全球 TOP100 数字标杆独角兽企业中，北京市有 8 家，总市值达到 19856 亿元，[②] 全国领先。此外，知识产权也是衡量数字产业发展的重要内容，北京在软件著作、专利、商标数量方面均遥遥领先于其他城市，发达的经济、林立的高校、众多的人才为数字经济产业化创新提供了坚实的基础与保障。

从相关政策实施来看，为加快推动数字经济持续健康发展，北京市出台了一系列数字经济发展政策，形成了完善、稳健的政策体系框架。如《北京市数字经济促进条例》《北京市数字经济全产业链开放发展行动方案》《北京市促进数字人产业创新发展行动计划》等。针对集聚数字经济人才，北京市也做出改革与调控，坚持首善标准，吸引广大科技创新人才及高水平创新团队参与各类科研机构的前沿研究。具体来看，北京市科技领域的"放管服"改革不断推进，并始终坚持"市场化、法治化、国际化"和"简约"原则，有效激发科研人员的积极性，为解决"卡脖子"难题的科研工作在科研经费、团队管理等方面"松绑"。同时，不断优化科研环境，出台科技人才住房、医疗、子女入学等配套制度。此外，北京拥有众多高等教育机构和科研院所，不仅吸引了来自全国乃至全球的优秀学子和研究人员，也提供了前沿的学术知识和科研培训。随着数字经济的不断发展壮大，北京高校和科研院所将继续在人才培养和科技创新方面发挥重要的作用，培养一批数字经济人才，为数字经济产业持续注入新的活力。

（三）数字经济国际合作顶层设计不断完善

2023 年 1 月实施的《北京市数字经济促进条例》第 56 条指出："鼓励拓展数字经济领域国际合作，支持参与制定国际规则、标准和协议。"在数字经济背景下，数字生产要素逐渐成为开展各类数字经济活动的基础，数字

[①] 毕娟等：《2022 年北京全球数字经济标杆城市建设发展总体情况》，载谢辉主编《北京蓝皮书：北京数字经济发展报告（2022~2023）》，社会科学文献出版社，2023。

[②] 葛红玲等：《全球数字经济标杆城市发展评价报告（2023）》，载谢辉主编《北京蓝皮书：北京数字经济发展报告（2022~2023）》，社会科学文献出版社，2023。

经济国际合作在很大程度上依赖数据的跨境流动。《北京市促进数字经济创新发展行动纲要（2020—2022年）》中将构建数据要素市场化机制作为全球数字经济标杆城市建设的重要部分。此后，北京市不仅推动北京国际大数据交易所建立，促进数据要素的定价和交易，还接续发布多项行动方案和实施意见。2022年5月，北京市出台《北京市数字经济全产业链开放发展行动方案》，持续助力数据交易发展，鼓励市场主体依法进行数据服务和数据产品交易。2023年6月，北京市委、市政府印发《关于更好发挥数据要素作用进一步加快发展数字经济的实施意见》，提出充分挖掘数据价值潜力，提升北京国际大数据交易所能级，提高数据流通效率。

除此之外，为加强数字经济国际交流与合作，北京市已连续三年举办全球数字经济大会，汇聚驻华使节、友好城市代表、专家学者和企业家等。在2023年全球数字经济大会开幕仪式上，北京市邀请韩国釜山、丹麦哥本哈根、英国伦敦、日本长野、美国旧金山以及中国澳门等18个伙伴城市代表共同发布了《全球数字经济伙伴城市合作倡议》，推动全球城市交流合作、共享开放互利市场环境、共建数字科技创新生态、加快城市数字化转型等，共同构建全球城市间数字经济开放创新网络。除了举办全球数字经济大会等国际会议，北京市还成立了国际数字经济治理研究院，积极开展数据合规和数据治理相关研究，构建具有国际影响力的研究网络和学术平台。

（四）数字经济各领域发展成果丰硕

首先，数字技术创新成果全国领先。随着数字产业的不断发展，基于全国最为庞大的顶尖高校与科研机构规模，北京市数字技术创新成果也迭代涌现，科研产出全球领先。例如，天机芯、可重构数字内存芯片、自主可控区块链软硬件技术体系"长安链"、新一代量子计算云平台Quafu、人工智能模型AltDiffusion、百比特超导量子芯片、区块链专用加速芯片、RISC-V、GPU等数字技术产品不断突破；OceanBase、GoldenDB实现金融核心系统数据库国产化升级；研制了国内首个6G新型空口基带试验平台等。目前，中关村、昌平、怀柔三个国家实验室正在加速建设和培育中，聚焦核心领域的

"卡脖子"问题开展科研攻关。

其次，数字产业高端发展引领全国。北京市大力发展新兴数字产业，发展水平位居全国前列，人工智能、区块链、互联网平台等产业规模均居全国之首。北京市人工智能企业数量超千家，占国内企业总量的 29%，位居全国第一；区块链高新技术企业 143 家、获得融资比重为 25.4%，均位居全国第一；[①] 打造了一批龙头级互联网平台，如国家工业互联网大数据中心、AI 芯片联合创新平台等，在全国产生了巨大的带动和辐射效应，引领数字产业的高端发展。此外，北京市作为全国政治、文化、经济中心，拥有丰富的数据资源，具有规模大、类型多、层级高的特点，为数字经济产业发展提供了宝贵的数据要素基础与无限可能。

再次，产业数字化优势明显。在工业互联网方面，北京市工业互联网核心产业规模超千亿元，并不断向传统产业赋能，通过数字化、网络化和智能化技术，对传统产业进行全面升级和优化，实现生产方式、管理方式、营销方式等多个方面的创新和提升。从数字经济禀赋来看，北京市完全具备数字技术融合应用的产业基础，能够实现数字经济增长和传统产业数字化共同发展。例如，"悟道"模型在与 OPPO、美团等企业的合作中实现规模化应用，也应用于北京政务服务海量信息的处理工作；飞智与浪潮 AIStation 人工智能平台为大规模算力集群分布式训练提供强大的工具支持；北京量子信息科学研究院与银行、科技公司实现合作，实现量子直接通信技术在商业银行保密数据传输场景的应用；城市空间操作系统 2.0、人工智能、虚拟现实、5G 等多种数字技术在北京冬奥会中得到成功应用；[②] 建成互联网医院 32 家，纳入互联网医疗服务监管平台的医疗机构 50 家，开展互联网诊疗服务的医疗机构 131 家。[③]

---

① 孟凡新、王婧：《2022 年北京数字经济标杆城市八大任务进展报告》，载谢辉主编《北京蓝皮书：北京数字经济发展报告（2022~2023）》，社会科学文献出版社，2023。
② 王鹏、张彦军、蒋金洁：《北京数字技术创新的进展与经验总结》，载谢辉主编《北京蓝皮书：北京数字经济发展报告（2022~2023）》，社会科学文献出版社，2023。
③ 孟凡新、王婧：《2022 年北京数字经济标杆城市八大任务进展报告》，载谢辉主编《北京蓝皮书：北京数字经济发展报告（2022~2023）》，社会科学文献出版社，2023。

最后，数字产业投资热度高。北京市拥有优良的营商环境，为吸引投资提供了明显的优势，不仅出台了一系列招商引资政策，还依靠丰富的人力资源、完善的基础设施、广阔的市场空间和多元化的消费群体，成功吸引大批内部投资和外来投资。近年来，全市数字经济核心产业新设企业年均近10000家，规模以上核心企业8300多家。[①] 同时，北京市制定了完善的数字经济标杆企业遴选标准，开展百家标杆企业和储备企业遴选工作，不断加强标杆企业监测和服务，有助于促进投资方获取企业信息，解决投融资双方的信息不对称问题。此外，北京中移数字新经济基金正式成立，且已完成首单投资，助力数字企业扩大规模、发展进步。

四　推动北京数字经济国际合作的制约因素

（一）数字人才和数字创新存在发展短板

北京数字经济软实力存在欠缺，尤其是在数字人才竞争力和数字创新方面略显不足。根据《全球数字经济竞争力发展报告（2022）》，在数字人才竞争力方面，北京市排名第 16 位，[②] 成为北京数字经济发展的短板；在数字创新方面，北京市虽然综合表现较好，但很大程度上源于医疗、交通、教育等领域数字应用发展较快，而研发创新与许多发达国家城市相比仍不占优势。仅从研发强度和专利申请数量来看，纽约、东京、伦敦、洛杉矶、波士顿、首尔、旧金山等城市竞争力均强于北京。

数字经济人才也是推动北京市数字经济发展的重要力量，随着数字经济的不断深化，金融、医疗、城市建设、公共管理等领域对数字技术人才的需求急剧增加。同时，在国际关键技术领域，美国对中国的供应链"硬脱钩"

[①] 孟凡新、王婧：《2022 年北京数字经济标杆城市八大任务进展报告》，载谢辉主编《北京蓝皮书：北京数字经济发展报告（2022~2023）》，社会科学文献出版社，2023。

[②] 赵付春：《全球数字经济城市竞争力发展报告（2022）》，载王振、惠志斌主编《数字经济蓝皮书：全球数字经济竞争力发展报告（2022）》，社会科学文献出版社，2023。

持续升级,对数字经济技术发展造成压力。然而,目前北京市数字人才供给整体存在一定缺口,尤其是精通新兴技术的复合型人才较为稀缺,缺乏"卡脖子"技术领域攻关人才。北京数字经济人才不足将成为数字经济国际交流合作中的一个短板。

(二)数字治理能力与政策环境亟待提升和改善

根据《全球数字经济标杆城市发展评价报告(2023)》,全球数字经济标杆城市指数评估结果中,北京市综合排名全球第二,属于全球第一梯队。但北京市在数字治理方面的表现并不理想,在 29 个城市中排名第 15 位。[①]这与北京在总指数排序中所处第一梯队的地位并不匹配,说明北京在数字治理、数字安全、数字服务等领域发展相对滞后。此外,根据《中国城市数字经济发展报告 2022》,[②] 北京市在数字经济政策环境方面表现欠佳,仍需进一步完善相关法律法规与管理政策,提升数字治理能力,为数字经济国际合作创造优良的数字安全和服务环境。

(三)全球数字贸易规则话语权的缺失可能成为北京数字经济国际合作的"卡脖子"问题

美国、欧盟等经济体都试图通过制定数字贸易规则,确保其网络安全、技术优势和发展利益。全球数字贸易规则体系尚不完善,全球各经济体数字经济发展差距带来的政策诉求差异和部分国家寻求规则制定主导权的愿望,导致全球数字贸易"联盟化"趋势加速。例如,美国是全球数字经济最发达的国家,在数字贸易规则上追求数据跨境自由流通、全球数字市场开放和数字核心技术公平转让,与其伙伴国分别签署了《美墨加协议》《美日数字贸易协定》;欧盟则通过《通用数据保护条例》构建跨境数据流动体系,强

---

① 葛红玲等:《全球数字经济标杆城市发展评价报告(2023)》,载谢辉主编《北京蓝皮书:北京数字经济发展报告(2022~2023)》,社会科学文献出版社,2023。
② 中央广播电视总台上海总站、中国信息通信研究院政策与经济研究所:《中国城市数字经济发展报告 2022》,2022 年 12 月。

调自身的数据主权。

北京市正推进构建"1+3+N"对外开放高地，但在发展数字贸易方面还存在一些不足。全球数字经济标杆城市指数评估结果中，北京市数字开放合作指数在 29 个城市中排名第 20 位,[①] 与全球顶尖水平还存在一定差距，应对国际局势变化的准备相对不足。全球数字贸易中的美式规则、欧式规则正在兴起，部分发达经济体借助自身的数字经济发展优势，谋划构建数字贸易"朋友圈"，扩大了全球数字鸿沟，将不符合自身利益的贸易活动排除在数字贸易体系之外，并寻求利用核心数字技术和数据的垄断地位，向发展中国家渗透。而目前来看，北京市相关政策与数字贸易的制度框架仍需进一步细化与完善，政府和企业应对危机的合力尚未形成。同时，对比庞大的数据要素规模，北京市在数据要素的开放、共享、流通、交易等方面还存在较大发展空间。随着美国、欧盟和日本等经济体在数字治理领域的排他性日益增强，我国在全球数字贸易和数据跨境流动领域规则主导权和话语权的相对缺失，可能成为推进北京数字经济国际合作中的隐忧。

（四）部分国家数字基础设施建设薄弱，数字鸿沟带来的合作障碍越发凸显

目前，发达国家数字经济发展速度日益加快，但一些国家和地区尤其是共建"一带一路"国家和地区数字基础设施投入不足，这些国家和地区的数字设施、数字素养及数字经济发展普遍比较薄弱，严重制约了数字经济、数字贸易的发展。比如，老挝、缅甸互联网普及率低；中亚部分国家信息基础设施建设滞后；在非洲，互联网仍未大面积普及，数字交易账户也仅存在于部分国家的部分城市居民手中，与此同时，非洲大多数国家缺乏对数字基础设施、服务与技能的投资，网络欺诈问题严重泛滥，数字经济人才十分匮乏。显然，数字经济国际合作建立在完善的数字基础设施上，只有弥合各国

---

① 葛红玲等：《全球数字经济标杆城市发展评价报告（2023）》，载谢辉主编《北京蓝皮书：北京数字经济发展报告（2022~2023）》，社会科学文献出版社，2023。

和地区间的数字鸿沟，加强数字技术在全球的普及与应用，建立开放包容的全球数字经济环境，北京数字经济国际交流合作之路才会走得更为畅通。

五　推动北京数字经济国际合作的政策建议

推动数字经济国际合作，北京要紧紧把握"两区"建设的重大机遇，持续加大数字经济关键领域开放力度，不断巩固数字经济优势，加强与各国在数字政策、数字基建、数字贸易、数字技术、数字人才等各层次的对接合作，引领数字信息处理与保护的国际规则制定，创造美好共赢的数字经济国际合作之路。

（一）创新推进数字政府建设

数字政府建设是提高数字化治理能力的重要基础。北京是国家电子政务综合试点之一，在数字政府建设方面取得了重要成效，但仍需要加强顶层设计并持续创新，助力北京数字经济国际合作。首先，应在数字政府建设中注重发挥市场作用，构建"管运分离"的建设管理新体制，成立国有控股的混合所有制数字企业作为政务平台和政府服务平台建设主体；其次，要创新提供个性化服务，因地制宜推动数字政府建设，综合利用新媒体等技术手段不断加强与居民的交流与沟通；最后，构建统一的视联网一体化平台，对多种信息化系统业务应用进行整合，并与数据专网互通，实现各级单位全覆盖，并下沉到社区和乡村基层组织，提升便民服务效能，最大限度融合各类信息源，实现实时双向获取远程数据，形成横联纵通、分布式的突发事件应急指挥系统。

（二）推动数字技术国际合作和数字人才联合培养

数字技术的不断更新进步是数字经济发展的重要动能，而强化数字技术国际开发合作是推动数字技术创新的重要手段。具体来说，一是开展数字技术产业化国际合作，加快国外先进技术与国内产业化优势对接融合；二是鼓励企业融入全球产业链，促进全球企业的技术交流；三是建立国际化数字技术创新孵化基地，促进各国在数字技术领域的信息共享与合作研发，并支持各国龙头企业合作确立数字技术研发规范与产业化标准。

当前，数字贸易、数字内容管理、数据分析、数字营销、数字媒体传播、数字语言服务等领域的高端数字人才缺口较大，能胜任智能制造、智能建筑、智慧农业、智慧交通、数字文娱语言服务的复合型人才更为短缺。北京市作为全国科技创新中心及数字经济发展高地，人才是其最大的资源优势和重要的发展动力。未来，在一体化推动教育、科技、人才发展战略部署的基础上，要统筹国内、国际两个市场加强数字经济人才联合培养与数字化人文交流。一方面，加强对数字经济背景下国际商务环境和法规的研究，培养一批数字产业商务人才，当好数字企业助手。另一方面，在为学科建设、合作研究、实训基地建设等方面提供支持的基础上，注重与各国和地区数字人才培养的国际合作，发挥高校、企业的主体作用，通过与国外相关机构设立联合实验室、合作研发、定向培养等多种方式培养数字经济人才。此外，人才引进也是完善人才储备的重要手段，应优化科研院所、在京高校、实验室、新型研发机构等科研机构的研发环境，完善科研体制、审批流程、软硬设备等，以环境优化加强人才引进，并积极筹备人才引进项目，吸引汇聚世界顶尖人才。

（三）全面筑牢国际数字信息安全防线

北京是国家首都，保障北京数字经济安全尤为重要。应在全面落实《中华人民共和国数据安全法》的基础上，出台北京相应配套政策法规，加强网络信息安全保护，完善数字经济法律政策框架和治理体系。具体来说，第一，要以法律手段规范数据跨境流动，确保数据生产、存储、分析、服务等相关经济活动中的数据安全；第二，加大对数字版权、个人信息等的保护力度，严厉打击互联网领域的不正当竞争、信息诈骗、个人信息买卖等违法行为；第三，加大宣传力度，提升各主体的数字经济安全意识；第四，鼓励网络安全技术的开发与应用，重点支持与区块链、大数据、人工智能、工业互联网等前沿技术深度融合的商用密码技术发展；第五，加强对政务数据、工业互联网数据的安全监管，切实筑牢数字安全防线。

在加强基础数字安全治理的同时，应对数字经济国际交流采取有针对性的安全措施，坚决守住数据安全底线。首先，加强数据跨境流动监管，保护个人隐私、知识产权、商业秘密和国家信息安全；其次，建立国际网络安全合作与对话长效机制，共同打击黑客攻击、不正当竞争、技术窃取等违法行为。

（四）用好"两区"政策构建数字贸易跨境服务支撑体系

着力用好"两区"政策，在贯彻落实《中国（北京）自由贸易试验区条例》的基础上，推进建设数字贸易港与数字贸易试验区，促进数字贸易发展。

一是强化金融开放和支撑。在加强与银行等金融部门对接的基础上，推动北京数字企业在构建数字人民币金融生态方面的技术创新与应用。同时，优化数字企业跨境资金流动管理，适度放宽数字企业跨境投资限制，并积极推动跨境资金流动审批程序优化与外汇收支便利化改革。

二是加强数据跨境流动管理。以"两区"政策为引导，推动数字贸易试验区建设，完善数据跨境流动管理制度。同时，加强区块链等数字技术在数据跨境流动管理中的应用，建立高效、便捷、准确的数据跨境流动监管体系。

三是改善数字营商环境。将推进数字营商环境的改善纳入"放管服"改革体系，并积极推动建立数字化政务服务平台，重点做好数字贸易跨境服务。

四是搭建"一带一路"数字贸易平台。努力发挥"一带一路"的经济增长动能，建立数字经济背景下的"一带一路"产业资源平台，为企业数字贸易与国际合作提供有效的信息与资源。

（五）积极参与国际规则对接和国际标准化合作

从北京市的实际情况出发，发挥首都优势，积极参与国际规则与标准的研讨与制定，提高北京在数字经济国际合作中的话语权。

一是在北京数字贸易试验区制度设计中，深化落实《首都标准化发展纲要 2035》，并对标 DEPA、CPTPP 等高标准协定，借助"一带一路"国际合作高峰论坛、RCEP 等合作机制，引导各方积极分享数字治理经验，探讨建立统一的数字治理规则、技术标准、协调政策、竞争政策、跨境数据流动政策、跨境税收政策、监管政策等。

二是积极构建有利于自身的数字贸易规则。针对中国数字贸易发展需要，积极主动地提出符合自身发展利益的诉求和主张，以应对"美式模板""欧式模板"的挑战。在构建符合自身利益的数字贸易规则的同时，也要合理对接现有区域性数字贸易规则，进而为与美国、欧盟等发达国家和地区的数字贸易提供法律保障。

三是鼓励企业"走出去"。企业作为提供经济活力的重要主体，在市场中拥有更敏锐的观察力和更强大的影响力，鼓励其积极参与数字经济国际合作，有利于提高北京市外向型企业的国际话语权，推动北京市参与国际规则对接和国际标准化合作。

四是打造国际数据交易平台与核心枢纽。打造在全球有影响力的国际数据要素市场，推动北京向全球数据要素配置枢纽演进，是将数字经济技术优势转化为制度优势、规则优势的重要前提条件。具体来看，要通过完善数据要素价格生成机制、产权界定机制、交易规则机制等，建设具有国际影响力的北京国际大数据交易所，连接全球数据信息网络。此外，还要逐步建立数据跨境流通管理制度，更好地服务数据要素市场，推动高科技产业、科研院所的国际先进数据汇聚，吸引全球投资者。

（六）推进数字贸易国际合作

数字贸易是数字经济衍生的新兴贸易形式，在全球货物贸易疲软的发展态势下，数字贸易逆势增长，开辟了全球贸易新的增长极。北京作为我国对外贸易的重要口岸之一，要顺应新的经济发展形势，不断推动数字贸易发展，重点包括以下三个方面。一是推进贸易设施数字化，积极推动数字技术与贸易基础设施建设的融合发展，全面推进互联网贸易平台、机场港口、物流园区、生活社区、道路交通等的数字化升级。二是推进贸易方式数字化，在巩固跨境电商发展规模的基础上，推动在跨境电子商务信用等领域建立信息共享机制，加强金融支付等方面的全球合作。三是推进贸易对象数字化，发挥"两区"建设优势，积极建立全球数据开放环境，探索数字要素、数字内容和数字服务贸易新业态。

（七）加强国际数字基础设施建设合作，着力弥合数字鸿沟

数字鸿沟是开展数字经济国际合作的主要障碍之一。应将数字基础设施建设作为弥合数字鸿沟的先行领域，注重数字基础设施的"软"联通。具体来说，应鼓励企业开展国际化经营，充分发挥企业主体作用，以数字企业龙头为引领，联动中小数字企业，加强与相关国家在通信、互联网、卫星导航等领域的合作。同时，还应借助国家间、区域间合作机制，积极参与东道国传统基础设施数字化升级改造，分享北京数字基础设施建设、数字经济发展经验，积极协助相关国家和地区编制数字经济发展战略规划，共建数字化资源平台，推动数字基础设施的建设和互联互通。此外，在策略上，对于数字基础设施薄弱的国家，重点瞄准信息化基础性问题加强合作；对于具备一定数字发展基础的国家，则大力推进大数据、人工智能、云计算、5G、区块链等新一代数字技术的发展。

参考文献

李振东、陈劲、王伟楠：《国家数字化发展战略路径、理论框架与逻辑探析》，《科研管理》2023 年第 7 期。

北京自贸试验区制度创新
及产业发展研究

卢福永*

摘　要： 北京自贸试验区的建设以制度创新为核心任务，通过制度创新促进产业发展，建设工作围绕科技创新、数字经济、服务业开放、京津冀协同发展等重点任务展开。北京自贸试验区挂牌成立以来，截至2023年7月共发布了63份有效政策文件。其中，各区县政府、"两区"建设办公室、区县直属机关等发布的政策文件共计25份，占比39.7%；而北京市政府、市级委办局等机构发布的政策文件共计38份，占比60.3%。通过分析自贸试验区出台政策的工具结构、作用周期、作用对象、作用强度、享惠企业类型等，发现自贸试验区政策结构须进一步优化，政策措施与产业发展适配度须进一步提升。进而，本文提出了五个方面的政策优化建议：一是改善政策结构，对重点产业和成长型企业的支持更加明确；二是加强市级产业政策统筹推进；三是加强关键服务业开放和服务贸易发展的政策支持；四是尽快出台数字贸易相关的有效政策措施，对接国际先进规则；五是高度重视文化产业、高精尖制造业、商务服务等重点产业的政策创新。

关键词： 北京　自贸试验区　制度创新

---

* 卢福永，经济学博士，对外经济贸易大学北京对外开放研究院副研究员，主要研究方向为产业经济、国际经济与贸易、数字经济。

一 北京自贸试验区的重要战略地位

2020 年 9 月 4 日，习近平主席在中国国际服务贸易交易会（以下简称"服贸会"）全球服务贸易峰会上隆重宣布，党中央支持北京建设国家服务业扩大开放综合示范区和自由贸易试验区（以下简称"两区"），加大先行先试力度，形成更高层次改革开放新格局。[①] 2020 年 9 月 24 日，北京自贸试验区正式挂牌运行，其以科技创新、服务业开放、数字经济发展为主要突破方向，北京也由此成为全国唯一一个同时拥有国家服务业扩大开放综合示范区和自贸试验区的城市。国家服务业扩大开放综合示范区的设立具有重要使命，需要为全国探索服务业开放发展的新路径新方法，同时要为京津冀协同发展提供新方向。在此基础上，北京自贸试验区的设立具有了更加丰富的开放任务，可以依托国家服务业扩大开放综合示范区在服务业开放方面的先进做法和经验，大力推进服务业开放，在服务贸易领域发挥北京优势；依托北京的科技、教育优势，通过科研和人力政策助力北京建设国际科技创新中心；通过大力发展信息技术和信息产业，提高数字经济基础设施水平和数字经济渗透率，积极参与或主导国际数字贸易规则制定，提升北京自贸试验区的数字经济和数字贸易地位。

（一）国家和首都发展转型需要

中国处于构建新发展格局的重要阶段，关键在于继续深化改革、提高开放水平、促进科技创新和产业结构升级。设立自贸试验区表明了中国自主开放的决心，自贸试验区将高效助力中国构建顺畅的国内国际双循环。在中国自贸试验区体系中，北京自贸试验区挂牌成立时间最晚，承担了较新颖独特的制度创新和产业发展任务，需要在服务业开放、科技创新、数字经济、京

[①] 《习近平在 2020 年中国国际服务贸易交易会全球服务贸易峰会上的致辞（全文）》，"新华网"百家号，2020 年 9 月 4 日，https：//baijiahao. baidu. com/s? id = 1676910943893062152&wfr = spider&for = pc。

津冀协同开放等方面形成有建设性的经验和做法，并能在区域外复制推广。中国构建新发展格局要求从要素和产品开放转向制度型开放，自贸试验区承担制度型开放和压力测试任务。

北京作为一个特大城市，其也在转型发展，持续几年对非首都功能进行疏解的同时，也要根据新形势培育新的产业增长点。北京是中国服务业资源集聚程度最高的城市，第三产业占 GDP 的比重显著高于其他城市，服务贸易的规模也占到了全国的 1/5 左右。① 北京在金融、文化、航空、旅游等方面的优势，使其发展服务贸易具有坚实的基础。北京科研人才集聚，高新技术企业和大型企业总部数量众多，整体科研实力雄厚，科技创新环境良好，具有打造世界科技创新中心的基础条件。北京在教育领域，尤其是高等教育方面具有显著的优势，是全国顶尖高校和科研机构聚集度最高的城市，文化产业的发展也在全国处于领先地位。因此，北京发展转型的方向应是基于优势条件，重点发展国家需要且具有比较优势的产业。北京是中国对外开放交流的重要窗口，开放发展是必然选择，因此，自贸试验区的设立高度契合了北京发展的核心需求，服务业、科技创新、数字经济等方向的选择也正好契合了北京的现实基础。

（二）保障国家经济安全需要

北京自贸试验区建设的核心内容之一就是建成国际科技创新中心，充分发挥北京的科技创新优势，在新一代信息技术、生物与健康、科技服务等产业上有大作为大突破。科技创新要重点解决各类"卡脖子"技术问题，实现高精尖科技突破，进行重要基础研究、未来科学及产业探索等。

中国已经深度融入国际产业链和国际分工体系，在制造业领域，我国不仅大量进口能源和原材料，还进口众多关键的贸易中间品、高科技产品。2018 年中美贸易摩擦以来，我国的产业链供应链安全反复受到冲击，在信

---

① 《北京市委副书记殷勇：数字贸易成为北京服务贸易发展新"引擎"》，"北京商报"百家号，2022 年 9 月 1 日，https://baijiahao.baidu.com/s? id = 1742771657152796676&wfr = spider&for = pc。

息技术产业领域尤为显著。我国面临的"卡脖子"技术，大多集中在互联网与信息技术产业、工业制造业、生物医药等领域。关键高科技产品掌握在发达国家手中，在贸易关系恶化的条件下，将严重威胁中国的经济安全。

持续的科技创新不仅需要大量的资金、人才等的投入，还需要国家对重点创新方向的引导，以及良好的政策环境。自贸试验区在科技创新方面的政策创新，不仅可以通过提高开放准入水平吸引全球优秀的科技创新资源，还可以通过政策支持科技创新全产业链，加大知识产权保护和执法力度，打造良好的可持续科技创新环境。

（三）在激烈的国际竞争新领域探索中国经验

数字经济将会是未来最主要的经济形态，也是国家间竞争的重要领域，北京具有数字基础设施优良、服务业基础扎实、政策支持相对完善、营商环境不断优化、数字经济创新模式领先等一系列良好的先决条件，在数字经济领域有巨大的发展潜力，并能为中国其他地区提供发展经验。

数字经济发展水平是影响数字贸易发展的重要因素之一，数字技术、网络基础设施、数字技术与产业融合度、国际数字贸易规则参与度等都会影响数字贸易的发展水平。其中，国际数字贸易规则尚处于不稳定阶段，各大经济体都争相抢夺数字贸易规则制定的主导地位，中国有迫切参与国际数字贸易规则制定的需求。中国加入世界贸易组织（WTO）以来，对外开放水平逐渐提升，不断签署了一系列双边和多边区域性自贸协定。在最新签署的自贸协定中，中国不仅提升了服务贸易领域的开放承诺水平，也对数字贸易等议题专门进行了开放承诺。比如在《区域全面经济伙伴关系协定》（RCEP）中，中国就服务贸易领域做出了目前为止最为开放的承诺；而中国积极申请加入《全面与进步跨太平洋伙伴关系协定》（CPTPP）、《数字经济伙伴关系协定》（DEPA），展现了中国积极对接国际数字贸易高水平协定的决心。北京作为我国数字经济和数字贸易发展的龙头城市，北京自贸试验区需要承担对接国际先进数字贸易规则的任务，开展相关的制度创新和压力测试。

二 北京自贸试验区制度创新及产业政策结构解析

（一）政策总体结构

为了全面解析北京自贸试验区的政策结构和政策导向，本文选取了北京市政府及各区县政府等公开发布的自贸试验区政策文件进行分析，筛选原则如下。一是文件明确支持"两区"或自贸试验区建设；二是发文机构主要是北京市政府、市级委办局、各区县政府、各"两区"建设工作办公室等；三是必须为具体政策措施，即方案、措施、通知、法规、意见、办法等，不包含批复、大会报告等。通过整理，截至 2023 年 7 月，符合基本要求的政策文件共计 65 份，进一步清理，发现其中 2 份文件由于发布了新版本，处于"已失效"状态，最终保留了 63 份政策文件，其中部分文件见表 1。

表 1 截至 2023 年 7 月北京部分"两区"及自贸试验区促进政策文件

序号	发文机构	文件名称	发布时间	政策对象	有效性
1	北京市大兴区"两区"建设工作领导小组办公室	《大兴区"两区"建设工作方案》	2020 年 12 月 31 日	"两区"	现行有效
2	北京市司法局	《境外仲裁机构在中国（北京）自由贸易试验区设立业务机构登记管理办法》	2020 年 12 月 31 日	自贸试验区	现行有效
……	……	……	……	……	……
63	北京市商务局	《"两区"建设国际收支便利化全环节改革工作方案》	2022 年 12 月 20 日	"两区"	现行有效

资料来源：根据北京市人民政府官网及公开资料整理。

63份政策文件有效性均为"现行有效",但其中3份政策文件具有试行期:北京市昌平区人民政府办公室于2021年2月25日印发的《中国(北京)自贸试验区科技创新片区昌平组团支持医药健康产业发展暂行办法》,试行期为3年;通州区于2021年3月24日发布的《北京自贸试验区国际商务服务片区通州组团产业促进政策》,将于2025年12月31日废止;北京市市场监督管理局印发的《中国(北京)自由贸易试验区市场主体登记确认制试行办法》,试行期至2024年9月1日。此外,北京市人力资源和社会保障局发布的《国家服务业扩大开放综合示范区和中国(北京)自由贸易试验区建设人力资源开发目录(2022年版)》,以及《国家服务业扩大开放综合示范区和中国(北京)自由贸易试验区对境外人员开放职业资格考试目录(2.0版)》均有进一步迭代的可能。

63份政策文件中,政策作用对象为"两区"的共计32份,占比50.8%;政策作用对象为自贸试验区的有31份,占比49.2%,说明北京市对"两区"协同发展高度重视,也反映了支持服务业开放的重大决心。从发布时间来看,主要政策文件发布时间集中在2021年,2022年大幅减少,到2023年7月,尚未发布专门的支持政策文件。从发文机构来看,各区县政府、各"两区"建设办公室、区县直属机关等发布的政策文件相对较少,共计25份,占比39.7%,且主要是建设方案、实施方案等,而北京市政府、市级委办局等机构发布的政策文件共计38份,占比60.3%,这反映了"两区"及自贸试验区建设主要还是北京市统筹推进较多,各区县的自主性不是太高。

（二）产业政策结构

总体政策文件中,专门针对某些重点产业发展的文件较少,共计6份,占比仅为9.5%,且均为区县一级出台,北京市政府及市级委办局尚未出台针对性的产业促进政策。出台专门产业促进政策的为昌平区、海淀区、通州区、朝阳区、顺义区、北京经济技术开发区等区政府、管委会办公室或者"两区"建设办公室。

昌平区政府办公室发布了《中国（北京）自贸试验区科技创新片区昌平组团支持医药健康产业发展暂行办法》，试行有效期仅到 2024 年 2 月 25 日。此产业支持政策重点支持创新药物、高端医疗器械、细胞与基因治疗、AI+医疗、精准医疗服务等领域的研发创新和产业化，以及医药健康产业公共服务平台和 CRO、CDMO、CMO、CSO 等专业服务平台。支持办法主要包括房租补贴（对符合条件的新进入企业）、项目用地用房支持、企业上市奖励、研发投入奖励、销售收入突破奖励、药品或医疗器械获取发达国家先进标准认证奖励、先进技术及产品引进奖励、先进药品临床试验奖励、医疗器械研发和生产奖励、服务外包企业为区内医药健康企业服务奖励及资助。在奖励政策之外，经评审认定的医药健康企业，优先推荐享受北京市和昌平区人才服务、住房保障、总部企业、上市奖励、场景应用、政府采购等政策支持。

海淀区"两区"建设工作领导小组印发了《关于促进中国（北京）自由贸易试验区科技创新片区海淀组团产业发展的若干支持政策》，重点支持人工智能、智能网联汽车、金融、游戏和电竞等产业。对人工智能企业关键技术源头创新、开源开放创新平台建设给予资金支持。对智能网联汽车关键技术创新突破、初创企业开展自动驾驶相关测试进行资金补贴。在金融领域，对符合条件的金融机构、类金融机构、科技金融机构进行连续三年的房租补贴，对新设立或新迁入的总部型金融机构进行一次性资金补贴、购房补贴、连续三年的房租补贴，对引入的外资金融机构中国总部等大型金融机构进行落户奖励、突出贡献奖励，对关键金融科技创新进行奖励，对入驻金融科技企业进行房租补贴，对新设立或新迁入公司制股权投资基金或管理机构进行房租补贴。对游戏和电竞业技术平台建设、优秀原创软件给予资金支持；对入驻的龙头游戏企业、俱乐部、赛事直播公司、赛事运营公司等企业，可以给予配套落户政策及办公用房补贴；对在重要赛事中取得优异成绩的俱乐部进行资金奖励，对电竞赛事进行补贴；对参与制定电竞场馆建设、运营服务、直转播等规范及电竞赛事体系标准的企业和机构进行资金支持。对创新主体举办展览、论坛、发布会等行业交流活动进行投入经费支持。针对全产业，对企业研发投入及国际化进行补贴，对知识产权创造、保护和应用进行奖励和资金支持；设立科技创新基金支持前沿技术和高精尖产业；对创新创业服务企业给予奖励，对初创期科技企业给予资金支持；在人才培育和支持方面，提供公租房申请、人才引进申请、居住证申请、快速认定专业技术资格等服务。

开放北京发布的《北京自贸试验区国际商务服务片区通州组团产业促进政策》，没有对具体产业做特别限制，政策作用对象主要是金融机构、总部企业、专业服务企业、独角兽企业、上市公司、国家高新技术企业、高质量迁入企业等。企业落户奖励主要分为资金奖励和用房补贴。对重点企业高管及专业人士的服务政策包括住房服务、进京落户服务、健康服务、子女入学服务、政务协调、工作居住证申办服务、出入境便利化服务等。对重点企业发展专项扶持资金主要分为经营用房补贴、上市（挂牌）补贴、研发投入补贴、贷款贴息补贴、基础设施建设补贴、企业高管及专业人士奖励、经营型补贴、落户奖励等。

朝阳区"两区"建设工作领导小组办公室发布的《关于促进中国（北京）自由贸易试验区国际商务服务片区朝阳组团产业发展的若干支持政策》，提出支持商务服务、新消费、跨境电商、金融、文化、高新技术等产业，同时对全产业实施统一支持政策。对总部企业实施落户认定奖励、突出贡献奖励、办公用房补贴；对符合条件的商务服务企业实施落户奖励、办公用房补贴；对行业贡献、营业收入贡献、人才贡献进行奖励；对会展业活动提供资金支持；对符合条件的商务服务平台提供资金支持；对实际利用外资超过一定规模的实施资金奖励措施。在消费领域，开展商圈改造资金支持、消费创新支持，对符合条件的跨境电商直购体验店进行资金奖励。对符合条件的成熟金融机构进行落户奖励、办公用房补贴，提供人才进出境服务、社会保险服务、医疗服务、子女教育服务等。对文化企业开拓海外市场进行奖励，对文化贸易平台、文化金融业务给予奖励支持。对高新技术产业企业入驻、开展关键技术研发创新提供资金奖励。实施人才引进奖励，提高人才服务水平。

三 北京自贸试验区政策与作用产业适配性分析

（一）市级及以上层面

除了昌平区等区县发布的 6 项专门的产业政策之外，其他的 57 项政策措施都是对全产业进行支持。在市级及以上层面，共 22 个机构发布了 38 项政策措施。其中，北京市人力资源和社会保障局、北京市人才局共发布了 8 项政策措施，数量居首位；其次是北京市商务局，共发布了 6 项政策措施，但其中有 3 项是针对通州、顺义、房山的建设方案，其他 3 项主要涉及对接 RCEP 先进规则，促进国际收支便利化、投资自由便利化。北京市市场监督管理局出台 3 项政策措施，其他机构出台政策措施在 2 项及以下（见表 2）。

表 2 部分北京市级及以上机构"两区"促进政策文件发布情况

序号	发文机构	文件数量	促进政策方向	政策对象
1	北京市人力资源和社会保障局	7	自贸试验区内企业灵活用工、人力资源开发目录、优化企业特殊工时办理流程推行告知承诺制、引进毕业生赋权、申请劳务派遣经营许可实行告知承诺制、对境外人员开放职业资格考试目录	"两区"、自贸试验区
2	北京市商务局	6	自贸试验区通州组团实施方案、顺义组团产业促进政策措施、房山区"两区"建设工作方案，对接 RCEP，投资自由便利化、国际收支便利化改革	"两区"、自贸试验区
3	北京市市场监督管理局	3	食品生产监管领域进一步落实"证照分离"改革、食品生产许可告知承诺工作规范、市场主体登记确认制试行办法	自贸试验区

序号	发文机构	文件数量	促进政策方向	政策对象
……	……	……	……	……
21	中国人民银行监督管理委员会北京监管局	1	银行业保险业支持"两区"建设	"两区"
22	最高人民法院	1	提供司法服务和保障	"两区"

资料来源：根据北京市人民政府官网及公开资料整理。

（二）昌平组团

昌平区出台的3项政策措施中，实施方案主要基于北京市自贸试验区建设的总体方案进一步细化。在重点发展的产业中，昌平区出台了专门针对医药健康产业发展的支持政策（见表3）。

表3　昌平区"两区"促进政策清单

序号	发文机构	促进政策方向	政策对象
1	昌平区"两区"建设工作领导小组办公室	昌平组团实施方案	自贸试验区
2	昌平区人民政府办公室	支持医药健康产业发展暂行办法	自贸试验区
3	中关村科技园区昌平园	支持医药健康产业发展专项资金管理暂行办法	自贸试验区

资料来源：根据北京市人民政府官网及公开资料整理。

（三）海淀组团

海淀区发布了3项政策措施，包括具体的产业发展支持政策，其中最多的支持手段是提供资金支持，其次是空间支持，对企业研发创新、知识产权保护、人才引进等也进行了规定（见表4）。

表 4　海淀区"两区"促进政策清单

序号	发文机构	促进政策方向	政策对象
1	海淀区人民政府	海淀组团实施方案	自贸试验区
2	海淀区"两区"建设工作领导小组办公室	海淀组团产业发展的若干支持政策	自贸试验区
3	海淀区市场监督管理局	助推"两区"服务措施	"两区"

资料来源：根据北京市人民政府官网及公开资料整理。

（四）通州组团

通州区发布了 2 项政策措施，其中产业促进政策措施未限定具体产业，但对入驻的外来成熟企业更为青睐，主要政策手段是资金支持、住房支持、综合服务等（见表5）。

表 5　通州区"两区"促进政策清单

序号	发文机构	促进政策方向	政策对象
1	北京市商务局	通州组团实施方案	自贸试验区
2	开放北京	通州组团产业促进政策	自贸试验区

资料来源：根据北京市人民政府官网及公开资料整理。

（五）朝阳组团

朝阳区发布了 3 项政策措施。朝阳区支持政策指定了几个重点产业，支持措施依然是以资金奖励和房租补贴、入驻奖励为主（见表6）。

表 6　朝阳区"两区"促进政策清单

序号	发文机构	促进政策方向	政策对象
1	朝阳区"两区"建设工作领导小组办公室	朝阳组团产业发展的若干支持政策	自贸试验区
2	朝阳区商务局	朝阳组团实施方案	自贸试验区
3	朝阳区商务局	朝阳区"两区"建设工作方案	"两区"

资料来源：根据北京市人民政府官网及公开资料整理。

（六）顺义组团

顺义区发布了2项政策措施。其中，产业促进政策未限制特定的产业，但对金融产业进行了较为细致的支持规定，对重大产业项目落地提供资金和用地支持，实施入驻奖励、科技创新奖励、人才引进奖励等（见表7）。顺义区也是北京首个对引进项目的中介机构实施奖励措施的区县。

表7　顺义区"两区"促进政策清单

序号	发文机构	促进政策方向	政策对象
1	顺义区人民政府	自由贸易试验区建设实施方案	自贸试验区
2	北京市商务局	顺义组团产业促进政策措施（第一批清单）	自贸试验区

资料来源：根据北京市人民政府官网及公开资料整理。

四　北京自贸试验区制度创新及产业助推优化建议

北京自贸试验区自成立以来，制度创新已取得了一定成效。同时，自贸试验区促进政策结构还需要进一步优化，对重点产业的适配性需要进一步加强。

第一，总体政策工具的种类相对单调，政策结构均衡度需要提升，对重点产业的支持应更加明确。资金支持、空间支持等常规性支持政策较多，且具有较高的获取条件，对成熟企业来说属于锦上添花，而对初创企业来说却难以达标。此外，在金融服务、人才服务、市场准入等方面的政策改革力度和可操作性不足，尤其是对于初创企业和转型企业而言，大多数产业政策均使成熟型企业受益。第二，缺乏市级统筹的产业推进政策，各区县产业推进政策未形成良性竞争。比如在区县产业推进政策中，各区县均对金融业、总部企业的引进提供了优厚的奖励，且不限于区域重点规划发展的行业，这与自贸试验区的规划方案不协调，可能形成不当竞争。第三，在关键服务业开放、服务贸易发展方面的制度创新和对接力度需要进一步加大。服务业开放应着重开展全产业链制度创新，不仅要提高市场准入水平，还要加强服务、监管等准入后制度改革。应尽快推进服务贸易负面清单的制定和压力测试，服务贸易对接高水平国际贸易规则方面，目前也仅出台了对接 RCEP 的政策措施，对其他高水平规则的对接和改革试验需要尽快推进。第四，在数字经济和数字贸易领域，针对数字贸易发展尚未出台有力度的政策措施，对接国际先进规则的行动较为迟缓，数字贸易与数字经济的协调发展需要完善。第五，在重点产业中，文化产业、商务服务、高精尖制造等几个产业的政策支持力度显著低于其他重点产业，重点产业应在政策支持下均衡发展。

总之，北京自贸试验区制度创新不仅要完成总体方案中国家下达的试点任务，还要根据自身特点、国际形势等调整政策工具结构，进一步优化政策迭代方案，并在关键领域加大改革创新力度。

B.4
北京构建教育对外开放新高地的
关键领域及实现路径

薛新龙　周禹彤　李　晶*

摘　要： 教育对外开放是我国改革开放的重要环节，在新发展格局下，北京教育对外开放要谋求更高质量的发展，就需要进一步明确教育对外开放的关键领域及实现路径。本报告从来华留学教育、海外人才引进政策体系、中外合作办学等三个方面分析了北京教育对外开放的发展现状，提出目前北京教育对外开放主要面临国际人才"引育留转"制度保障体系不健全、中外合作办学发展不均衡以及缺乏境外分校办学实践经验等挑战。为了构建教育对外开放新高地，北京应从促进高水平教育合作与人才交流、完善中外合作办学治理体系、推动人才培养体系变革等三个关键领域推动教育对外开放发展，同时从探索构建国际高端人才交流平台和引进培育制度、优化中外合作办学治理体系并保障办学质量、创新教育供给模式并提升教育供给质量、完善教育组织制度建设并促进国际交流合作等四个方面开展实践。

关键词： 教育对外开放　科技创新　人才　北京

---

* 薛新龙，管理学博士，对外经济贸易大学国家对外开放研究院教育与开放经济研究中心副研究员，主要研究方向为教育经济学、高等教育治理；周禹彤，经济学博士，对外经济贸易大学国家对外开放研究院教育与开放经济研究中心研究员，主要研究方向为"互联网+"教育、乡村振兴、高等教育管理；李晶，法学博士，中国人民大学发展规划处副处长、副研究员，主要研究方向为高等教育政策、大学发展战略。

教育对外开放是我国改革开放事业的重要组成部分，提升教育对外开放质量和水平是实现教育现代化的重要内容。党的二十大报告提出，要"形成具有全球竞争力的开放创新生态"，对教育领域进一步扩大开放提出了新要求。《教育部等八部门关于加快和扩大新时代教育对外开放的意见》指出，要以习近平新时代中国特色社会主义思想为指导，坚持教育对外开放不动摇，主动加强同世界各国的互鉴、互容、互通，形成更全方位、更宽领域、更多层次、更加主动的教育对外开放局面。

北京是优质科教资源的集聚中心，教育发展水平处于全国前列，达到世界发达国家平均水平，并率先实现了教育现代化。《北京市"十四五"时期教育改革和发展规划（2021—2025 年）》提出，要"优化教育对外交往布局，着力加强教育对国际交往中心功能建设的服务支持能力，围绕'一带一路'建设，持续扩大以高等教育为重点的教育对外开放"。在新发展格局下，北京要抓住"两区"建设新契机，充分发挥教育和人才资源优势，加快扩大新时代教育对外开放，为国际科技创新中心和全球人才高地建设提供坚定支撑，同时要进一步优化教育治理体系、创新人才培养模式，明确构建教育对外开放新高地的关键领域。

一　北京教育对外开放的发展现状及主要挑战

我国教育对外开放涵盖出国留学教育、来华留学教育、中外合作办学、境外办学、汉语国际推广、外国专家与外籍教师引进等实践领域。以下将从来华留学教育、海外人才引进政策体系以及中外合作办学三个方面分析北京教育对外开放的发展现状及主要挑战。

（一）来华留学教育蓬勃发展

来华留学教育在推动对外交往、促进社会交流和产业合作方面发挥着独特作用，我国已成为亚洲最大的留学目的地国。"十三五"期间，我国高校接受国际学生的资格条件不断规范，来华留学教育质量规范与监管体系不断完善，来华留学生结构持续优化，2019 年来华留学学历生比例达 54.6%，比 2016 年提高 7 个百分点①。

北京是我国吸纳来华留学生人数最多的地区，2018 年共吸纳 80786 名留学生，在全国排名第一，其次是上海（61400 人）、江苏（45778 人）、浙江（38190 人）、辽宁（27879 人）、天津（23691 人）、广东（22034 人）、湖北（21371 人）、云南（19311 人）、山东（19078 人）等省份②。近年来，北京持续完善留学管理支持政策体系，进一步强化留学教育领域的对外开放优势。例如，出台《北京市对接共建"一带一路"教育行动实施方案》，开展教育互联互通合作、人才培养合作并共建教育合作机制，设立外国留学生"一带一路"奖学金项目，涉及航天、铁道运营、中医等专业，旨在吸引外国青少年来京留学，提升北京教育在共建"一带一路"国家中的影响力；2022 年发布《北京市幼儿园、中小学招收和培养国际学生管理办法》《北京市来华留学生高等教育质量发展指标体系（试行）》等政策文件，完善来华留学质量标准和管理服务；举办第二届"丝路工匠"国际技能大赛，深化职业教育国际交流，扩大首都职业教育世界影响力；等等。

（二）海外人才引进政策体系持续完善

在新一轮科技革命和产业变革的背景下，具有国际视野和多元知识技能的高水平人才在经济社会发展和科技创新中的作用愈加凸显。随着教育对外开放的不断深化，我国积极推进人才引进和人才发展政策，成功吸引和培养了一大批优秀人才，留学生归国比例不断提高。2016~2019 年，我国出国留学 251.8 万人，回国 201.3 万人，学成回国占比达八成③。

北京市近年来为应对国际人才竞争形势，持续完善鼓励留学人员来京创

---

① 《教育部：2016—2019 年我国留学生学成回国占比达八成》，教育部网站，2020 年 12 月 22 日，http://www.moe.gov.cn/fbh/live/2020/52834/mtbd/202012/t20201223_507088.html。

② 资料来源：教育部 2018 年来华留学生统计。

③ 《教育部：2016—2019 年我国留学生学成回国占比达八成》，教育部网站，2020 年 12 月 22 日，http://www.moe.gov.cn/fbh/live/2020/52834/mtbd/202012/t20201223_507088.html。

业和就业的政策体系，全力打造高层次人才高地。例如，2020年北京自贸试验区出台了一系列人才政策，探索制定分层分类人才吸引政策，优化外国人来华工作许可、居留许可审批流程，不断创新国际人才引进和人才发展政策，吸引国外高层次人才参与北京建设；结合"双一流"建设和相关人才计划，支持北京高校引进国外优质教育资源，开展高水平人才联合培养，以高精尖创新中心为平台，促进国际高端人才引进和国际科研合作；改善国际人才在京工作生活条件，建设外籍人才服务工作网络，先后确定朝阳望京、中关村科学城、未来科学城、新首钢、通州、顺义、怀柔科学城、经济技术开发区等8个人才社区，共推动1.1万套国际人才公寓、23所国际学校、8家国际医院、18个外国人服务站点建设[1]。

（三）中外合作办学规模不断扩大

中外合作办学具体包括普通高中中外合作办学、职业高中中外合作办学、本科中外合作办学等形式。"十三五"期间，教育部共审批和备案中外合作办学机构和项目580个（独立法人机构7个、非独立法人机构84个、项目489个），其中本科以上356个；截至2020年底，我国共有中外合作办学机构和项目2332个，其中本科以上1230个，国内本科以上中外合作办学在读学生已超过30万人[2]，我国成为世界一流大学的重要合作方。

教育部中外合作办学监管工作信息平台的统计数据显示，截至2023年，依据《中华人民共和国中外合作办学条例》和《中华人民共和国中外合作办学条例实施办法》批准设立和开展的中外合作办学机构和项目，以及根据原国家教育委员会于1995年发布的《中外合作办学暂行规定》依法批准设立和开展，现经复核通过的机构及项目中，北京共拥有本科办学机构4所，硕士及以上办学机构8所，本科办学项目33个，硕士及以上办学项目

---

① 《北京加快建设高水平人才高地（深入实施新时代人才强国战略）》，人民网，2021年10月3日，http://finance.people.com.cn/n1/2021/1003/c1004-32245180.html。

② 《教育部：中外合作办学机构和项目达2332个　本科以上1230个》，教育部网站，2022年12月22日，http://www.moe.gov.cn/fbh/live/2020/52834/mtbd/202012/t20201222_506955.html。

38 个。从总体规模来看，北京中外合作办学机构和项目的总量位居全国前列，尤其是硕士及以上办学项目数量位居全国第一（见表 1）。从形式来看，北京中外合作办学机构主要是国内大学与国外机构共建的二级学院，如北京航空航天大学中法工程师学院、北京理工大学北理鲍曼联合学院等，这与江苏、浙江等省份中以西交利物浦大学、昆山杜克大学、宁波诺丁汉大学等为代表的中外合作办学机构存在区别。

表 1　部分省份中外合作办学机构和项目数量

单位：所，个

省份	本科办学机构	本科办学项目	硕士及以上办学机构	硕士及以上办学项目
北京	4	33	8	38
上海	9	63	12	22
天津	1	24	4	10
江苏	10	119	17	13
重庆	4	24	1	3
浙江	8	42	13	25
广东	8	13	10	10

注：含内地与港台地区合作办学机构和项目。
资料来源：教育部中外合作办学监管工作信息平台。

（四）北京构建教育对外开放新高地的主要挑战

从发展现状来看，北京教育对外开放事业取得了一系列重要成就，尤其是在来华留学教育、海外人才引进和中外合作办学等领域，已占据国内领先优势，为北京经济社会发展和科技创新提供了有力支持。但是与构建教育对外开放新高地的目标相比，北京教育对外开放事业发展还存在以下挑战。

一是国际人才"引育留转"制度保障体系不健全。人才引进方面，目前北京尚未针对本市重点产业的国际人才需求类型和层次划分国际人才引进优先级，没有形成区块链、半导体、工业互联网等国家重点布局产业领域急需紧缺的高技术人才和特殊贡献人才目录，国外高等教育专业类型、培养方案与授课内容与国内大学可能存在较大差别，在缺乏目录引导的情况下，容易导致用人单位和企业在招聘或引进高端人才的过程中陷入信息不对称的困境；人才培养方面，部分机构的海外招生标准较低，对专业设置和教学质量把控不力，影响国际人才的培养质量；职业发展方面，目前北京针对国际人才职业资格水平和工作经历的认证条例及适用范围不够明确，国际人才岗位转换和职业发展的保障机制不健全，导致部分国际人才资源流失。

二是中外合作办学发展不均衡。从办学层次来看，目前北京中外合作办学机构和项目主要集中在高中及本科层次，硕士及以上中外合作办学项目数量虽然位居全国第一，但以独立法人形式存在的硕士及以上中外合作办学机构数量较少、比例较低，考虑北京拥有数量众多的高水平研究型大学及北京全国高等教育中心的地位，目前中外合作办学机构和项目已落后于北京高等教育发展水平，不能满足高端产业的国际人才需求；从学科专业结构来看，北京高校现存的中外合作办学项目主要集中于经济管理和工科等传统学科领域，对于人工智能、生物医药、集成电路、新材料等战略性新兴产业涉及的专业领域布局不足，专业设置缺乏科学规划，容易导致大学生就业困难加剧；从中外合作办学的主体来看，参与北京地区高校合作办学的世界一流大学数量较少，国际优质高等教育资源引进不足。

三是缺乏境外分校办学实践经验。除了"引进来"，教育对外开放也需要"走出去"，北京各类学校进行境外办学或设立分支机构的比例较低，大多是引入国外教育资源进行合作办学，少数开展境外办学的高校也主要依赖项目模式和教学点模式，缺乏在境外设立分校的实践经验，影响高校长期的对外开放发展。事实上，境外办学作为教育对外开放"走出去"的一部分，在国家推进共建"一带一路"教育行动的过程中具有重要作用，高校通过在境外依法办学，开发具有中国特色、北京特色的专业课程和教学模式，能够在世界范围内扩大自身学术影响力、提升国际交流水平；境外分校办学模式相对稳定，并且在聘用和组建全球科研团队、推动本土国际化复合型人才培养以及促进文化传播等方面优势明显，因此也是发达国家高校进行境外办学的主要形式之一。

二 北京建设教育对外开放新高地的关键领域

习近平总书记在主持中共中央政治局第五次集体学习时强调，要完善教育对外开放战略策略，统筹做好"引进来"和"走出去"两篇大文章，有效利用世界一流教育资源和创新要素，使我国成为具有强大影响力的世界重要教育中心[①]。从我国经济社会发展的战略需求来看，教育对外开放必须对接国际教育先进的理念、技术与方法，助推我国一流大学、一流学科建设，提高我国高等教育面向世界前沿研究、培养国际一流人才的能力，基础教育必须紧跟时代要求，进一步扩展国际视野、扩大中外文化交流。因此，北京建设教育对外开放新高地应关注以下几个关键领域。

（一）促进高水平教育合作与人才交流

《北京市"十四五"时期国际科技创新中心建设规划》提出，"到2035年，北京国际科技创新中心的创新力、竞争力、辐射力全球领先，建成全球人才高地"。教育对外开放通过促进人才和教育资源的跨国流动，能够提升区域人力资本水平、增强科技创新能力。来华留学教育作为国际教育高流动性的重要体现，可以使具有不同文化和教育背景的国际留学生进入中国高校学习深造，提升文化和学术研究的多元性；高校学者和学生群体通过参与国际学术会议、赴世界知名大学学习交流以及参与国际合作研究项目等途径，能够进一步提升科研水平和创新能力。因此，在北京建设国际科技创新中心和全球人才高地的过程中，教育对外开放发挥着重要作用，而如何实现更高水平的教育合作和人才交流将成为未来北京教育对外开放应关注的关键内容。

北京应当充分利用国际化的科研资源、较为完善的技术成果转化体系以及先进的医疗系统，为国际人才的引进交流、职业发展及生活定居创造有利

[①] 《习近平在中共中央政治局第五次集体学习时强调 加快建设教育强国 为中华民族伟大复兴提供有力支撑》，"央视网"百家号，2023年5月29日，https://baijiahao.baidu.com/s?id=1767239941024464983&wfr=spider&for=pc。

条件，提升用人单位对国际高端人才的吸纳和保留能力，进一步探索创新国际人才引进制度及专项人才支持政策，成为集成电路、工业互联网、人工智能、物联网等国家重点产业领域高端人才引进的"示范区"；在由高校、科研院所构成的国际人才交流体系之外，北京应进一步完善与特殊引进人才职业发展需求相匹配的激励保障制度，广泛吸纳急需紧缺领域的国际人才。

（二）完善中外合作办学治理体系

通过中外合作办学引进国际优质教育资源，能够帮助北京各类学校借鉴世界一流教学管理模式，创新人才培养体系，培养具有国际化视野的创新型人才。近年来，中外合作办学治理体系已逐步形成较为系统的顶层设计，为中外合作办学机构和项目的有序发展指明了方向，但高校境外办学相关事务的具体开展还涉及教育以外的其他部门业务，事业单位资产出境管理、派出人员出国手续管理、学生学籍管理等领域仍然未能突破现有体制约束，需要由教育主管部门牵头，联合外汇管理、商务、人力资源与社会保障等部门，进一步研究协调政策落地空间，精简境外办学事务申请审批流程。

中外合作办学"走出去"的目的是提高我国高等教育的质量和国际化水平，增强高等教育国际竞争力，扩大高等教育和中国文化的国际影响力，但目前北京高校境外分校办学比例较低，实践经验不足，治理体系不够完善。在建设教育对外开放新高地的过程中，北京高校应立足长远，避免将境外分校作为国内师生境外培训基地或暑期学院的短期合作项目来运行，未来要进一步明确境外分校办学模式在北京实现高水平教育对外开放中的功能定位，尤其要借鉴部分世界一流大学境外分校的实践经验，充分发挥境外分校办学模式在促进北京地区高校参与全球教育治理、扩大高等教育话语权、引进国际高端科技人才等方面的实际作用。

（三）推动人才培养体系变革

质量是教育对外开放的生命线。为创造更加有利的外部发展环境，我国教育对外开放必须通过内涵发展实现提质增效。北京地区产业发展格局以生产性服务业为主，金融产业、数字产业和智能技术的发展创新不仅需要研究型、专家型人才，多数操作型、技能型就业岗位同样需要兼具理论和实践能力的复合型、技能型人才，这要求教育体系更加包容贯通，人才培养模式更加丰富多元；北京教育对外开放要实现内涵式发展，就要以更加开放、广泛的教育供给，打破教育体系内部现存的层级壁垒，构建更为合理的协同育人机制，保障各类高校、职业学校和社会技能培训机构与教育对外开放的发展需求同步，实现系统性变革。

北京高校应加强与世界一流大学和前沿科研机构的深度合作，在这一过程中，为了推进知识生产与技术扩散，高校应完善组织制度建设，根据技术研发转化对工程、管理和理论知识的融合需求，形成新的机构功能和组织形式，否则就会造成国际合作与协同创新的形式化、简单化和低效化。应引导高校加快培养具有全球视野的高层次国际化人才，鼓励各级各类学校根据国际学术发展趋势和重点产业需求，从学科专业设置、课程内容建设、人才培养机制等方面及时开展国际交流合作，保障教育体系人才培养内容的前沿性。在职业教育领域，北京高校应广泛吸纳"双元制"等办学实践经验，引进国外优质职业教育资源，推动市属职业院校与企业参与国际合作，鼓励职业院校教师教学创新团队赴境外培训。

三　北京建设教育对外开放新高地的实践路径

（一）探索构建国际高端人才交流平台和引进培育制度

北京应充分发挥优质高校人才培养和科学研究的国际化优势，结合金融、科技、先进制造等支柱产业的国际化人才需求，将新兴技术的发展前景、研发原理及产品应用场景等相关内容融入高等教育、职业教育的专业课程设置和人才培养方案中，通过办学理念和人才标准的推广共享，提升各级各类高校国际化人才培养的前沿性和适应力。建立全球高端人才交流引进平台，划分国际人才引进优先级，明确区块链、半导体、工业互联网等国家重点布局产业领域急需紧缺的高技术人才和特殊贡献人才目录；完善数字人才交流引进的激励保障机制，通过智力共享、兼职招聘、人才租借等灵活方式引进各类国际人才，适当简化外籍高层次数字人才往返签证、创业安家的审批程序；明晰各类数字人才岗位转换的职业发展路径，合理完善成果评价机制和职级晋升机制。

（二）优化中外合作办学治理体系，保障办学质量

严格把控中外合作办学教育质量，形成政府、高校、社会共同参与的办学质量保障体系。教育主管部门应根据管辖高校境外办学的实际情况，成立境外办学质量监管机构，综合境外教学质量需求和行业标准等因素，研究制定境外办学教学质量标准，统筹布局人工智能、生物医药、集成电路、新材料等战略性新兴产业相关的中外合作办学项目，保障中外合作办学机构和项目的教学质量，防范办学风险，并适时提供政策支持、进行制度创新。组建境外分校资源共享平台，通过建立境外办学法律政策咨询平台、境外办学信息联络平台，形成支持和推动境外办学的信息资源合力，组织已经取得竞争优势的境外分校共享办学经验，为新设境外办学机构提供外派管理人员培训、当地法律政策解读等方面的帮助支持。由政府出面牵头建立境外办学应急互助基金会，在特定情况下缓解境外办学资金周转困难等问题，保障境外分校建设的长期稳定投入。

（三）创新教育供给模式，提升教育供给质量

扩大北京高水平大学、职业院校课程共享和学分互认范围，对教育体系进行分类完善、分类管理、分类评价，逐步形成以世界一流大学和一流学科为代表的研究型大学、以应用技术大学为代表的应用型本科院校和以示范性高职为代表的高等职业技术学院，打造纵向贯通、横向融通的教育体系，以更加灵活多样的留学生教育供给方式增强北京教育体系对高水平国际学生的吸引力和竞争力；支持部分大学和职业院校开发建设具有北京特色优势的专业课程体系，合理利用大数据、人工智能等数字化工具，推动来华留学教育

朝个性化、定制化、多样化方向发展，充分发挥数字技术传播迅速、辐射面广的优势，突破国际国内和线上线下的时空约束，以数字化赋能"留学北京"品牌建设。

（四）完善教育组织制度建设，促进国际交流合作

牵头建立北京高校国际联盟，与国外高水平大学、科研机构或科技型企业开展深度合作，进一步拓展国际交流合作政策支持体系的内涵，为北京各类学校与国外机构开展教师互访互派、科研国际合作、课程资源共享、技术转移转化等活动提供制度保障；建立符合北京实际情况的国际教师管理评价体制和科研转化激励机制，合理衡量各类国际人才的教学科研和创新成果产出，促进高等学校、职业院校的教师、学生面向国际高水平大学、科研机构和研发型企业积极开展科研合作、学术交流与产教融合；支持应用型大学、高等职业院校继续提升本部门与国际组织机构合作的兼容程度，主动适应产业变革和技术创新的发展趋势，面向全球聘任业界权威人士，负责部分与创新实践经验相关的教学科研工作。

参考文献

刘宝存、张继桥：《改革开放四十年教育对外开放政策变迁的历史考察》，《高校教育管理》2018 年第 6 期。

徐小洲、阙阅、冯建超：《面向 2035：我国教育对外开放的战略构想》，《中国高教研究》2020 年第 2 期。

曲如晓、董敏、潘莹：《高等教育对外开放与高等学校创新：基于教育部直属高校的实证研究》，《北京师范大学学报》（社会科学版）2023 年第 2 期。

蒋凯、张军凤：《中国高等教育对外开放的基本特点》，《清华大学教育研究》2017 年第 6 期。

徐小洲、阙阅：《跨入新全球化——新时期我国教育对外开放的挑战与对策》，《教育研究》2021 年第 1 期。

B.5
北京市国际人才政策的发展演变
与未来展望

褚茜茜　匡国鑫　刘相波*

摘　要： 改革开放以来，北京市始终高度重视国际人才队伍建设工作，其国际人才的培育和引进工作更是经历了从零散到体系、从共性政策到"共性+个性"政策的历史沿革，对打造国际科技创新中心和建设国际人才高地起到了积极的作用。为深入系统研究北京市国际人才政策，本报告收集了北京市 1998~2023 年（截至 7 月 31 日）颁布的356 份涉及国际人才的政策文件，通过内容分析法对相关政策的历史沿革进行分析，系统地总结各时期政策措施的主要特征和重要内容，并以此为基础对北京市国际人才政策的发展做出展望。建议从加强党管人才、坚定人才引领、深化体制机制改革、注重引育并举和坚持守正创新等方面持续发力，助力打造国际人才集聚"强磁场"。

关键词： 改革开放　国际人才　北京

　　现代城市作为战略要素跨境流动和集结的主要支点，是国家参与全球竞争的主要载体，吸引和集聚国际人才对提升城市的全球竞争力愈加重要，越来越多国家和城市意识到国际人才在经济发展中的关键作用，重新设计、配

---

* 褚茜茜，管理学博士，北京石油化工学院人文社会科学院讲师，主要研究方向为优势理论、人才资本；匡国鑫，法学博士，北京大学国际合作部副教授，主要研究方向为国际政治经济学、国际学生教育与管理等；刘相波，经济学博士，中国人民大学劳动人事学院教授、博士生导师，主要研究方向为人才资本、经济增长。

置和运用各种人才政策工具来争夺全球流动的人力资本，形成了全球人才竞争。长期以来，北京市致力于将国际人才集聚作为国际科技创新中心建设的重要任务和智力支撑，并通过各类人才政策促进这一战略目标的实现。随着人才强国战略的深入实施，北京市由以引进国际人才为主转向推动人才国际化和引进国际化人才并重，在国际人才队伍建设上取得了重大进展和显著成效，在全国起着示范表率作用。

北京市作为国家首都，是全国的政治中心、文化中心、国际交往中心和科技创新中心。国际人才集聚与发展不仅是北京市提高核心竞争力、推动全球城市建设的关键，而且关系我国实施新时代人才强国战略、建设创新型国家的大局。因此，梳理北京市国际人才政策的发展脉络，把握北京市各个时期国际人才工作的特点，回顾北京市相关政策实践的历史，有助于北京市深入贯彻新时代人才强国战略，着力形成人才国际竞争的比较优势，构建人才"近悦远来"的"强磁场"，"聚天下英才而用之"。

一　国际人才的内涵特征

国际人才，又称国际化人才、国际型人才或全球人才，是伴随 20 世纪 90 年代经济全球化发展而产生的，其内涵可总结为以下两类。第一，寸守栋和姚凯认为，国际人才是指以知识、技能和经验为主要手段，直接为其他国家或区域提供产品和服务的高层次人才。王子立等人补充指出，国际人才包括外籍人才、回流人才和国际学生。第二，吴晨等人在编制《首都国际人才社区建设导则》时提出"国际人才是具有宽广的国际化视野和强烈的创新意识，具有一定的专业知识或技能，通晓国际惯例和规则，能够在跨文化环境中进行创造性劳动，具有独立的国际活动能力，能为经济社会发展做出积极贡献的人"，并界定其范畴包括外籍人才（外籍院士、高管和技术人才等）、海归人才（留学人才和海外华人人才）和具有国际化视野及国际竞争力的本土人才。结合研究主题，本报告采用吴晨等人的定义。重要国际人才概念汇总见表1。

表 1　重要国际人才概念汇总

提出者(年份)	定义	范围界定
叶忠海(1994 年)	国际通用型人才需具备:宽广的国际化视野和强烈的创新意识;熟悉和掌握本专业的国际化知识;熟悉和掌握与业务活动有关的国际惯例;较强的跨文化沟通能力;独立的国际活动能力;较强的信息选择接收和加工处理能力;广博的文化素养 中国的国际通用型人才还需额外具备:爱国主义精神;民族自尊心和自信心;历史使命感和高度责任心;创新素质	国外的国际通用型人才、中国的国际通用型人才
赵乐贤和赵永贤(2001 年)	进入国际科技前沿、与国际同行交流密切并有较大影响力的科技大师和高技术创新人才;精通国际惯例、善经营会管理的跨国经营人才和国际商务人才	本土国际化人才、外籍人才
张华英(2003 年)	具有国际化意识和胸怀以及国际一流的知识结构,视野和能力达到国际化水准,在全球化竞争中善于把握机遇和争取主动的高层次人才	—
王通讯(2007 年)	国际化人才是指能够在国际施展才干、发挥作用的人才,其类型涵盖政治、经济、军事、文化各个领域	人才国际化、国际化人才
丁进(2010 年)	国际化人才,又称国际人才或国际型人才;国际化人才就是具有涉外工作所需要的知识、能力和技能,在参与经济全球化进程中做出积极贡献的人才	—
寸守栋和姚凯(2020 年);王子立等(2022 年)	以知识、技能和经验为主要手段,直接为其他国家或区域提供产品和服务的高层次人才	外籍人才、回流人才、国际学生
吴晨等(2020 年)	具有宽广的国际化视野和强烈的创新意识,具有一定的专业知识或技能,通晓国际惯例和规则,能够在跨文化环境中进行创造性劳动,具有独立的国际活动能力,能为经济社会发展做出积极贡献的人	外籍人才、海归人才、具有国际化视野和国际竞争力的本土人才

资料来源:笔者根据已有资料整理。

二　北京市国际人才政策的历史沿革

本报告采用的时间窗口为 1980~2023 年(截至 7 月 31 日)[①]。政策文本

---

① 资料来源:北京市人民政府网站"政策"栏目(可供查询年份为 1980~2023 年)。

来源为北京市人民政府网站，以"国际人才""人才国际化""海外人才""高层次人才""留学人员"为关键词进行精准搜索，以"人才"为关键词进行补充搜索，对标签为"政策文件""政府文件"的文本按与研究主题相关程度进行排序并逐一阅读，排除国家级和区级层面文件，以便清晰了解市级层面涉及国际人才的政策。在剔除重复或关联度较低的文本后，共获得市级层面政策文件356份[1]。

从政策数量变化来看，1980年以来，北京市颁布的国际人才政策数量总体呈上升趋势（见图1），尤其是党的十八大后政策频出。进入"十四五"时期，政策密度进一步加大，可见政府对国际人才的重视程度持续加深。依据发文频率，北京市国际人才政策先后经历了提出阶段（1980~1991年）、起步阶段（1992~2001年）、追赶阶段（2002~2011年）、攀登阶段（2012~2020年）及进阶阶段（2021年至今）。

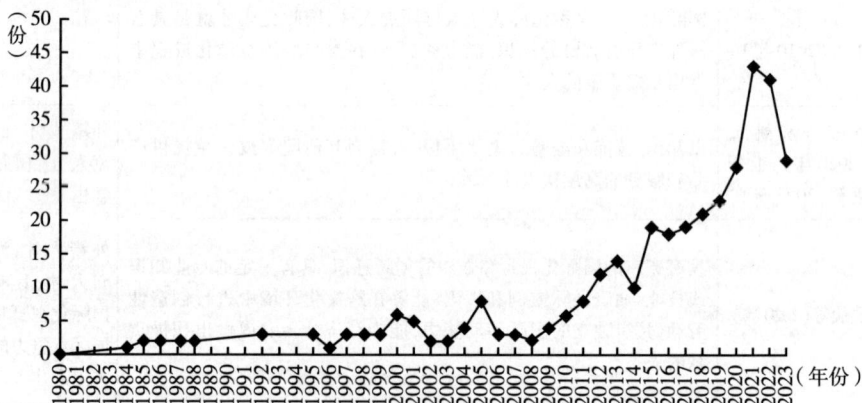

图1 1980~2023年北京市国际人才政策发布数量趋势

说明：2023年统计时间窗口为1~7月。
资料来源：北京市人民政府网站。

（一）提出阶段

改革开放初期，北京市人才队伍存在教育落后、人才数量不足、高级专

---

① 受限于篇幅，感兴趣的读者可以联系笔者获取代表性政策文件列表。

门人才奇缺等问题①，满足现代化建设需求和恢复经济发展活力急需大量优质的国际人才。为此，北京市从以下 3 个方面开展政策布局。一是贯彻落实国家层面的海外引智政策。该阶段北京市外籍人才引进工作以执行国务院、教委和科委等部门的海外引智政策为主。截至 1987 年，北京市与美、日、英、德等国家和组织开展了 30 多项国际科技合作，引进智力项目 171 个，来华交流技术人员 314 人②。二是扩大对外开放，加强合作交流。北京市实施"火炬计划"③ 和"工业技术振兴计划"④，加强国际合作交流、国外引智和科技骨干出国培训，增强本市经济发展和科技进步的后劲。在机构设置上，北京市成立了"北京科技协作中心""北京市人才规划办公室""京港人才交流中心""北京海外人才研究会"等机构，多渠道培养并引进海内外优秀人才，为后续人才工作的开展奠定了良好基础。三是优化理念布局，重点是肃清对科技、人才等方面的错误理念，强调尊重知识、尊重人才⑤；明确国际科技合作和人才引进的重要性，逐步放开对引进海外高层次人才的限制⑥。

  1980～1991 年，北京市主要根据党和国家所布置的周密工作开展国际合作交流和人才引进工作，仅在为数不多的市级层面政策中涉及国际人才。但在邓小平引进国外智力理论的指引下，北京市开始关注、重视和启动国际引才工作，加速现代化建设。

---

① 资料来源：《关于北京市（地方）专门人才"七五"培养规划和后十年人才培养规划设想的报告》，1985 年 12 月 31 日发布。
② 资料来源：《北京市人民政府关于转发市政府各委办 1986 年工作总结和 1987 年工作安排的通知》，1987 年 3 月 31 日发布。
③ 资料来源：《关于组织实施北京市火炬计划的意见》，1988 年 12 月 19 日发布。
④ 资料来源：《北京市"工业技术振兴计划"纲要》，1987 年 6 月 28 日发布。
⑤ 资料来源：《关于一九八四年工作总结和一九八五年工作安排的汇报》，1985 年 1 月 27 日发布；《北京市城乡结合，工农协作，工业支援农业工作会议报告（摘要）》，1985 年 4 月 15 日发布。
⑥ 资料来源：《关于北京市（地方）专门人才"七五"培养规划和后十年人才培养规划设想的报告》，1985 年 12 月 31 日发布；《关于组织实施北京市火炬计划的意见》，1988 年 12 月 19 日发布。

（二）起步阶段

1992 年，邓小平在南方谈话中强调："必须大胆吸收和借鉴人类社会创造的一切文明成果，吸收和借鉴当今世界各国包括资本主义发达国家的一切反映现代社会化生产规律的先进经营方式、管理方法。"① 在此背景下，北京市积极贯彻落实党中央重大决策部署，主要从以下两方面进行布局。一是完善政府机构职能体系，推进国际人才管理工作。在政府职能配置上，北京市设立"引进国外智力办公室"，统筹对外引智工作和科学技术合作交流②；设置北京市科技干部局，负责国内人员留学进修等工作③。同时，北京市成立"北京市投资咨询服务中心"，为国内外来京投资者提供"全程一站式"审批服务；出台《北京市人才市场中介服务机构管理办法》《北京市人才招聘洽谈会管理办法》等政策文件，规范人才市场服务机构，提升服务质量。二是优化国际人才培养和引进工作。在政策方面，北京市明确在户口、收入、住房、子女教育、出入境等方面对海内外优秀的科技和管理人员给予政策优惠④。在本土人才国际化培养方面，北京市强调在京高校要加强国际教育交流与合作，走高质量、高水平、高效益道路⑤；规划筹建 4 个高层次紧缺人才培训中心，形成功能齐全的成人教育网络⑥；首次将民营科技企业人才列入全市人才资源管理与开发规划⑦。在国际人才引进方面，北京市鼓励

① 《改革开放是中国共产党的一次伟大觉醒》，人民网，2019 年 1 月 30 日，http：//theory. people. com. cn/GB/n1/2019/0130/c40531-30597867. html。
② 资料来源：《关于印发北京市科学技术委员会职能配置、内设机构和人员编制方案的通知》，1995 年 9 月 1 日发布。
③ 资料来源：《关于印发北京市科技干部局职能配置、内设机构和人员编制方案的通知》，1995 年 12 月 20 日发布。
④ 资料来源：《关于印发北京市"十五"时期高新技术产业发展规划的通知》，2001 年 9 月 11 日发布。
⑤ 资料来源：《关于印发北京市教育事业发展"九五"计划和 2010 年长远规划的通知》，1997 年 6 月 23 日发布。
⑥ 资料来源：《关于印发 1997 年市政府折子工程的通知》，1997 年 5 月 5 日发布。
⑦ 资料来源：《关于鼓励民营科技企业发展若干规定的通知》，1997 年 10 月 20 日发布。

海归人才从事创新创业工作，并在经费支持①和创新创业奖励②方面做出明确规定；强调海外侨胞是重要引进对象③，明确华侨在京安置工作④。

1992~2001 年，北京市进一步推进国际人才引进进程，拓展了国际人才引进的范围、方式和手段，相关政策随着改革开放的深入而逐渐规范，初步构建了运行规范、注重服务、指导监督有力的国际人才管理体系框架，为经济全球化人才储备奠定了一定基础。

（三）追赶阶段

在追赶阶段，为应对加入世界贸易组织（WTO）的机遇和挑战，贯彻落实人才强国战略，北京市主要从 3 个方面进行布局。一是进一步完善人才培养和引进制度，推进国际人才服务国家需要和首都发展。北京市"十一五"规划明确提出全面实施首都人才发展战略，以高层次人才为重点，加强高级管理人才、高级专业技术人才和国际化人才队伍建设。在引进方面，围绕经济和社会发展所需，北京市针对特殊领域、特殊行业人才紧缺问题，正式实施北京市工作居住证制度⑤。2004 年办理"北京市工作居住证"的人数超 1.3 万人，是 2002 年的 3 倍多。同时，北京市启动"雏鹰计划"，鼓励和吸引海内外优秀人才到中关村创业，在房租补贴、创业辅导、项目推介与融资等方面提供"一揽子"服务⑥。在人才培养方面，北京市注重培养熟悉 WTO 规则和国际惯例的国际化人才，启动"北京市百位 WTO 高级人才培养计划"，推动本市人才结构与参与国际竞争和产业分工的要求接轨；深

---

① 资料来源：《关于进一步促进高新技术产业发展若干政策的实施办法》，1999 年 6 月 1 日发布。
② 资料来源：《关于进一步促进高新技术产业发展若干政策的通知》，1999 年 4 月 26 日发布。
③ 资料来源：《关于印发北京市人民政府侨务办公室职能配置、内设机构和人员编制规定的通知》，2000 年 6 月 21 日发布。
④ 资料来源：《关于印发北京市郊区小城镇建设试点城镇户籍管理试行办法的通知》，1997 年 7 月 17 日发布。
⑤ 资料来源：《关于实施北京市工作居住证制度若干意见的通知》，2003 年 6 月 24 日发布。
⑥ 资料来源：《中关村国家自主创新示范区海内外优秀人才创业扶持工程专项资金管理办法（试行）》，2012 年 10 月 10 日发布。

入实施人才强教深化计划，加大对杰出人才和高层次人才的引进和资助力度，健全人才管理制度[1]。2011年底，北京市人才总量达532万人，专业技术人才中具有高级职称的占11.3%，由两院院士等组成的高层次人才达4890人，国际人才培养和引进工作取得阶段性成效。二是重视产业规模和集群效应，提升国际人才集聚吸引力。在促进产业集群化发展的基础上，北京市全力建好以中关村科技园区为核心的六大高端产业功能区，引导产业合理布局。高端化、集群化产业园区为高层次、国际化人才搭建了高水平的创新创业和集聚发展平台，"人才+产业"的区域一体化发展模式初显。2011年以来，北京市持续推进中关村人才特区建设[2]，截至2021年，中关村人才特区集聚外籍从业人员近万人、海归5万多人[3]。三是实施全方位、多层次、宽领域的国际人才战略。在追赶阶段，国际人才政策内容涉及薪酬、创新创业奖励、税收、社会保障、医疗、住房、配偶安置、子女教育、居留和出入境等方面。国际人才培养和引进的范围进一步扩大，民营企业科技人员、艺术名家、体育明星等被纳入其中，引进行业包括高等教育[3]、职业教育[4]、金融产业[5]、生物工程与医药产业[6]、软件和信息服务业[7]、重点实验室[8]等。

2002~2011年，随着经济全球化进程不断加快，发达国家利用各种政策工具吸引各国人才，全球人才竞争越发激烈，国与国之间的人才差距持续扩大。与此同时，我国新加入WTO，国际化人才短缺问题进一步凸显。在这一背景下，北京市在国际人才队伍建设方面实施追赶策略，大规模投资人力

---

① 资料来源：《关于实施北京市属高等学校人才强教深化计划的意见》，2008年9月11日发布。

② 资料来源：《中关村国家自主创新示范区条例》，2010年12月23日发布。

③ 资料来源：《先行先试 中关村示范区十年建设硕果累累》，北京市人民政府网站，2022年10月11日，https://www.beijing.gov.cn/ywdt/gzdt/202210/t20221011_2833384.html。

④ 资料来源：《关于大力推进职业教育改革与发展的意见》，2002年12月30日发布。

⑤ 资料来源：《关于印发促进首都金融产业发展意见的通知》，2005年1月30日发布。

⑥ 资料来源：《北京生物工程与医药产业发展振兴纲要》，2005年3月11日发布。

⑦ 资料来源：《关于印发北京市促进软件和信息服务业发展指导意见的通知》，2010年4月6日发布。

⑧ 资料来源：《北京市重点实验室认定与管理暂行办法》，2010年8月3日发布。

资本，启动多项重大人才工程和人才计划，加大国际人才引进力度，扩大高层次人才培育规模，健全职称评定、继续教育、人事管理等一系列人事人才制度，提升国际人才数量和质量，为人才强国、人才强市提供了有力的智力支撑。

（四）攀登阶段

党的十八大报告明确提出实施创新驱动发展战略，创新驱动的实质是人才驱动[1]，因而创新驱动发展战略与人才强国战略一脉相通。2010 年 8 月，北京市发布《首都中长期人才发展规划纲要（2010—2020 年）》，确立人才优先发展的战略布局，提出要加大高层次人才引进和培养力度，建设一支具有国际竞争力和影响力的顶尖人才队伍。北京市在人才工作和人才队伍建设的基础上，主要从以下 3 方面进行布局。一是深化人才发展体制机制改革，充分激发人才活力。北京市出台《关于深化首都人才发展体制机制改革的实施意见》，提出大力破除束缚人才发展的思想观念和体制机制障碍，加快完善首都现代化人才发展治理体系，形成"聚天下英才而用之"的政策环境与制度优势。同时，北京市发布"京校十条"[2]、"京科九条"[3] 和《北京市促进科技成果转化条例》，对科技成果转化、科技成果所有权和实施转化权、转化奖励和报酬标准等方面做出明确规定，鼓励本土科研人员创新创业，增强国际竞争力；出台 20 条服务国际人才的新举措，在国际人才出入境、引进使用、兴业发展和服务保障 4 个方面进行改革，为人才国际化发展营造良好环境，进一步提升中关村乃至全市的人才国际化发展水平[4]；

---

[1] 《创新驱动的实质是人才驱动》，"中国日报网"百家号，2018 年 6 月 5 日，https：//baijiahao. baidu. com/s？id＝16023946115476100000&wfr＝spider&for＝pc。

[2] 资料来源：《加快推进高等学校科技成果转化和科技协同创新若干意见（试行）》，2014 年 2 月 20 日发布。

[3] 资料来源：《加快推进科研机构科技成果转化和产业化的若干意见（试行）》，2014 年 7 月 1 日发布。

[4] 资料来源：《关于深化中关村人才管理改革 构建具有国际竞争力的引才用才机制的若干措施》，2018 年 2 月 28 日发布。

锐意改革职称评价制度，重点聚焦高精尖产业发展需要，围绕"三城一区"建设，优化调整职称专业，允许港澳台地区人才、高层次外籍人才等参与职称评审，为领军人才、国家级人才等创新职称晋升机制，建立具有北京特色、符合北京发展实际的职称制度体系①。二是优化国际化人才培养机制。在专业技能人才国际化培养方面，北京市发布《关于全面加强新时代首都技能人才队伍建设的实施意见》，明确要建设一支能够支撑产业转型升级、具有国际竞争力和全球影响力的技能人才队伍，并围绕职业技能培训、评价体制机制、待遇水平3个方面提出21条重要举措。同时，北京市积极推动职业教育的国际化发展，坚持走"高质量、有特色、国际化"的道路，支持"丝路工匠""丝路学堂"等国际合作交流平台建设②。在创新人才国际化培养方面，北京市启动"北京学者计划"，培养一批在自然科学、工程科学技术、哲学社会科学领域具有国际先进水平、富有创新能力、取得重大成果的科学家、工程师和名家大师③。截至2021年底，共培养"北京学者"73人，其中10人当选为两院院士，8人当选为英、德等发达国家院士④。三是以产业集群化发展促进国际人才集群化发展。以"三城一区"作为国际科技创新中心建设的主平台，北京市构建了"两城两带、六高四新"的创新产业发展格局，大力培养和引进关键核心技术攻坚人才，推动高水平人才高地和国际科技创新中心建设。2020年，北京市培育形成新一代信息技术、科技服务业两个万亿元级产业集群以及智能装备、医药健康、节能环保和人工智能4个千亿元级产业集群⑤，凝聚了大批领军人才、创新型科技人才和"大国工匠"，大大提升了本市人才国际化水平和国际竞争力。实施"白菜心工程"，聚焦新一代信息技术、机器人和智能制造、生物技术和大健康、新能源汽车和智能网联汽车四大主导产业发展的关键领域和细分行业

---

① 资料来源：《关于深化职称制度改革的实施意见》，2018年2月8日发布。
② 资料来源：《关于推动职业教育高质量发展的实施方案》，2022年6月6日发布。
③ 资料来源：《北京学者计划实施办法》，2017年9月25日发布。
④ 北京市人力资源研究中心课题组：《构建人才国际竞争比较优势，加快建设北京高水平人才高地》，载张天扬主编《北京人才发展报告（2022）》，社会科学文献出版社，2022。
⑤ 资料来源：《北京市"十四五"时期高精尖产业发展规划》，2021年8月11日发布。

的重点方向，聚集了一批高层次科研人才和高水平创新团队①。四是提升人才国际化发展的地方品质。北京市启动国际人才社区建设工作，以国际人才需求为导向，打造了 8 个"类海外"的特色区域，规划布局国际学校 106 所、国际医疗试点机构 8 家，缓解国际人才来京工作的后顾之忧。持续优化涉外服务和国际化环境，率先颁布《北京市国际交往语言环境建设条例》，各区外语标识准确率达 94%，全市政务服务中心外语办事窗口覆盖率达 85%，12345 市民服务热线覆盖 8 个语种，外资企业和外籍人士的诉求被纳入接诉即办工作机制②。

2012~2020 年，北京市聚焦"打造世界高端人才聚集之都"的战略目标，转变人才培育方式，优化人才结构和布局，走人才高端、高效、高辐射发展之路，在国际人才方面坚持培育与引进并重，强基筑底，做大规模、做广领域、做强质量，实施多领域、系列化、"一揽子"的人才项目，推动政策创新，建立了一支数量众多、素质优良、结构完善、布局合理、具有全球影响力的国际人才队伍。

（五）进阶阶段

2021 年 9 月，中央人才工作会议召开，提出新时代人才强国战略，要求激发人才创新活力，加快建设世界重要人才中心和创新高地，并提出率先在北京、上海和粤港澳大湾区建设高水平人才高地。在此背景下，北京市提出"打造世界一流人才之都"的战略目标，由"人才优先"向"人才引领"进阶，为率先建成国际科技创新中心提供坚实的人才战略支撑。"十四五"以来，北京市更加聚焦高水平人才高地建设，依托国家级创新基地、新型研发机构等创新平台，面向全球引进各类顶尖人才资源；更加注重人才国际化培育，持续实施人才计划，加大对本土人才的资助力度，努力培养一

---

① 资料来源：《北京经济技术开发区"白菜心工程"项目管理办法（暂行）》，2022 年 8 月 26 日发布。

② 资料来源：《北京国际交往中心功能建设提质升级》，北京市人民政府网站，2023 年 6 月 28 日，http://wb.beijing.gov.cn/home/ztzl/gjjwqmts/xlbd_2023/202306/t20230628_3149070.html。

批具有世界影响力的顶尖人才；更加深化人才评价制度改革，率先建立高端领军人才职称直通车评价机制，并推动国际人才来京短期试岗试聘、担任法人等尝试性改革，最大限度地激活用人主体、人才主体的创新发展活力。

2021年至今，北京市进入世界重要人才中心和创新高地建设的进阶阶段。根据党中央对我国世界顶尖人才孕育基础正处于质变临界点的基本判断，北京市以"打造世界一流人才之都"的战略目标为指引，以数字化、网络化、智能化融合发展为契机，以高水平、开放型的平台载体为依托，以具有全球竞争力的人才治理体系为保障，建立健全国际人才培养、引进、使用、激励和管理等体制机制，最大限度地激发和释放国际人才活力，推动本市加快建设"聚天下英才而用之"的世界重要人才中心和创新高地。

三 北京市国际人才政策的回顾与展望

改革开放尤其是党的十八大以来，北京市聚焦国际人才的"引育用留"，出台了一系列专项政策，形成了具备"共性+个性"的"政策工具箱"，国际人才工作先后经历了"提出阶段""起步阶段""追赶阶段""攀登阶段"和"进阶阶段"，取得了一系列历史成就。一是建立了多层次的国际人才体系。"北京学者"等市级引才计划为国际人才引进提供了政策引领，"景贤计划"等区级引才计划有效补充了政策体系。截至2021年底，北京市有两院院士853名，占全国的近一半；入选各类国家级人才项目者超过3000人，占全国的近1/4；高层次人才储备数量在国内也是首屈一指[①]。二是培育壮大了关键核心技术攻坚力量。"雏鹰计划"等切实提升了北京市人才的综合素质，储备了一批关键核心技术攻坚人才。三是深化体制机制改革，激发国际人才队伍活力。深入实施创新驱动发展战略，构建北京市深化科技体制机制改革的"四梁八柱"，分别在系统部署、科研经费使用、科技成果权属改革等方面进行优化，为科研人员"松绑+减负+赋能"，激发了高

---

① 支振锋：《高质量建设北京高水平人才高地》，《光明日报》2022年7月17日，第7版。

层次人才创新创业的活力。四是建设一流国际人才社区，营造良好的国际人才创新创业生态。北京市在全国率先提出国际人才社区建设理念，以国际人才需求为中心，打造"类海外"的宜居环境，营造了良好的创新创业生态，吸引和集聚了更多国际人才。

回顾过去，北京市国际人才培育和引进工作的成效有目共睹；展望未来，面对激烈的国际人才竞争，北京市接下来的国际人才培育和引进工作任重而道远。当前，北京市在国际人才培育和引进方面仍存在进一步提升的空间，可总结为以下 4 个方面。

一是人才国际化程度仍需进一步提升。北京市国际人才集聚程度与世界一线城市相差悬殊，在国际人才培育和引进方面还有较大的提升空间。以中关村国家自主创新示范区为例，截至 2021 年底，作为国内吸引海外人才最多的科技园区之一，该示范区有从业人员 285 万人，其中留学归国及外籍从业人员 6.6 万人①，约占从业人员总数的 2.3%。同期，2021 年硅谷指数显示，美国就业人员国外出生比例达 14.0%，硅谷和旧金山市更是分别高达 39.1% 和 34.0%。

二是人才梯队仍需进一步优化。第一，北京市国际顶尖人才和创新团队资源仍相对匮乏。《国际科技创新中心指数报告 2022》显示，在集聚顶尖创新人才方面，北京市仅在全球科技创新中心中排第 11 位；在科技人力资源得分前 20 名中，美国城市（都市圈）占据 11 席，欧洲城市占据 9 席，中国无城市入围。第二，前沿领域和关键高层次人才匮乏。北京市重点产业领域人力资源开发目录显示，集成电路材料研发、芯片设计、芯片制造、科学仪器制造等领域高层次人才短缺，医药健康、集成电路、智能装备、新能源智能汽车等领域高技能人才紧缺。第三，人才储备仍需加强。

三是市场主体作用仍不突出。党的十八大以来，以市场为导向的引才探索工作受到关注。市场在人力资源配置中具有决定性作用，通过促进人

① 《先行先试，中关村示范区十年建设硕果累累》，北京市人民政府网站，2022 年 10 月 11 日，https://www.beijing.gov.cn/ywdt/gzdt/202210/t20221011_2833384.html。

才链、创新链、产业链、资本链和市场需求的有机结合，可以最大限度地激发和释放人才创新创业活力。但目前，北京市国际人才培育和引进工作仍以政府为主导，总体依靠政府的资源配置能力。政府主导国际人才培育和引进工作在集中力量建设重点学科、重点领域方面具有突出优势，但过度依赖政府的统筹配置，会在一定程度上限制企业、科研机构等市场主体发挥作用。

四是国际人才成长成才环境有待优化。目前，北京人才工作正处于由"拼政策"向"拼政策+建环境"转变的重要阶段，引才聚才的地方品质亟须提升，国际人才社区建设中海外氛围、多元文化、宜居社区、医疗健康等方面存在较大提升空间，尤其是国际人才的"职住一体"问题有待解决。

国际人才是北京市建设世界重要人才中心和创新高地的重要力量，是北京市形成人才国际竞争比较优势的重要支撑。持续深入推进国际人才培育和引进工作，是北京市建设国际科技创新中心的必然要求。未来北京市的国际人才政策改革方向可概括为以下5点。

一是加强党管人才，确保国际人才工作方向。党的十八大以来，以习近平同志为核心的党中央做出人才是实现民族振兴、赢得国际竞争主动的战略资源的重大判断，提出要在国际人才竞争中打造制度优势[1]。国际人才竞争日趋激烈的背后是制度的博弈，要加强党管人才，运用党的政策优势和决策地位确保人才优先发展和人才引领发展，从而在国际人才竞争中获得更大的制度优势和体制优势，从而形成国际人才竞争的比较优势，为建设世界重要人才中心和创新高地，赢得全球科技竞争和产业竞争的主动权、领导权奠定坚实的基础。党管人才是参与国际人才竞争的必然要求。

二是坚定人才引领，广聚天下英才。要基于科技和人才优势，建立一个全球人才的对话、协调、合作机制。要围绕国际科技创新中心建设，扩大国际科技交流合作，加强国际化科研环境建设，深度推进同国际一流机构的战

---

[1] 《〈求是〉杂志编辑部：指导新时代人才工作的纲领性文献》，光明网，2021年12月17日，https：//m.gmw.cn/baijia/2021-12/17/35388488.html。

略合作，提升我国科研队伍的国际话语权。同时，聚焦国家重大战略需要和首都经济社会发展需求，举办高规格的国际科学会议、全球性高峰论坛等活动，加强区域间的智力交流和人才合作，带动人才集聚化发展，形成"聚天下英才而用之"的生动局面。

三是深化体制机制改革，激发创新创业活力。国际人才竞争的实质是制度竞争，国际人才创新发展的关键在于人才制度优化，人才制度优化的关键在于深化人才发展体制机制改革。要坚持"以人为本"的人才工作理念，着力破除科研管理和科技评价等体制机制桎梏，坚持松绑、减负与赋能并重，有效激发人才创新创业活力。可以在支持重大前沿项目与创新平台建设、促进人才发展支持资金管理等方面持续简政放权、优化服务。进一步深化改革科技成果转移转化体制机制、细化职务科技成果赋权程序、强化成果转化应用导向，借助市场力量，促进高校、科研机构产业链与行业产业链精准对接，提升科技成果转化率，强化产学研深度融合，推进协同创新。

四是注重引育并举，促进人才结构优化。实现高水平科技自立自强是建设国际科技创新中心的必经之路，全面提高高层次人才自主培养质量是实现高水平科技自立自强的必经之路。在重视国际人才引进的同时，更要注重人才的自主培养。一方面，高等教育和职业教育要围绕国家战略发展需求和首都经济社会发展需要，培养一批综合素质优秀且基础学科拔尖的学生；另一方面，重视优秀中青年科技人才的培育工作，提高科研经费自主比例，探索对优秀项目的连续自主机制，完善科研人员的评价指标，鼓励科研人员注重高质量原创研究，完善和优化科研管理流程。

五是坚持守正创新，推进国际人才融合。高品质的人才服务是人才工作的"先手棋"。为了让国际人才"来得了、留得住、用得好、融得进"，可以对新加坡、多伦多等典型城市的人才融合经验进行分析，探索适合北京市国际人才融合的新路径，如：借助市场化、专业化的力量构建全球创新服务网络；以政府购买服务方式协助国际人才搭建本地生活社交网络，实现社会性融合；等等。

参考文献

王子立、刘永军、麦家和：《全球城市国际人才集聚的经验与启示——以新加坡、多伦多、阿姆斯特丹、慕尼黑为例》，《中国人事科学》2020 年第 7 期。

寸守栋、姚凯：《基于人力资本价值链理论的中国城市国际人才集聚研究》，《科技进步与对策》2020 年第 21 期。

吴晨等：《〈首都国际人才社区建设导则〉的编制框架》，《世界建筑》2020 年第 2 期。

叶忠海：《国际经济贸易中心人才总体特色和上海人才开发国际化》，第二届中国东南地区人才问题国际研讨会，南京，1994。

赵永乐、赵永贤；《江苏新世纪人才高地及其实现途径》，《学海》2001 年第 4 期。

张华英：《人才国际化与国际化人才的培养》，《福建农林大学学报》（哲学社会科学版）2003 年第 4 期。

王通讯：《人才国际化论纲》，《行政与法》2007 年第 1 期。

丁进：《人才概念的发展和"国际化人才"的定义》，人民出版社，2010。

专题报告
Special Reports

（一）制度开放篇

B.6

北京市服务贸易创新发展的
制度创新路径分析

刘 斌 朱晓梅*

摘　要： 服务贸易是当前及未来国际经贸合作重要领域，也是培育我国经济发展新动能、建设贸易强国的重要抓手。中国是服务贸易全球第二大市场，北京市服务贸易额又占全国服务贸易额的1/5左右。2020年北京市成为全面深化服务贸易创新发展试点之一，近年来北京市实现服务贸易规模提升和结构优化，依托"两区"建设进一步扩大服务业开放，服务贸易创新发展稳步推进，质量效益不断提升。然而，现阶段仍存在服务贸易利用外资规模不足，服务贸易品牌化、特色服务贸易发展不足，部分服务行业开放程度不

* 刘斌，经济学博士，对外经济贸易大学国家（北京）对外开放研究院、中国世界贸易组织研究院研究员，博士生导师，主要研究方向为世界经济；朱晓梅，对外经济贸易大学中国世界贸易组织研究院博士研究生，主要研究方向为世界经济。

高及服务业开放与服务贸易协同发展不充分等问题和制度阻碍。未来，北京可以通过加快服务业开放降低服务贸易壁垒，在一定程度上解决当前制度创新瓶颈，进而促进服务贸易创新发展。

关键词： 服务贸易　制度创新　服务业开放　北京

一　北京市服务贸易创新发展现状

习近平主席高度重视北京市服务贸易的发展，在 2021 年中国国际服务贸易交易会全球服务贸易峰会上的致辞中突出强调"服务贸易是国际贸易的重要组成部分和国际经贸合作的重要领域，在构建新发展格局中具有重要作用"，同时表明"支持北京打造国家服务业扩大开放综合示范区，加大先行先试力度，探索更多可复制可推广经验，发挥北京在中国服务业开放中的引领作用"。2019 年 1 月，《北京市服务贸易创新发展试点工作实施方案》正式实施，4 年多以来北京市多措并举助推服务贸易创新发展走深走实。总体来看，北京服务贸易发展持续恢复向好，规模稳步提升，位居全国前列，服务贸易结构不断优化，展现出可持续性和竞争优势，发展质效明显提升。

（一）北京市服务贸易规模稳步提升

2021 年，北京市服务贸易整体表现出强劲韧性，发展势头良好。从规模上看，2021 年服务贸易额达到了 1385.1 亿美元，占北京市对外贸易总额的比重为 22.7%（见图 1），高于全国平均水平 10.8 个百分点，同比增长 13.7%。2014~2019 年，北京市服务贸易额总体呈上升趋势，服务贸易额分别达 1106.1 亿美元、1302.8 亿美元、1508.6 亿美元、1434.3 亿美元、1606.2 亿美元、1543.4 亿美元，服务贸易额占对外贸易总额比重均值较高，达到了 41%。未来，服务贸易将继续在北京经济建设方面发挥重要作用，成为北京市融入国家高水平对外开放的重要抓手，进一步延伸发展空间。

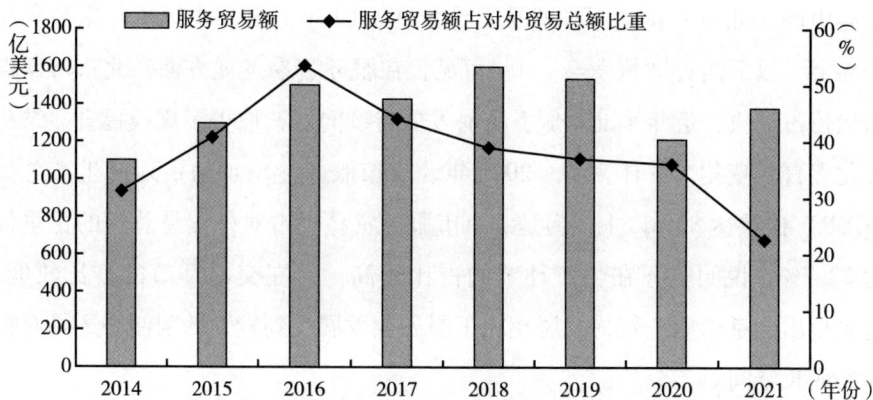

图1　2014~2021年北京市服务贸易额与占比

资料来源：2015~2022年《北京统计年鉴》。

（二）北京服务贸易结构显著优化

2021年，北京知识密集型服务贸易额达到了697.9亿美元，占服务贸易总额的50.4%，同比增长12.5%，高于全国平均水平6.5个百分点。2020年，北京知识密集型服务贸易额为619.9亿美元，占服务贸易总额的50.9%，高于全国平均水平6.4个百分点。总体来看，2020~2021年知识密集型服务贸易占北京市服务贸易的比重都超过了一半。这一现象表明服务贸易更趋向于高附加值领域，结构更加优化，为北京市高质量发展增添新动能。另外，从服务业利用外资来看，2021年北京实际利用外资155.6亿美元，其中服务业实际利用外资146.9亿美元，94.4%的外资流入服务业，同比增长8.0%。[①]

二　北京市服务贸易创新发展存在的主要问题

早在2012年，党中央、国务院就批准由商务部、北京市人民政府共同

---

① 《北京服务贸易创新发展　去年进出口总额达1385.1亿美元》，"青瞳视角"百家号，2022年8月23日，https://baijiahao.baidu.com/s? id=1741935799697815275&wfr=spider&for=pc。

主办中国（北京）国际服务贸易交易会（2019年更名为中国国际服务贸易交易会，以下简称"服贸会"）。可见，在服务贸易发展方面，北京市谋篇布局抢占先机，近年来北京服务贸易发展持续向好，取得了规模提升、结构优化等喜人变化。总体来看，2021年北京市服务业增加值占地区生产总值（GDP）比重达80%以上，但是北京市服务贸易额占对外贸易总额的比重仅为22.7%，说明服务在生产环节的占比较高，而在交易环节的占比较低，这表现出北京市服务贸易发展相比于服务业发展受到较大的限制，还具有很大的成长空间。

（一）服务贸易利用外资规模相对不足

外资企业投资和国际直接投资增长与服务贸易增长具有明显正向关系，扩大外资投资规模、有效利用外资是确保服务贸易高质量发展的关键举措。2022年，北京市实际利用外资174.1亿美元，同比增长12.7%，高于全国增速4.7个百分点，其中超过90%都流入了服务业。2021年，上海市实际利用外资225.5亿美元，同比增长11.5%，上海实际利用外资是北京的近1.5倍，相较来说，北京实际利用外资规模尚有进步空间。那么如何放宽市场准入、营造良好的投资与营商环境、吸引外资持续进入是关系北京市服务贸易创新发展的关键问题。

（二）服务贸易品牌化、特色服务贸易发展不足

习近平总书记强调，"推动中国制造向中国创造转变、中国速度向中国质量转变、中国产品向中国品牌转变"。[1] 品牌具有高价值、不可替代、稀缺性等特点，是市场上商品和服务异质性的重要标识，是企业的主要战略资产和利润来源，成为塑造国家竞争优势的重要基础。所以建立品牌是服务业企业创造可持续竞争优势不可或缺的手段之一。另外，特色服务贸易能够充

---

[1] 《习近平在河南考察时强调 深化改革发挥优势创新思路统筹兼顾确保经济持续健康发展社会和谐稳定》，《人民日报》2014年5月11日，第1版。

分发挥地区专业类服务优势，优化人才、技术等要素配置，培育地区出口竞争新优势，进一步推动专业服务业扩大对外开放。根据《全球服务贸易发展指数报告 2021》，上海的服务贸易发展指数高于北京，其主要特点是形成了数字贸易国际枢纽港和文化特色服务贸易两个优势，为数字企业和文化企业营造良好的政策投资环境和一站式便捷化服务。2021 年，北京市知识密集型服务贸易额为 697.9 亿美元，同比增长 12.5%；相比之下，上海市服务贸易中知识密集型服务贸易额为 946 亿美元，同比增长 26.7%，两市的差距显而易见。[①] 加快服务业高质量发展，提升服务业全球竞争力，需要高度重视建设和培育服务品牌，并且积极探索特色服务贸易模式。

（三）部分服务行业实际开放程度相对不高

北京市是全国首个服务业扩大开放综合试点城市，其先行经验对全国其他城市扩大服务业开放具有重要的示范作用，但是北京市服务业在诸多领域未能形成有效竞争，开放程度仍然较低。一是较多行业针对非公企业的市场准入门槛依然较高，如金融服务业、医疗教育业、专业服务业等获得相关许可牌照的难度较大。另外，部分行业虽然准许非公资本进入，但待遇与国有资本也有较大差异，受到诸多管制，如通信服务业鲜有民营资本进入。二是高端专业人才相对匮乏。一部分是因为法律、会计、工程等领域的标准与国际标准有较大差异，影响专业服务人员的跨国流动，导致北京对于国际人才的吸引力尚有不足。另一部分是因为国内缺少熟悉海外法律、财务、会计、投资政策以及语言的专业化机构和复合型人才，国内企业进入国外市场设立分支机构的难度较大，所以国内企业开展海外业务常常需要与当地机构合作，开展业务受制于人。

（四）服务业开放与服务贸易发展协同尚不足

服务业开放与服务贸易发展是相辅相成的关系，但当前北京市服务业开

---

① 资料来源：上海市商务局和北京市商务局。

放未能与服务贸易发展实现协同。主要问题存在于以下几个方面。一是服务业开放程度不足，与国际大城市的平均开放程度仍有较大差距，外资企业进入北京的行政审批、许可获取存在较多困难，在一定程度上可能会导致服务贸易持续发展动能不足。二是服务贸易政策与服务业开放政策缺乏有机统一，主要在于战略、政策以及体制机制等方面统筹设计、协同发展仍显不足，难以有机统一。三是服务业扩大开放试点存在顶层设计不完善、便利化水平不够、政策落实难度较大以及数据统计误差较大等问题，导致试点政策对服务贸易发展的促进作用尚不能充分发挥。

三 以服务业开放促进北京市服务贸易创新发展

由以上分析可知，当前北京市服务贸易企业主要面临一些直接或间接源于制度的障碍，这是服务贸易创新发展尚待攻克的难点问题。北京市服务贸易高质量发展能够满足消费升级、经济高质量发展需求，解决北京市服务贸易发展难题离不开服务贸易制度创新发展，其中加快服务业开放是解决当前服务贸易创新发展制度障碍的主要路径。服务业开放可以通过降低服务贸易壁垒，减少市场准入和国民待遇的限制、降低外资进入成本和经营成本，既有助于促进本国企业的发展，也有助于本国企业"走出去"，增强在国外市场的经营和销售竞争力。具体来说，北京可以通过加快推进国家服务业扩大开放综合示范区和中国（北京）自由贸易试验区（"两区"）高标准建设，主动对接《全面与进步跨太平洋伙伴关系协定》（CPTPP）等高水平经贸规则，积极落实《区域全面经济伙伴关系协定》（RCEP）和世贸组织（WTO）服务贸易国内规制谈判达成的重要成果，并通过优化跨境服务贸易营商环境，加快北京市金融业、文化旅游业开放，放宽数据跨境流动和存储限制，完善跨境服务贸易的数据安全监管体系，积极探索开展自然人移动试点等措施，加快北京市服务业开放步伐，进而促进服务贸易创新发展。

（一）优化跨境服务贸易营商环境

一是对标服务贸易"国内规制"的谈判成果，不断优化营商环境。2021 年 12 月，中国、欧盟、美国等 67 个 WTO 成员宣布达成《服务贸易国内规制参考文件》，提出服务贸易的相关措施应符合客观和透明的标准、程序公正与合理的要求，并规定参加方在 1 年内完成各自正式的核准工作。北京市在推进"两区"建设过程中可以借鉴经合组织（OECD）的服务贸易限制指标，从外资准入、人员流动、其他歧视性措施、阻碍竞争以及监管透明度五个方面，构建北京市"两区"建设的营商环境优化指标体系，通过对标各个指标，有针对性地改善营商环境。二是比较各国在服务贸易规制上保留的差异，更好地向北京市的服务业企业提供咨询指导，并尝试为以跨境方式提供服务的北京市服务业企业建立多样化的保障机制，如海外争端解决援助机制。三是充分发挥 RCEP 示范区作用，借助"单一窗口"平台，加强国际贸易规则指导培训。RCEP 的生效为北京市服务业开放提供了重要契机，同时 RCEP 是中国服务贸易开放承诺的最高水平，北京市有关部门可以通过政府购买服务等多种方式，持续加大对企业和行业的宣传培训力度，指导企业理解和用好协定规则。四是提高政策透明度。设立服务贸易政策专栏，集中发布服务贸易全流程办事指南，及时推出英文版平台网站、英文版贸易政策指南，搭建多语种服务和宣传体系。不仅要提高事后透明度，还要重视提高事前和事中透明度，要在政策出台之前，解释政策出台的背景原因，广泛征集包括外资企业在内的意见与建议，对合理表达自身意愿的建议给予回应和解决，充分体现非歧视性原则和国民待遇原则。在政策公证环节，提前通知外资企业做好准备。在政策事后告知中，及时通过多种方式多语言公示，并设立政策咨询点。五是完善服务贸易紧急保障措施制度。有关部门要及时追踪服务的进口情况，研究某项服务的进口是否造成国内相关行业以及服务提供者损害，如已造成损害，则要在 WTO 规则许可的范围内及时对外国服务进口施以必要的限制。

（二）加快北京市金融业、文化旅游业开放

在吸收国际先进经验的基础上提高北京市金融、文化旅游等行业整体对外开放水平，减少对相关外资投资的限制、加强对该领域外资市场准入的引导，同时健全对外开放的法律法规体制，依法保障对外开放政策的落实。在"两区"申请金融业开放试点，建立"企业贷"批次担保业务"白名单"制度，加大对跨国公司研发中心政策性融资担保业务的支持力度（当前跨国公司研发中心有撤资趋向）；依托北京证券交易所，促进创新型外资企业国内上市融资（当前国外中小型科技企业在华投资相对偏少）。放宽对文化旅游领域企业控股比例的要求，进一步放宽外商投资音像制品制作业务的区域范围，允许在京设立符合条件的外商投资旅行社从事出境旅游业务，鼓励互联网科技力量雄厚的企业运用先进技术，如人工智能、虚拟现实（VR）、增强现实（AR）等推动传统文化服务业数字化转型，推进文化旅游业"走出去"。

（三）放宽数据跨境流动和存储限制

在数据流动规则方面，相比于 RCEP 的跨境数据流动规则，CPTPP 对例外条款使用的限制更严格，《数字经济伙伴关系协定》（DEPA）则进一步将个人信息纳入可传输数据范畴，而且删除了安全例外条款。在安全评估方面，CPTPP 和 DEPA 并没有相关规定。以物联网为例，北京市是中国物联网企业最集中的地区，直接相关企业超过 1400 家。物联网是跨境服务贸易的重要载体，由于物联网机器所产生的动态数据量庞大，根据中国《网络安全法》等相关法律法规，单次跨境传输超过 1000GB 的数据需要进行一定期限的安全评估。在实践中，物联网数据传输时，1000GB 的限制在一些场景中门槛过低，可能导致研发效率、生产链效率、产品品质无法得到快速提升。尽管当前贸然接受上述数据自由流动规则可能导致个人和国家数据安全受到威胁，但未来随着数字监管技术的发展，必然迎来更开放的数据流通政策。因此，在现有数据跨境流动开放基础上，建议在特定区域内试行数据跨境流动的全面开放，或者在安全评估的时候简化流程。在数据存储规则方

面，与 RCEP 要求相比，CPTPP 缩小了因公共政策目标而不履行该条款的范围，DEPA 同样在此基础上剔除了安全例外条款。针对上述调整，一是要善用规则预留的政策空间，在必要领域坚持数据本地化存储要求，同时提供充分证明材料论证在该领域实施数据本地化存储对于实现公共政策目标的必要性，为此可先行对京内数据中心开展调研，收集相关材料；二是进一步放开北京数据流动试点的境外存储要求，对非机密数据实行有限制流动，例如经过安全评估后准许跨境流动。对于个人信息和商业数据，当贸易伙伴国符合信息保护和网络安全标准时，允许跨境数据自由流动。

（四）完善跨境服务贸易的数据安全监管体系

各国在推进数字贸易开放的同时，也在加强数据安全监管。2021 年美国信息技术和创新基金会报告显示，2017~2021 年全球各国实施的数据本地化措施数量翻倍，从 2017 年 35 个国家的 67 项措施上升到 2021 年 62 个国家的 144 项措施。其中，美国在外资安全审查时要求交易信息、用户信息等重要数据存储在美国境内，同时欧盟在境外也支持数据本地化，而技术能力相对较弱的国家更加倾向于数据本地化等防御主义措施。我国在保证数据开放的同时，也要注意数据安全问题。对此，建议推动数据安全监管体系朝着以下三个方向发展。首先是分层监管，在此过程中，一方面在设定分类标准时综合考虑多方面因素，包括跨境支付数据所属业务范畴、数据来源监管标准等；另一方面保证数据分级标准颗粒度适中，要结合实际情况在监管灵活性与监管便利性之间做出权衡。其次是共治监管，一是建立相关共治监管机制，参与主体包括政府、民间组织、企业、网民等；二是对接 CPTPP 和DEPA 主要成员国的数据流动监管范式，合作探索标准的管理机制，以提高数据流动监管的兼容性。最后是创新监管，以北京国际大数据交易所平台为支撑，探索全新数据监管模式。

（五）积极探索开展自然人移动试点

一是积极引进国际优秀人才，完善人员移动便利措施。充分利用国际优秀人才加强业务指导，提升市场运营水平。为海外高层次人才以及拟在国内投资的商务人士提供出入境、停居留、住房等方面的便利与保障，为国际友人在国内工作提供"类海外环境"，为全球研发中心的法人代表、高级管理人员及科研人员办理"健康证明"、提供绿色通道，设置专人进行预约对接联系。外资研发中心聘雇的符合条件的留学回国人员，在申办北京常住户口时，予以优先考虑。二是推动特定专业领域资格和许可互认，降低部分专业服务人员的市场准入门槛。制定出台对急需紧缺人才在特定服务领域进行资格互认的办法措施，允许符合条件的港澳台地区和外籍专业技术人才在北京申报职称，同时研究支持境外人才在境内的便利执业措施，尤其是法律服务人才、会计财税人才等，符合条件的可在京从事相关职业。三是完善对境内外高层次人才和紧缺型人才的认定和奖助体系。可以根据行业需求出台具体的奖助措施，加快实施境外高端人才直接经济贡献奖励政策。

参考文献

李小牧、李嘉珊主编《中国国际服务贸易发展报告（2022）》，社会科学文献出版社，2022。

薛熠、国慧霄：《依托"两区"建设推动北京服务贸易高水平创新发展》，《智慧中国》2022年第12期。

刘斌：《提高"两区"跨境服务贸易便利化水平》，《北京观察》2023年第7期。

B.7
北京纾解"一带一路"中小企业融资 难题研究

蓝庆新 田 庚*

摘　要： "一带一路"倡议提出以来，北京深度把握首都战略定位，积极 参与"一带一路"高质量经贸合作。中小企业作为北京经济发 展的重要参与主体，也同共建"一带一路"国家企业建立了深 度的贸易投资伙伴关系。然而，资金问题依然困扰着北京中小企 业可持续参与共建"一带一路"。虽然北京已在解决中小企业融 资困难方面取得了初步进展，但仍要牢牢把握自身优势，从企 业、金融机构、政府、社会环境等角度出发，为全面提升中小企 业融资能力、营造高度自由开放的融资环境、促进"一带一路" 资金融通、深化"一带一路"经贸合作而努力。

关键词： 中小企业 融资 资本市场 金融中心 "一带一路"

"一带一路"倡议提出十年来，北京立足首都城市战略定位，坚决贯彻落 实国家关于共建"一带一路"的总体部署，发布一系列规划政策，全面服务 共建"和平、繁荣、开放、创新、文明"之路，成为中国扩大对外开放和国 际合作的重要窗口和平台，成果丰硕。中小企业更是在北京参与高质量共建 "一带一路"的过程中发挥了重要作用，无论是借力大型国企央企，规划海外

---

* 蓝庆新，经济学博士，对外经济贸易大学北京对外开放研究院研究员、国际经济贸易学院副 院长，博士生导师，主要研究方向为开放经济理论与政策；田庚，对外经济贸易大学国际经 济贸易学院博士研究生，主要研究方向为国际贸易、国际投资。

经营布局，还是独自"出海"，扩大海外市场，北京中小企业都在贸易投资、项目合作等领域同共建"一带一路"国家企业建立了良好的合作关系。然而，西方国家不断制造负面舆论，恶意抹黑"一带一路"倡议，加大对我国国企央企的调查力度；北京作为首都城市，在京国企央企开展海外合作更易受到质疑和约束。因此，积极鼓励中小企业深入参与共建"一带一路"至关重要。当前北京中小企业发展的最大障碍是资金问题，对此北京市应牢牢把握首都优势、经济优势、金融业发达和地理位置优势，坚持"四个中心"① 战略要求，从企业、金融机构、政府、融资环境多角度出发，为促进"一带一路"资金融通，深化金融合作，推动中小企业更好参与"一带一路"经贸合作不懈努力。

一 北京纾解"一带一路"中小企业融资难题的必要性

（一）有利于北京成为"一带一路"金融合作中心

北京是我国的首都，是央行和国家决策机关的所在地，国家的货币政策、外汇政策以及资本市场的开放政策都在此制定，是共建"一带一路"国家金融合作的政策中心之一；同时，北京也是国家级金融监管部门的所在地，金融市场透明度高，监管规定完备，应对风险能力强，为共建"一带一路"国家金融合作提供了开放、公平的谈判环境。此外，北京更是我国的国际交流中心和科技创新中心，亚投行、丝路基金和亚洲金融合作协会等众多国际性金融组织的总部都设立于此，大力支持共建"一带一路"国家金融合作；金融科技研究院、认证中心和先行示范区相继落地，为共建"一带一路"国家金融发展提供新动能。因此，北京积极打造"一带一路"中小企业融资新平台，改善"一带一路"中小企业融资新环境，将进一步完善北京的金融功能，提高金融合作的质量，巩固北京在共建"一带一路"国家金融合作中的重要地位。

---

① 北京"四个中心"定位，即全国政治中心、文化中心、国际交往中心、科技创新中心。

（二）有利于北京高质量开放金融市场

建立全面多元的"一带一路"融资平台，能够有效解决北京中小企业在开拓共建"一带一路"国家市场中面临的资金问题，境外企业也能利用该平台的融资工具取得资金自由。同时，企业间跨境合作也将进一步促进境内境外融资平台相结合，国家间金融市场实现互联互通，跨境金融合作更加密切。这也意味着促进北京金融市场形成更加开放的空间格局，深化了同共建"一带一路"国家的金融伙伴关系，创新了金融合作方式，有利于北京更高水平地开放金融市场，成为金融中心。

（三）有利于北京建设具有国际影响力的特大城市

利用当前的自身优势和国家定位，在与共建"一带一路"国家合作中寻找更多发展机遇和空间，是我国新一轮战略规划的重要内容。北京的"四个中心"功能定位在中国实施"走出去"发展战略和加强与共建"一带一路"国家新合作中发挥着举足轻重的作用。提高"一带一路"中小企业融资能力，将会有力推动北京"四个中心"建设进程，服务国家开放大局，让世界一睹我国对外开放和现代化建设的风采。同时，建立"一带一路"中小企业融资新体系也是拉近北京同其他国家城市关系的绝佳契机，凸显北京更加开放、更加包容的外交魅力，强化城市交流中的特色内容。并且，融资能力的提升能够有效鼓励北京中小企业参与"一带一路"合作，提升北京软硬件设施的建设水平，完善北京金融服务体系，补充北京的"首都功能"，发挥积极示范作用，彰显北京作为特大城市的国际影响力。

二 北京纾解"一带一路"中小企业融资难题的初步进展

（一）筑牢中小企业与资本市场的对接桥梁

绝大多数中小企业由技术团队创业而来，缺乏有经验的财务管理人员，所以，中小企业与资本市场之间存在信息鸿沟，由此便出现了企业融资难而资本市场资金闲置的问题。因此，北京市政府依托产业投资平台实现产融对接，针对企业的类型、主营业务和发展阶段匹配对应的资金供给方，提高共建"一带一路"中小企业的融资效率；北京市商务局通过外经贸担保服务平台，有效解决中小企业在"一带一路"经济合作中面临的信用和资金难题。此外，北京市政府积极联合北京银行、中关村担保等金融机构，为中小企业提供全方位、全流程的融资服务。据北京银保监局统计，截至2021年末，北京银行业中小企业贷款余额1.73万亿元，贷款户数同比增加10万余户。① 北京市政府通过实现产融对接有效促进了中小企业和金融市场的信息沟通，满足不同企业融资的差异化需求，助力中小企业参与"一带一路"经贸合作。

（二）中小企业融资实现资金来源多元化

"一带一路"倡议凝聚了各方共识，共建"一带一路"国家在过去十年经贸合作中积累了大量成果，也明确了未来的发展方向。而当前经济全球化正面临前所未有的机遇和挑战，亟需建立广泛包容的"一带一路"金融圈，为共建"一带一路"国家经济发展提供长久的资金支持。北京在应对"一带一路"中小企业融资难题的过程中，努力实现融资来源多样化，不仅依靠政府投资力量，也吸纳众多集财富资产管理、互联网金融、文化传媒业务于一体的现代金融服务机构参加，打造多层次的金融服务平台。金融机构业务灵活广泛、资金稳定，不断创新金融服务模式，多方位助力中小企业参与共建"一带一路"。民生银行北京分行与市政府积极联动，创新信贷产品，开发特色结算业务，分片区设立26所中小企业金融中心，

---

① 《北京银保监局：2021年北京地区普惠型小微企业贷款增速近25%》，"人民资讯"百家号，2022年3月25日，https：//baijiahao.baidu.com/s？id＝1728283188722514365&wfr＝spider& for＝pc。

全面打造线上信用产品服务体系。[①] 金融机构与政府部门相互配合、相互协调，将对搭建多层次的"一带一路"金融服务生态圈，支持中小企业参与共建"一带一路"发挥更大的作用。

（三）金融科技赋能中小企业融资

近年来，区块链、大数据、人工智能等前沿技术与传统的金融业务融合，推动我国金融行业进入发展新阶段。金融科技化不仅能够维护国家金融安全，提高金融机构业务效率，更能帮助"一带一路"中小企业实现安全高效的融资。北京市借力区块链技术，搭建中小企业金融服务平台，通过共享账本技术，帮助企业和银行在透明、安全的前提下达成共识，使中小企业能够使用自身可信的信用证明取得贷款。同时，北京市各大银行也努力配合政府工作安排，将互联网技术应用于融资服务。中国银行开发跨境撮合系统（GMS），以科技创新服务"一带一路"中小企业，提供资金支持，为共建"一带一路"国家中小企业经济合作交流提供路径。此外，借鉴北京市中小企业融资平台，京东金融科技也为中小企业搭建了便利的线上融资平台，支持产业链供应链"韧性"发展。金融科技助推"一带一路"中小企业融资更为高效、安全、平等。

（四）为"专精特新"中小企业提供专属融资便利

近年来，"专精特新"中小企业发展迅速，成为"一带一路"经济合作的重要参与者。北京在优化融资环境、提供融资便利时，重点加大对创新型企业的支持力度，设立北京证券交易所、再担保公司等融资机构，服务中小企业创新发展。目前，北京市已培育认定创新型中小企业6323家，融资担保业务规模超227.57亿元。[②] 北京证券交易所等融资机构的设立，不仅为

---

① 《民生银行北京分行携手中小企业高质量发展》，"中国日报网"百家号，2023年7月7日，https：//baijiahao.baidu.com/s? id＝1770740948763481370&wfr＝spider&for＝pc。

② 《北京经信局：截至6月底已累计培育认定6323家专精特新企业》，中关村中慧先进制造业产业联盟网站，2023年7月14日，http：//about.zhongqihuilian.com/shownews.aspx? id＝22279。

创新型中小企业在共建"一带一路"国家工程承包和技术合作中提供稳定的资金保障，更能通过不断完善体制机制，吸引共建"一带一路"国家龙头企业及金融机构参与合作，共建"一带一路"投融资新平台，将北京建设成为顶尖独角兽企业的资本市场新高地。

三　北京纾解"一带一路"中小企业融资难题的优势

（一）地理位置优势

"一带一路"包括"丝绸之路经济带"和"21世纪海上丝绸之路"，因此，"一带一路"倡议发展既要求便利的陆路交通条件，也需要发达的海上交通运输。在已经发布的具体路线图中，北京是"一带一路"交通网的辐射中心。从陆路交通上看，北京作为中通道和西通道的重要节点，由中通道向北延伸，可与蒙古、俄罗斯连接，打造中蒙俄经济走廊；由西通道向西出发，不仅能与西安、乌鲁木齐等重要城市形成贯通之势，也能与哈萨克斯坦、土耳其、波兰、德国、法国以及芬兰等国家形成东亚—中亚—欧洲伙伴关系网。从海路交通上看，北京东临天津港，由此向南可至东南亚，因此，北京在亚欧经济圈中处于重要位置，区位优势明显。北京应牢牢把握地理位置上的优势，加快完善"一带一路"中小企业融资政策，以更加开放的态度融入亚欧经济伙伴"朋友圈"，发挥积极引领作用，提高中国经济影响力。

（二）经济优势

北京是我国经济发展的领先城市，服务业在北京市产业结构中占重要地位，并且正在实现由传统服务业向现代服务业的高质量转变，现代金融业、互联网产业、信息业和消费产业都处于全国领先地位。北京也拥有大量领先的科研资源，并努力将这些先进资源与经济发展紧密结合，互联网O2O商业模式、金融科技赋能资本创造、文化创意园区覆盖范围广泛，都体现了北京智慧经济、知识经济的快速发展。此外，北京还拥有产业集聚优势，国内以及世界著名企业都将北京作为进入中国市场的窗口，据统计，已有60家世界500强企业在北京设立总部。① 北京经济更加多元化，为企业发展创造了更多机遇和空间。同时，北京中关村独角兽企业发展联盟、双创示范基地等创业载体的建立也为专精特新领域的企业提供了发展的沃土，促进高新技术企业实现自主创新。国内外高质量要素的集聚，是北京纾解"一带一路"中小企业融资压力的重要经济优势。

（三）金融业发达优势

北京是国家金融管理中心，财富管理行业发展前景良好，市场潜力巨大。首先，北京金融资源丰富，证券、基金和期货公司众多，金融租赁、消费金融等新型公司蓬勃发展，投资机构覆盖领域日益广泛，助农贷款、小额贷款也稳步提高。同时，北京各项金融资产规模可观，公募基金、私募基金、信托和券商资管等资产规模已超过30万亿元，② 其中，股权投资基金处于全国领先地位，有利于吸引社会资本，支持新兴企业创新发展。其次，北京拥有完善的资本市场体系，境内外上市公司数量达到779家，各类企业通过使用多种融资工具实现直接融资9933亿元，在证监会完成登记的创业和私募股权投资管理资本为1.3万亿元，北京证券交易所的开立更是为企业融资提供更多便利，在北京证券交易所上市的公司已超过170家，交易产品不断呈现多样化特点。此外，北京持续加大金融市场开放力度，"两区"建设启动以来，北京吸引众多外资金融机构在京设立分支部门，扩大业务范围；并且，北京率先开展跨国公

---

① 《世界500强企业中国城市分布：北京60家，杭州7家，南京1家》，搜狐网，2023年8月8日，https：//www.sohu.com/a/712107071_121687421。

② 《北京金融资产总量超190万亿元 2022年金融业占本市GDP比重创历史新高》，北京市人民政府网站，2023年3月21日，https：//www.beijing.gov.cn/gongkai/shuju/sjjd/202303/t20230321_2940824.html。

司本外币一体化试点工作，将金融科技融入金融市场监管体系，实现创新管理。最后，北京金融人才储备充足，金融从业人员超过 80 万人，金融从业资格认证与国际标准接轨，有助于吸引境外高端金融人才。高度开放的金融服务业、完备的资本市场体系以及金融政策的明确指引，都为北京中小企业提供了充足的发展空间和资金支持，是"一带一路"中小企业融资的有力保障。

（四）首都功能优势

首都是一国政治、经济、文化和社会发展的中心，反映了一个国家的发展情况。综观所有国家，无论是单一功能首都城市群，还是综合全面的首都城市群，都对区域发展起到举足轻重的作用。完善"一带一路"中小企业融资政策，提高"一带一路"中小企业融资能力，需要以共建"一带一路"国家间深入的政治、文化交流为依托。作为首都，北京是我国的政治中心、文化中心和国际交流中心，是中国同其他国家交流的重要窗口，是把握国际形势的最前线。未来，北京将更多地参与共建"一带一路"国家的多边经贸合作，同时，也应充分利用这些合作机会，加强与外资中小企业、金融机构的深入交流，达成更多互惠共识，并且积极承担首都城市的重任，向世界其他国家展现中国开展"一带一路"经济合作的诚意，塑造开放、包容的大国形象，让首都优势为北京"一带一路"中小企业融资添薪蓄力。

四 多措并举助力北京"一带一路"中小企业融资能力提升

（一）中小企业：努力提高自身发展实力

作为融资主体，首先，中小企业应将完善财务管理制度放在首位，提高财务人员的专业水平，组织企业的决策层、管理层定期学习最新财务管理理念和管理办法，确保财务信息透明可信，增强融资实力。其次，中小企业需要不断提升产品竞争力，注重产品研发过程，提高产品不可替代性，树立良好的企业形象，增强对市场和行业的敏感度，最终扩大市场份额。同时，明晰产权所有问题，确定土地、房产等不动产的最终归属，避免因抵押物不足而无法取得贷款。

此外，中小企业也应积极探索其他融资方式。第一，与关联度高的大企业开展合作，部分中小企业是大企业中间产品的供给方，这类企业可以大企业为依托，寻求资金支持。第二，除向银行或民间资本借贷，通过股权、债券和众筹等形式融资既能减少融资成本、提高融资灵活性，也能保证融资过程的安全性。企业应借力政府优惠政策，发挥主观能动性，积极争取上市机会，参与资本市场运作，增强企业竞争力，吸引优质资金。第三，善于使用网络平台解决信息不对称问题。金融科技广泛应用于金融服务，当前大多数金融机构都拥有线上平台，通过网络联保实现产融信息透明化，缓解融资难题。

（二）金融机构：做好中小企业融资服务者

金融机构积极转变对中小企业的态度，切实完善中小企业服务机制，提高服务水平十分重要。第一，成立中小企业业务专营机构，提供符合企业需求的个性化服务。因地制宜，合理制定不同地区机构设立的审批要求，缩小服务半径，降低中小企业与金融机构业务往来的成本。第二，建立中小企业业务考核机制，将帮助中小企业融资作为重要衡量指标。第三，鼓励地方性银行发展，合理分配银行业资产。当前绝大部分银行业资产集中在大型商业银行内部，地方性银行资产储备不足。而地方性银行对当地中小企业发展情况最为熟悉，也支持对中小企业发放长期贷款并跟进款项使用动态，所以，银行业应适当增加地方性银行资金占比，提高地方性银行贷款能力。第四，合理降低中小企业融资门槛。酌情放宽中小企业信用评级标准，准许企业将专利、商标等无形资产作为贷款抵押物；灵活考核处理中小企业的不良贷款，确保新增贷款真正惠及中小企业。第五，精简贷款流程，减免担保费、资产评估费等附加费用，降低企业融资成本。

数字经济快速发展，"一带一路"中小企业融资对金融服务科技化提出新要求。金融机构须将数字新技术融入传统金融服务，利用互联网技术建立"云平台"，规范业务流程，公开市场信息，减少中小企业信息搜集成本，提高企业融资效率；利用物联网、区块链技术实现数据共享，提高交易各方透明度，营造安全可信的交易环境。同时，积极开展同共建"一带一路"国家金融机构的服务合作，努力打造境内境外一体化融资系统，实现区域金融一体化，促进共建"一带一路"国家中小企业发展。

（三）政府：以宏观调控优势改善融资外部环境

政府作为政策制定者，可以通过宏观调控促进资源合理利用，更应在"一带一路"中小企业融资中加大扶持力度，规范融资渠道，改善中小企业融资环境。

第一，借鉴发达国家扶持中小企业经验，完善税收政策。减免中小企业增值税，扩大企业盈利空间，提高企业利润水平；同时，针对专精特新等对国民经济发展做出特别贡献、在"一带一路"经济合作中发挥新作用的中小企业提供财政补贴、税收优惠政策。第二，规范民间融资。民间资本作为中小企业资金的重要来源，由于缺少有效管理，融资过程极不规范。政府应当建立民间资本管理平台，适当放松管制要求，同时加以正确引导，充分发挥民间资本对中小企业融资的重要作用。第三，鼓励中小企业拓宽融资渠道。首先，鼓励企业进行股权融资；其次，降低中小企业债券发行标准，发展中小企业私募债券、集合债券和信贷资产支持债券，推动企业融资多元化。第四，建立中小企业诚信档案。与金融机构合作，完善企业的财务信息和经营情况，促进企业提高信用水平，使信用成为中小企业重要的贷款抵押物。

此外，应促进共建"一带一路"国家金融合作，扩大金融业对外开放。支持有能力的中小企业在境外市场融资，允许符合法律规定的境外中小企业参与市场交易，欢迎合规外资进入金融服务领域，丰富金融市场产品种类。支持运营良好的外资银行在京成立独立机构或中外合资银行，优化金融业股权结构，使外资金融机构在公平透明的市场环境中提供金融服务。鼓励在京金融机构在境外设立分支业务部门，实现金融市场国际化。

（四）社会环境：为中小企业融资提供坚实保障

首先，建立社会信用体系，促进中小企业完善体制机制和财务管理办法，增强诚信意识，减少失信行为。

其次，运用互联网技术创新融资方式。如利用网络平台和国际接轨，发起众筹；通过阿里巴巴等经济实力强大的电商平台取得小额贷款。此外，通过网络平台将个人、企业以及政府联合为一个整体，实现P2P、P2B融资。针对新兴领域的初创企业，实行投贷联动融资模式，以"股权+债权"形式为中小企业提供资金，解决抵押资产不足的问题。

"一带一路"中小企业融资同样需要完备的法律保障，因此，应在现有法律法规的基础上，针对中小企业发展特点，做出适当修改，最终形成中小企业融资法律体系。同时，尽快完善股票市场和银行业法律法规，努力构建稳定有序的资本市场，帮助中小企业上市融资。综合我国融资担保发展情况和中小企业融资需要，出台专门的信用担保法律法规，明确信用担保机构的各项权利义务，为我国信用担保融资方式发展提供优良的法律环境。

最后，加大现代金融人才的培养力度。培养创新型、复合型、善于将数字技术与传统服务结合的金融从业人员，推动金融服务数字化、科技化发展，促进普惠金融在共建"一带一路"国家金融合作中发展；培养具有全球视野的综合型人才，这类人才要了解各国在文化、法律方面的差异，熟练运用多国语言，精通国际经贸规则，善于进行"一带一路"区域性合作交流。通过人才赋能金融发展，实现更加全面、深入的共建"一带一路"国家金融合作。

参考文献

李书山：《县域中小企业融资问题分析及对策》，《商展经济》2023年第13期。

李飞：《中小企业股权融资探讨》，《合作经济与科技》2023 年第 17 期。

陈廉、谭集丹：《推进中小企业嵌入"一带一路"产业链位势研究》，《北方经贸》2023 年第 6 期。

刘锦彬：《新三板变革对中小企业资本市场融资的影响与对策研究》，《企业改革与管理》2021 年第 24 期。

熊琛、金昊：《银行"走出去"、跨国风险传导与宏观审慎政策——基于对"一带一路"国家投资的分析》，《中国工业经济》2023 年第 6 期。

王超莘、王瑞敏：《数字金融如何纾解中小企业融资之困——基于对北京市场的调研》，《金融经济》2023 年第 1 期。

牛丽群、赵一林：《关于发展人民币对"一带一路"国家货币直接交易市场的思考》，《中国货币市场》2023 年第 6 期。

高晓萌：《北交所成立对中小企业上市融资发展的影响研究》，《企业改革与管理》2022 年第 9 期。

刘云：《"一带一路"倡议与中小企业的"专精特新"之路》，《中国外资》2022 年第 12 期。

朱乃一、吴越：《"一带一路"背景下中小企业融资的法律解决机制——兼评浙江省中小企业融资》，《产业创新研究》2019 年第 9 期。

B.8

北京市平台经济赋能高质量发展研究[*]

刘 航 李晓壮[**]

摘 要： 近年来，北京市平台经济在赋能首都经济社会高质量发展方面的作用越发凸显。本报告首先对北京市平台经济赋能高质量发展的现状加以分析，着重介绍了北京市平台经济催生的各类新业态、新模式，其中网络零售、在线教育、健康医疗三个细分领域表现突出，在此基础上进一步从就业、创新与消费三个方面分析北京市平台经济在经济发展中的重要作用。其次，梳理北京市市、区两级政府出台的各类促进平台经济健康发展以更好地赋能高质量发展的相关政策，并从带动就业、促进创新、提振消费三个方面在理论层面上探讨了平台经济赋能高质量发展的作用机制。最后，本报告从完善平台经济零工市场公共服务体系、引导平台资本进入创新领域以及赋能"双循环"新发展格局以促进居民消费等三个方面提出有针对性的政策建议。

关键词： 平台经济 就业 消费 高质量发展 北京

---

[*] 本报告系国家自然科学基金面上项目"平台经济数字治理的理论逻辑与体系构建研究"（项目编号：72273167）的阶段性研究成果。

[**] 刘航，经济学博士，理论经济学博士后，中央财经大学中国互联网经济研究院副院长、数字平台研究中心主任，副研究员、研究员（正高级岗），主要研究方向为数字经济学、平台经济学、产业经济学、金融经济学；李晓壮，中央财经大学经济学院博士研究生，主要研究方向为数字经济学、资源与环境经济学。中央财经大学国际经济与贸易学院贺湘渝同学参与了本报告平台经济相关政策的收集与整理工作。

一 北京市平台经济赋能高质量发展的现状

进入数字经济时代，相关技术迭代更新的速度不断加快，人们的生产生活方式越来越向线上迁移，个体之间所形成的链接不断拓展。经济社会微观的深刻变化促进了产业层面的加速变革，进而形成了平台化生产、消费与流通的组织模式，这是平台经济能够成为数字经济典型形态和重要组成部分，并进一步赋能高质量发展的经济逻辑。

平台经济的发展催生了网络零售、直播带货、短视频、金融科技等诸多新业态，在提高资源配置效率、稳定扩大就业、拓展消费市场、创新生产模式、助力国内国际经济双循环发展等领域发挥了重要作用，特别是在带动就业、促进创新、提振消费等方面表现得尤为明显。

近年来，北京市平台经济跑出了"加速度"，综合实力不断增强，集聚效应逐步凸显，成为北京市经济发展的新动能。本报告通过梳理剖析北京市平台经济发展的现状，结合新时期新阶段发展趋势及要求，有针对性地提出推动北京平台经济高质量发展的对策建议。

（一）北京市平台经济催生各类新业态、新模式

以京东等为代表的消费互联网模式的快速发展，标志着北京市平台经济的崛起，并持续为区域经济的发展注入强劲动力。作为数字经济的重要组成部分，平台经济持续快速发展，带动首都居民的生活方式特别是线上生活发生了巨大的变化。以智能手机、平板电脑、笔记本电脑为代表的移动智能终端的普及推动平台经济发展，加快经济转型。平台经济能够改善用户体验，创造大量就业，繁荣各类市场，不断催生各类新业态、新模式。[1]

近年来，北京市平台企业发展势头良好，平台公司数量和行业规模都在

---

[1] 刘航、荆文君、鞠雪楠：《2021年中国互联网经济发展情况与趋势展望》，载孙宝文、李涛主编《中国互联网经济发展报告（2022）》，社会科学文献出版社，2022。

持续增长。根据中国互联网协会公布的《中国互联网企业综合指数（2022）》数据，在2022年中国互联网综合实力百强企业名单中，北京市互联网企业占比最高；在排名前10位的互联网企业中，有5家总部在北京，分别为美团、抖音、京东、百度与快手。北京市数字平台领域发展迅速，不仅创造了规模巨大的线上消费市场，也形成了与传统行业彼此竞争的新商业战场。尤其是在新冠疫情发生之后，依托平台经济在大数据、云计算、人工智能等新一代数字技术方面的优势，大量线下企业实现了数字化转型，推动了北京市平台经济快速发展。在北京经济社会向数字化、智能化转型的过程中，平台经济在网络零售、教育与医疗等行业热点不断触发商业领域的新业态与新模式，形成新的经济增长点，助推首都经济高质量发展。

1. 网络零售——直播带货新业态

网络零售是平台经济中较早出现的商业模式，也是平台经济中发展较成熟的领域。目前，北京市网络零售领域以"互联网+流通"为新业态、新模式的主要代表。在"互联网+流通"创新示范项目专项支持政策的助力下，京东小店、小米之家等电商平台新业态项目先后落地，推动了盒马生鲜、叮当智慧药房等线上线下融合新模式企业快速布局，通过培育示范项目引导企业创新发展模式，促进北京市网络消费的快速增长。

此外，直播电商等新业态加速发展。北京市聚集了全国众多头部直播带货平台、MCN机构，同时具有直播电商人才资源优势，品牌直播特色鲜明，直播电商总体水平位于全国前列。北京主要直播电商企业有抖音、快手、东方甄选、交个朋友、京东直播、星榜等。其中，抖音和快手作为全国短视频直播领域的头部企业，2022年两家公司直播平台商品成交额约占全国直播带货交易额的七成。2019~2022年抖音电商直播交易规模分别为400亿元、5000亿元、8000亿元和14100亿元，增速分别为300%、1150%、60%和76.25%。与抖音相比，快手交易成交规模在起步阶段显著领先，但后续的增速则慢于抖音，2019~2022年快手电商直播交易规模分别为1500亿元、3812亿元、1500亿元、9012亿元（见图1）。

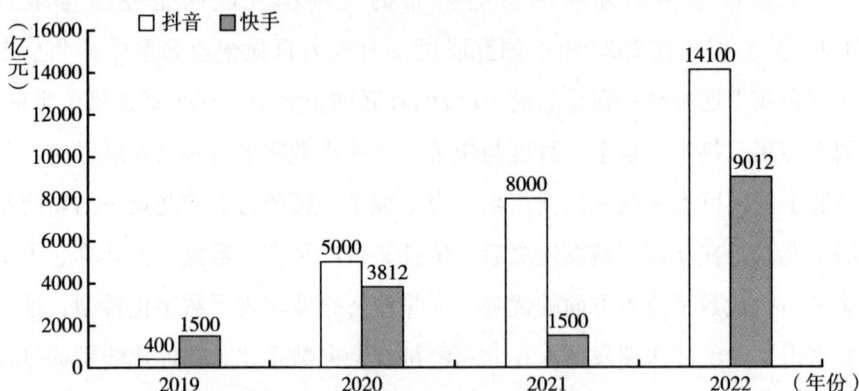

图1　2019~2022年抖音与快手交易成交额

资料来源：《2022年度中国直播电商市场数据报告》。

2. 教育领域——在线教育新业态

平台经济的发展给教育领域同样带来了深刻的变革，特别是随着数字技术的迭代升级，在线教育不断衍生新模式。在线教育能够突破时间和空间的限制，实现了优质资源跨地域共享，并呈现平台化的发展趋势。自2017年开始，以短视频为代表的新型信息与知识传播形式迅速普及，大数据、人工智能等新技术被应用于教育领域，在线教育行业不断突破发展瓶颈。新冠疫情使在线教育行业的平台规模和用户数量呈爆发性增长态势。从全国层面看，2018~2022年，在线教育飞速发展，市场规模呈逐年增长的态势，增长率虽逐年放缓，但每年的增速仍保持在20%左右（见图2）。

近年来，北京市在线教育行业发展迅速。根据天眼查数据，北京以80251家在线教育企业遥遥领先，排在第二的是广东省，其拥有相关企业超过1.3万家。北京市各政府部门高度重视在线教育的平台化发展，针对教育信息化等出台了一系列相关举措（见表1）。北京市作为首都和科技创新中心，持续提升数字教育建设能力和组织能力，进一步促进教育数字化，逐步形成教育领域的数字化转型新格局。

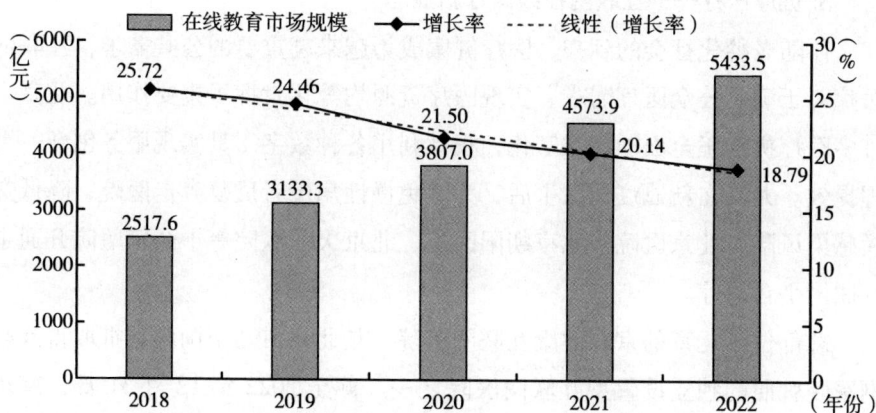

图 2 2018~2022 年中国在线教育市场规模及增长率

资料来源：艾瑞咨询。

表 1 北京市教育平台化发展的相关举措

发布时间	文件名称	主要政策内容
2021 年	《2021 年北京市教育信息化和网络安全工作要点》	提出建设北京教育云
2021 年	《北京市"十四五"时期教育改革和发展规划(2021—2025 年)》	将数字教育作为主要目标之一,推进教育与现代科技深度融合发展
2021 年	《北京市中学教授开放型在线辅导计划(试行)》	以"互联网+"和大数据深化创新基本公共教育服务方式
2022 年	《北京市教育委员会 2022 年工作总结》	构建"一基、六景、三空间"智慧教育发展总体框架,统筹"互联网+基础教育"、人工智能与基础教育融合发展、国家智慧教育平台建立分层多样的试点体系,打造面向未来的智慧教育新生态,常态化保障线上教学基本需求,持续实施中学教师开放型在线辅导计划

资料来源：北京市教育委员会、北京市人民政府网站等。

3. 健康医疗——互联网在线医疗新业态

伴随老龄化社会的到来，医疗健康成为越来越重要的公共需求，互联网医疗对于满足公众医疗需求、实现医疗资源均等化发挥了重要作用。北京市许多医疗机构正全面加速数字化，积极利用各种数字工具实现服务创新、管理提效。尤其在新冠疫情发生后，为避免慢性病患者反复奔走医院、降低交叉感染风险，北京医院、北京朝阳医院、北京天坛医院等十余家医院开通了互联网平台诊疗。

总部位于北京的京东健康互联网医院，是北京市乃至国内首批取得互联网医院牌照的独立设置型互联网医院之一。截至 2022 年 12 月 31 日，京东健康年度活跃用户数量超 1.54 亿人，同比净增长 3100 万人。全国范围内的药品仓库和非药仓库数量分别增至 22 个和超过 500 个，药品"自营冷链"能力已覆盖全国超 300 个城市，京东健康互联网医院日均在线咨询量超 30 万次，京东大药房一年服务超 1 亿名患者。京东健康互联网医院已建立超过 150 个二级临床科室，全年日均在线问诊咨询量超过 30 万次。① 同时，京东健康持续探索专病专科的互联网医疗健康服务模式创新。

（二）北京市平台经济在就业、创新与消费方面的重要作用

北京市平台经济经过多年发展，在居民消费、民生就业、技术创新等方面均取得了显著成绩。比如，平台经济通过建立数字化交易平台，为首都各类经济主体提供了更加便捷高效的交流和合作机制，有效推动了数字经济的发展。同时，平台经济为北京市劳动力市场创造更多的就业岗位，对增加就业发挥了重要作用。随着数字技术的不断发展，平台经济在创新发展、促进就业与消费等方面能够发挥越来越重要的作用，在经济社会发展全局中的地位日益凸显。本部分从就业、创新与消费三个方面分析北京市平台经济在经济发展中发挥的作用。

1. 北京市平台经济在就业方面的重要作用

平台经济可以提供更多的就业机会和创业空间，特别是年轻人、农村人

---

① 数据来源于 2022 年京东健康全年业绩公告。

口等群体可通过平台经济更充分地实现自我价值。根据中国信息经济学会《2023 年中国数字经济前沿：平台与高质量充分就业》研究报告，以微信、抖音、京东、美团为代表的平台企业，2021 年净创造就业约 2.4 亿，为当年约 27% 的中国适龄劳动力人口提供就业机会。

平台经济适应灵活就业的需求，对扩大就业的作用日益增强。数字平台及其构建的数字生态在稳就业促就业、就业结构调整和数字化转型等方面发挥了积极作用。得益于我国人口的高质量发展基础，数字生态兴旺蓬勃，对数字生态来说"人口红利"没有消失，方兴未艾。在即时通信领域，2022年由微信公众号、小程序、视频号、微信支付、企业微信等构成的微信数字生态，共产生就业收入机会 5017.3 万个，较上年增长 8.6%。其中视频号衍生的就业收入机会达 1894 万个，同比增长 41.2%；小程序衍生的就业收入机会达 1163 万个，同比增长 38.5%。作为互联网原住民的青年群体，在平台经济就业中成为中坚力量。在微信数字生态的从业人员中，35 岁以下的占 56.8%。其中，在小程序开发者和小程序服务商从业人员中，青年占比达 73.4% 和 67.1%。[①] 在团购外卖领域，2022 年北京市美团公司外卖行业有624 万名骑手获得就业岗位，其中有 81.6% 是来自县域乡村地区的农村转移劳动力，28 万人来自国家乡村振兴重点帮扶县。为进一步扩大就业容量，2023 年 2 月，美团启动"春风送岗"行动，联合合作商先期开放 50 万个骑手、站长等配送服务就业岗位，并投入 1 亿元用于招聘新骑手。[②] 在直播带货领域，受到新冠疫情的冲击，越来越多的中小商家和劳动者选择更为灵活的直播带货模式。截至 2022 年底，快手的内容生态与商业生态体系共带动3621 万个就业机会，带岗直播场次超 500 万场。[③] 虽然实体经济受到疫情冲击，但根据抖音发布的《2022 抖音生活服务数据报告》，有超过 28 万个中小商家通过抖音生活服务实现营业收入增长。

---

① 数据来源于中国劳动和社会保障科学研究院《2023 数字生态青年就业创业发展报告》，2023 年 5 月。
② 数据来源于美团配送《2022 年美团骑手权益保障社会责任报告》，2023 年 2 月。
③ 数据来源于快手公益《2022 年度企业社会责任报告》，2023 年 7 月。

总体来看，北京市平台企业在劳动力灵活就业方面发挥了巨大作用，青年人才已成为引领平台经济发展的关键力量。平台经济吸纳了大量来自传统产业转岗人员的就业，农村电商等吸纳了农村劳动力就业，成为农村发展现代服务业的新增长点。

2. 北京市平台经济在创新方面的重要作用

随着数据要素市场化进程的不断加快，技术生态和应用生态都将发生重大革新，北京市平台企业积极进行要素融合创新，前瞻性设计数据要素发展新秩序，提高数字技术基础研发能力，增强平台经济创新发展能力。企业是创新的主体，平台企业是推动科技创新的重要力量。根据国家发展改革委和相关部门近期调研数据，2020~2022年我国市值排名前10位的平台企业累计研发投入超5000亿元，年均增速达15%；2020年全球互联网领域发明专利数前10位企业中，我国企业占比达四成。总体来看，平台企业积极支持技术创新，助力实现高水平科技自立自强；积极支持传统产业转型，助力实体经济高质量发展；积极提升核心竞争力，在国际竞争中大显身手。

位于北京市海淀区安宁庄路小米科技园的小米公司为深入了解粉丝群体——"米粉"的用户需求，利用数字平台创办小米社区，为"米粉"营造归属感，同时实现开放式创新。首先，小米社区一直致力于为用户提供好的产品和服务，不断收集用户的反馈和建议，并及时回应和解决问题。这种专注于用户需求的态度让"米粉"感到被重视和尊重，从而增强了他们的归属感。其次，小米社区能够提供丰富的社区内容，不仅提供了产品的介绍和使用教程，还有各种有趣的话题和活动，如摄影、旅游、美食等。这些内容吸引了很多米粉的关注和参与，让粉丝感到社区是一个充满生活气息和乐趣的地方。此外，小米社区通过品牌文化的建设，让"米粉"对小米品牌产生认同感和归属感。小米的品牌文化强调年轻、时尚、创新和共享，这些价值观与很多"米粉"的生活方式和价值观相符合，从而让他们更加喜爱和信任小米品牌，并以此反映出用户的真实需求，有针对性地进行产品创新，占据消费者市场。

头部平台企业可以带动中小企业构建平台经济生态。首先，头部企业通过搭建网络平台，迅速汇集小型、微型企业，引入产品开放者、服务开发者、渠道供应商、技术开发者等多种类型的市场主体，为中小型企业提供技术支持和资源共享，形成集群效应。例如，京东已构建了中小企业优质发展的长效服务机制，通过帮助中小企业实现自我创新，激发中小企业内生动力和发展活力。京东不仅在采购、营销、运营等环节助力中小企业应用数字化工具，而且从全链条视角切入，通过供应链产业链协同创新，共同构建大中小企业融通发展新生态。其次，头部平台企业为中小型企业提供数据分析洞察和融资支持。头部平台企业通常拥有海量的数据，并具备较强的数据分析能力，可以帮助中小企业进行数据驱动的创新。通过分析数据，平台企业可以为中小企业提供洞察和建议，帮助中小企业了解市场趋势、用户需求以及产品改进方案，推动创新和业务发展。大型平台企业通常拥有一定的资金实力和投资渠道，可以为中小企业提供融资和投资支持，助力中小企业更好地进行创新研发、产品改进和市场扩展，提高企业的创新能力和竞争力。以腾讯公司为例，根据腾讯 2022 年财报数据，腾讯已经与 8000 多家合作伙伴共建，形成 300 多项联合解决方案，为医疗、教育、出行、金融、工业、零售等 20 多个行业的 30 万家企业提供服务，共同合作超过 1000 个项目，创造了百亿元营收。腾讯还将投入 100 亿元，打造 100 个中小企业专属 SaaS 产品及方案，并携手 100 家合作伙伴，打造 100 种数字化培训课程，帮助中小企业进行数字化转型升级。

3. 北京市平台经济在消费方面的重要作用

电子商务作为近年来蓬勃发展的新模式、新业态，在保供给、促消费等方面作用突出，成为助力北京国际消费中心城市建设的重要抓手。以抖音、快手、京东为代表的北京市平台企业不断拓展消费市场，满足消费者的多样化、个性化、便捷化的需求，同时激发消费者的新需求，从而扩大消费规模和提高消费质量。根据北京市统计局数据，2018~2022 年北京市线上批发零售业、住宿餐饮业网上零售额呈稳步增长态势（见图 3），特别是在新冠疫情发生后，2020 年网上零售额实现 4423.26 亿元，同比增长率达 30.10%。官方网站、手机 App 等传统网购方式不断更新升级的同时，直播电商、社区团购、社交电商等网购新方式不断涌现。由此可见，在不确定因素的冲击下，平台经济下的网络零售行业对消费的拉动作用较强。

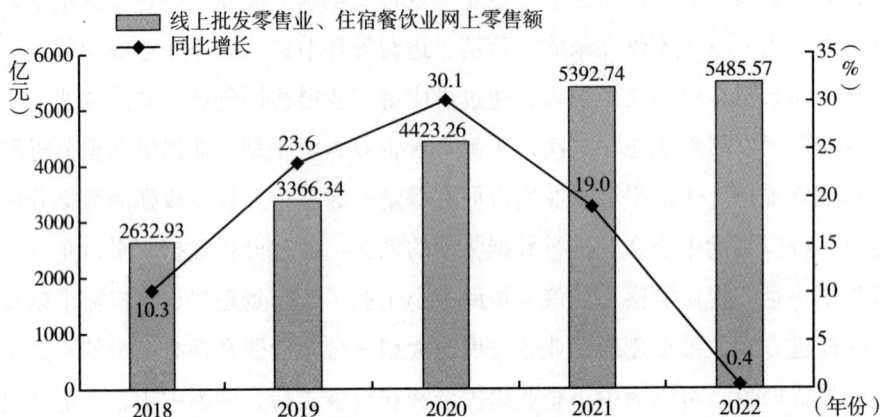

图 3 2018~2022 年北京市线上批发零售业、住宿餐饮业网上零售额及同比增长

资料来源：北京市统计局网站。

值得关注的是，疫情期间线下销售量转移到线上渠道，依托平台经济的社区团购应运而生。社区团购系统能覆盖平台获客、获取订单、采购、管理供应商、商品分拣、物流配送、财务业务等全流程，提供社区团长运营"爆品"打造、社区团购平台开发一站式解决方案，助力传统企业转型升级与零售创新，提高平台的运营效率。

二 北京市平台经济赋能高质量发展的相关政策梳理

（一）北京市市级平台经济赋能高质量发展相关政策梳理

近年来，作为经济新业态的重要领域，平台经济的发展方向逐渐清晰，新冠疫情客观上加快了平台经济推动经济高质量发展的政策部署，政策支持体系的不断完善有利于实现平台经济持续健康发展。

北京市在制定平台经济政策方面具有较强的前瞻性，政策优势突出，在最近几年连续出台了一系列政策鼓励和支持平台经济的发展。北京市市级层面平台经济的政策（见表2）涉及税收、金融等各个方面，从消费环境、监管保障、稳定就业、绿色发展等领域规范和支持平台经济的持续健康发展，催生各类新业态、新模式，赋能北京市高质量发展。

表2　北京市市级层面平台经济相关政策

序号	发布机构	发布时间	文件名称	主要政策内容
1	北京市市场监督管理局	2021年1月	《优化提升消费环境　推进北京国际消费中心城市建设工作方案》	要求各部门积极维护消费者权益，推动平台企业畅通消费者投诉举报渠道等，严厉打击消费数据造假等违法行为，推动平台经济领域消费环境建设
2	北京市经济和信息化局	2021年2月	《数字经济领域"两区"建设工作方案》	加强科学有效监管，维护平台经济领域公平竞争，创造开放包容的发展环境以实现平台经济整体生态和谐共生、健康发展
3	北京市市场监督管理局	2021年4月	《北京市市场监督管理局优化营商环境更好服务市场主体工作方案》	立足市场监管部门职责，加强对网上直播和短视频营销的监管，落实国家引导平台经济有序竞争的有关政策，以引导规范网络市场健康发展
4	北京市人民政府	2021年8月	《北京市"十四五"时期高精尖产业发展规划》	健全平台经济治理体系，强化反垄断和防止资本无序扩张，以推动平台经济规范健康持续发展，继而赋能北京先进制造业、辐射带动京津冀产业转型升级，推动先进制造业和现代服务业深度融合
5	北京市人民政府	2021年8月	《北京市"十四五"时期优化营商环境规划》	为防范化解金融风险，对辖内高风险地方金融组织实行全覆盖检查，加强平台经济监管，听取企业对监管方式的意见建议，提高监管精准性和有效性

续表

序号	发布机构	发布时间	文件名称	主要政策内容
6	北京市人力资源和社会保障局	2021年9月	《关于促进新就业形态健康发展的若干措施》	将新就业形态劳动权益保障纳入平台经济监管体系,充分利用信用、智能和协同监管手段,合力促进新就业形态与平台经济共同规范健康有序发展;结合全市平台经济综合监管系统建设,建立新就业形态动态监测机制,推动政企数据对接融合,加强政务信息共享应用,以强化数字化监管服务
7	北京市商务局	2021年9月	《北京市"十四五"时期商业服务业发展规划》	支持发展平台经济,鼓励企业运用新算法深度挖掘用户需求,发挥北京科技创新资源优势,以技术创新推动产品创新,以培育新兴信息技术,提供更人性化、更具魅力的消费体验
8	中共北京市委办公厅	2021年9月	《北京市关于进一步深化税收征管改革的实施方案》	通过落实监管和规范平台经济健康发展的税收征管服务措施,持续跟踪新产业、新业态、新模式发展动向,以问题为导向完善税务执法,不断提升税务执法精确度,促进形成政府监管、行业自律的良好生态
9	北京市发展和改革委员会	2021年11月	《北京市"十四五"时期现代服务业发展规划》	通过支持龙头企业构建泛在连接、深度协同、云化服务、高效赋能的通用型平台,推出多项解决方案,推进智慧城市的构建,完善平台经济监管模式与治理体系,强化反垄断和防止资本无序扩张,以推动平台经济规范健康发展,引导平台经济规范有序发展
10	北京市人民政府办公厅	2021年12月	《北京市培育和激发市场主体活力持续优化营商环境实施方案》	通过建立全市统一的平台经济监管信息平台,形成"1+N"体系以及分类制定平台经济"一业一策"工作方案等,加强和改进反垄断和反不正当竞争执法,促进平台经济规范、健康、可持续发展
11	北京市人民政府	2022年1月	《北京市营商环境创新试点工作实施方案》	通过建立全市统一的平台经济综合监管平台,对平台企业加强监测分析、协同监管,引导平台企业规范、健康、可持续发展
12	北京市人民政府	2022年1月	《2022年市政府工作报告重点任务清单》	通过建设平台经济综合监管服务系统、编制重点行业合规手册,引导北京平台企业率先实现合规转型,加快培育具有国际一流竞争力的龙头企业

序号	发布机构	发布时间	文件名称	主要政策内容
13	北京市人民政府	2022年1月	《2022年北京市人民政府工作报告》	实现政务服务高效透明,促进平台经济规范健康持续发展,指导企业合规发展,支持企业转型升级
14	北京市发展和改革委员会	2022年1月	《关于北京市2021年国民经济和社会发展计划执行情况与2022年国民经济和社会发展计划的报告》	坚持发展与规范并重,完善平台经济治理体系,强化法治环境保障,促进平台经济规范健康发展
15	中共北京市委办公厅	2022年2月	《关于推进北京城市副中心高质量发展的实施方案》	加快推动中关村科技园区通州园等传统产业转型升级,在台马科技板块、西集网安园地区围绕平台经济等新兴产业集聚区强化应用先进绿色节能环保技术,通过能源替代、节能提效、工艺改造等措施全面提升企业发展质量,打造企业绿色名片,发展绿色平台经济
16	北京市市场监督管理局	2022年4月	《北京市市场监督管理局助企惠企促进市场主体发展壮大若干措施》	加强平台企业反垄断合规指导,持续做好《北京市平台经济领域反垄断合规指引》宣传,组织重点监测平台企业开展反垄断合规线上培训。引导企业建立和加强反垄断合规管理制度,自觉规范经营行为,保障企业持续健康有序发展
17	北京市人民政府办公厅	2022年6月	《北京市支持高校毕业生就业创业若干措施》	鼓励高校毕业生到数字经济、平台经济等领域灵活就业
18	北京市退役军人事务局	2022年11月	《关于进一步引导和鼓励民营企业招用退役军人的实施意见》	加强民营企业用工需求调查,聚焦平台经济、共享经济新业态发展,面向退役军人定向开发专招岗位
19	北京市人民代表大会常务委员会	2022年12月	《北京市数字经济促进条例》	优化平台经济发展环境,促进平台企业开放生态系统,推动政企数据交互共享,建立健全平台经济治理规则和监管方式,依法查处垄断和不正当竞争行为,保障平台从业人员、中小企业和消费者合法权益

序号	发布机构	发布时间	文件名称	主要政策内容
20	北京市人民政府	2023年1月	《2023年北京市人民政府工作报告》	促进平台经济持续健康发展，推动形成一批"绿灯"投资案例，支持平台企业在引领发展、创造就业、国际竞争中大显身手，增强企业活力、释放平台经济潜力
21	北京市发展和改革委员会	2023年1月	《关于北京市2022年国民经济和社会发展计划执行情况与2023年国民经济和社会发展计划的报告》	为巩固拓展现代服务业发展优势，积极促进平台经济持续健康发展，发布实施在线旅游等行业"一业一册"合规手册，争取形成一批"绿灯"投资案例，支持平台企业在引领发展、创造就业、国际竞争中大显身手
22	北京市发展和改革委员会	2023年2月	《关于北京市推动先进制造业和现代服务业深度融合发展的实施意见》	增强平台型企业服务功能，积极支持平台经济规范健康持续发展，进一步提高平台领军企业的规模能级和对产业链的影响力，支持平台企业依托市场、数据优势和行业整合能力赋能新制造、催生新服务，发展集中采购、定制化生产、协同物流、新零售等新业态新模式
23	北京市市场监督管理局	2023年3月	《北京市支持高校毕业生就业创业若干措施》	支持平台经济发展，优化个体网店经营者登记管理工作，落实监管机制
24	中共北京市委	2023年4月	《中共北京市委北京市人民政府关于贯彻落实〈质量强国建设纲要〉的意见》	积极探索创建网络市场监管与服务示范区，加快推进平台经济综合监管服务系统建设，加强对平台企业的智慧监管。建立公开透明的市场准入标准和运行规则，加强数字经济典型应用场景的准入政策、实施程序、安全管理等制度保障，强化数字经济质量赋能

资料来源：根据公开政策文件整理。

（二）北京市区级平台经济赋能高质量发展相关政策梳理

北京市各区积极响应市级政策与号召，根据区域发展特征有针对性地出台各项平台经济相关的实施方案与建设规划（见表3），加快打造现代化产业体系，推动经济高质量发展迈出坚实步伐。

东城区于 2021 年 9 月和 2022 年 6 月出台《"十四五"时期中关村东城园发展规划》和《"十四五"时期东城区科技和信息化规划（含大数据专项）》，主要从平台经济数实融合、支持科技信息化两个方面布局。西城区于 2022 年 1 月出台《北京市西城区建设全球数字经济标杆城市示范区实施方案》，鼓励企业利用新一代信息技术创新生产、组织和商业模式，推动数字化转型。《北京市丰台区国民经济和社会发展第十四个五年规划和二〇三五年远景目标纲要》从就业视角指出依靠平台经济大力培育新型就业形态。2021~2023 年，海淀区共七次出台平台经济相关政策，以高质量就业、包容审慎监管、规范发展环境、推动科技创新等方面为着力点。门头沟区"十四五"规划指出，依托数字前沿技术，围绕平台经济等培育新业态。通州区则从区内企业特色需求出发，主要以提振消费为目的，出台有序促进直播经济、私人定制等新型消费健康发展，支持区域平台经济发展相关政策。昌平区政策着力点包括优化营商环境和提升数字技术创新能力。大兴区政策重点是在完善依法不予行政处罚清单制度体系的基础上，进一步打造新业态，建设数字医疗健康产业园，打造数字医疗产业生态。

表 3　北京市区级平台经济相关政策

地区	发布机构	发布时间	文件名称	主要政策内容
东城区	北京市东城区人民政府	2021 年 9 月	《"十四五"时期中关村东城园发展规划》	顺应数字产业化、产业数字化发展趋势，推动移动互联网、云计算、大数据、人工智能、物联网等与传统优势产业深度融合，大力培育数字经济、共享经济、智能经济、平台经济等未来产业发展新业态，推动构建高精尖经济结构
	北京市东城区人民政府	2022 年 6 月	《"十四五"时期东城区科技和信息化规划（含大数据专项）》	加大对普惠性商业健康保险的政策解读和宣传力度，做好落地对接工作。建立软件信息服务业平台经济企业重点企业台账，协助推进平台经济、共享经济等新业态保险试点产品落地
西城区	北京市西城区人民政府办公室	2022 年 1 月	《北京市西城区建设全球数字经济标杆城市示范区实施方案》	支持企业研发设计、经营管理、销售服务等领域数字化转型，鼓励企业利用新一代信息技术创新生产、组织和商业模式，着力培育协同设计制造、个性化定制、平台经济等新业态新模式，加快推动企业数字化转型

续表

地区	发布机构	发布时间	文件名称	主要政策内容
丰台区	北京市丰台区人民政府	2021年6月	《北京市丰台区国民经济和社会发展第十四个五年规划和二〇三五年远景目标纲要》	大力培育新型就业形态,鼓励发展平台经济、共享经济,优化自主就业、创业就业、灵活就业生态,强化重点群体就业保障,促进更充分更高质量就业
海淀区	北京市海淀区人民政府	2021年4月	《北京市海淀区国民经济和社会发展第十四个五年规划和二〇三五年远景目标纲要》	坚持包容审慎监管,鼓励平台经济等新业态发展,加快构建物联网商用网络,打造一批国际化数字经济优势企业;支持平台经济等新经济与传统产业相互渗透支撑,积极培育智慧医疗、新零售、互联网教育、无人配送等新业态,支持无人车、机器人等配送终端应用场景建设;探索服务业扩大开放政策创新
	中关村科技园区管理委员会	2021年11月	《"十四五"时期中关村国家自主创新示范区发展建设规划》	开展新经济包容审慎监管试点,坚持"适应性治理"等新理念,推动建立更具弹性的包容审慎监管机制。探索新经济"监管沙箱"制度,推动数字经济、平台经济等新经济健康持续发展,探索新经济制度创新
	北京市海淀区人民政府办公室	2022年1月	《关于海淀区2021年国民经济和社会发展计划执行情况与2022年国民经济和社会发展计划的报告》	落实平台经济规范健康发展措施,组建平台经济专班,助力平台企业规范发展、健康转型。有序推进财源建设工作,印发街镇财源建设工作奖励办法,有效激发街镇服务属地企业积极性;积极落实平台经济整改政策,确保平台企业规范有序健康发展
	北京市海淀区人民政府	2022年1月	《2022年区政府工作报告重点任务清单》	促进平台经济规范有序健康运行,支持平台企业创新发展,加快培育一批具有国际竞争力的龙头企业
	北京市海淀区人民政府	2022年1月	《海淀区"十四五"时期人力资源和社会保障发展规划》	适应平台经济、共享经济等新业态发展,拓宽灵活就业渠道,多渠道支持地区劳动者实现灵活就业,以培育新的就业增长点

地区	发布机构	发布时间	文件名称	主要政策内容
海淀区	北京市海淀区人民政府办公室	2022年8月	《北京市海淀区创建全国"网络市场监管与服务示范区"实施方案》	依托海淀区平台经济工作专班及规范互联网平台经济工作专班工作机制，制定一系列创建全国"网络市场监管与服务示范区"实施方案
	北京市海淀区人民政府办公室	2023年1月	《关于海淀区2022年国民经济和社会发展计划执行情况与2023年国民经济和社会发展计划的报告》	促进平台企业规范健康持续发展，进一步完善与平台经济发展相适应的制度环境和监管模式，加快推动一批"绿灯"投资案例落地实施，支持平台企业拓展数字零售、社交电商、在线健身、云旅游等数字经济新模式
门头沟区	北京市门头沟区发展和改革委员会	2021年11月	《北京市门头沟区国民经济和社会发展第十四个五年规划和二〇三五年远景目标纲要》	依托5G、大数据、区块链等前沿技术，围绕平台经济等培育新业态，统筹谋划新业态新模式新场景，打造数字经济新优势
通州区	北京市通州区人民政府	2021年2月	《北京城市副中心推进数字经济标杆城市建设行动方案（2022—2024年)》	开展线上线下促消费活动，挖潜扩容传统大宗消费，有序促进平台经济、直播经济、私人定制等新型消费健康发展
	北京市通州区人民政府办公室	2021年4月	《北京市通州区人民政府关于印发赵磊同志在区六届人大七次会议上作的〈政府工作报告〉的通知》	强化多元商业业态布局建设，充分发挥副中心功能承接和人口结构优化红利对消费的良性引导与撬动作用

地区	发布机构	发布时间	文件名称	主要政策内容
通州区	北京市通州区人民政府办公室	2021年8月	《北京城市副中心（通州区）国民经济和社会发展第十四个五年规划和二〇三五年远景目标纲要区级任务分工方案》	通过发挥总部集聚优势，布局细分领域产业互联网平台，依托运河商务区等板块集聚绿色能源管理交易平台、商业服务平台、工业云平台等一批细分行业新平台型企业群体
	北京市通州区人民政府办公室	2022年1月	《北京城市副中心推进数字经济标杆城市建设行动方案（2022—2024年）》	引进产业互联网平台。引入国内领军产业互联网平台，支持平台实现本地化部署运营，培育满足区内企业特色需求的细分领域商业服务平台和工业云平台，支撑区域平台经济发展壮大
昌平区	北京市昌平区人民政府办公室	2021年4月	《昌平区2021年进一步优化营商环境实施方案》	加强电子商务活动监管。按照"新贸易"形式发展需求，落实国家促进平台经济规范健康发展指导意见，强化知识产权保护意识，按照《电子商务法》规定，规范电子商务类平台开展经营活动
	北京市昌平区发展改革委	2021年5月	《北京市昌平区国民经济和社会发展第十四个五年规划和二〇三五年远景目标纲要》	提升数字技术创新能力，抢占数字技术制高点。支持培育一批服务型、平台型企业壮大成势，促进平台经济、共享经济健康发展，发展以智能制造、智能装备、在线教育等为核心的高端产业数字化集群
大兴区	北京市大兴区人民政府办公室	2021年7月	《大兴区数字经济创新发展三年行动计划(2021—2023年)》	建设数字医疗健康产业园和打造数字医疗产业生态，以平台经济赋能产业发展，推动1家以上医疗机构开通互联网诊疗服务，探索推进互联网医院信息平台与互联网诊疗服务监管平台对接
	北京经济技术开发区管理委员会	2023年6月	《北京经济技术开发区深化改革创新打造营商环境综合示范区工作方案》	完善依法不予行政处罚清单制度体系，实施平台经济领域不予行政处罚事项清单，支持平台经济规范健康持续发展

资料来源：根据公开政策文件整理。

三 平台经济赋能高质量发展的作用机制

（一）平台经济带动就业市场发展

这一作用机制主要表现在三个方面：第一，提升存量市场的供需匹配效率；第二，利用在线市场的网络效应进一步扩大增量市场；第三，形成各类零工经济，有效提升就业市场的韧性与抵御经济冲击的能力。

首先，对于劳动力的存量市场，平台经济能够帮助劳动者找到更符合自身偏好的岗位，协助企业雇佣更满足其需求的员工，从而提升劳动力市场供需匹配效率。具体而言，平台企业可以基于自身积累的数据资源，充分利用云计算、人工智能、区块链等数字技术，通过先进的算法实现高效的个性化推荐，让企业与劳动者在平台上直接互动，显著降低搜寻成本，提高就业市场的匹配度。

其次，对于劳动力的增量市场，平台企业能够利用不同类型群体之间的网络效应，实现劳动力市场的持续扩张。如外卖平台有入驻商家、消费者和配送骑手三类群体，当商家数量增加时，消费者可以选择的餐饮种类更加丰富，商家之间的竞争也更充分，可以提供更多物美价廉的商品，提高消费者的数量；消费者数量的增加则可以提升商家的订单量与利润，从而吸引更多的商家入驻平台；商家与消费者的这种正反馈效应会大幅提升外卖平台的交易量，激发外卖平台对于配送骑手的劳动力增量需求。

最后，作为劳动力市场的重要补充，由平台经济发展所形成的各类零工市场帮助劳动者抵御外部经济冲击所导致的收入波动。疫情防控时期，部分劳动者无法按时返工，隔离居家的人员可以借助网络零售平台获得一定的收入，还有很多因为疫情失业的人员转行成为网约车司机和外卖骑手，也获得了相当可观的收入。[①]

---

① 刘航：《疫情下的在线新经济》，中国网，2020年4月24日。

（二）平台经济推动企业创新

这一作用机制主要表现在两个层面：一是平台企业自身的创新；二是平台企业带动各类科技型初创企业进行技术创新。

首先，平台企业自身的创新主要可以分为两类：商业模式创新与技术创新。平台企业商业模式创新的动力来源于其对流量和规模的追求：平台企业通过商业模式的创新，吸引更多的用户加入进来，由此产生的网络效应越发显著，从而形成更大的市场规模。平台企业技术层面的创新动力则来自两个方面：一是由于平台企业本身就是数字技术最直接的应用主体，在数据资源的助力下，平台企业能以低成本实现显著的技术创新，即"数据驱动的技术创新"（Data-Driven Innovation）[①]；二是平台市场产生的竞争压力，特别是来自其他行业的头部平台企业可能发起的跨界竞争的威胁，这种潜在的竞争压力会产生"可竞争性市场"（Contestable Market）的良性效果[②]，从而为平台企业提供显著的技术创新激励。

其次，平台企业还可以带动其他科技型初创企业进行技术创新。一方面，头部平台企业用于科技研发的资金较为充裕，这些资金可以用于支持科技型初创企业的技术研发；另一方面，平台企业处于市场交易的前沿，了解哪种类型的创新被市场接受的可能性高，因此可以对众多科技型初创企业所拥有的技术进行遴选，从中选出具有市场前景的企业进行资金支持。

（三）平台经济提振居民消费

这一机制主要表现在两个方面：一是通过形成零工经济在一定程度上为劳动者烫平收入波动，提升居民的消费能力；二是通过打破市场交易在时空层面的物理限制，充分发挥我国超大市场的优势，提高居民的消费意愿。

[①] Hagiu, A., Wright, J., 2022, "Data-enabled Learning, Network Effects and Competitive Advantage", Working Paper.

[②] 汪浩、巫和懋、刘航：《平台的经济学分析》，载黄益平主编《平台经济：创新、治理与繁荣》，中信出版社，2022。

首先，提振居民消费的关键在于提升居民的收入水平，平台经济的发展能够形成各类零工市场，帮助劳动者抵御外部经济冲击，从而降低收入的波动性，弱化居民预防性储蓄的动机，有效提升居民的消费能力。

其次，平台经济的发展能够打破传统贸易在时间与空间上的物理限制，贯通国民经济循环各环节，畅通国内国外双循环，形成全国统一的线上大市场。[1] 消费者可以在任何时间挑选商品，充分发挥我国超大市场的规模优势，有效提高居民的消费意愿。

四　平台经济赋能高质量发展的政策建议

（一）完善平台经济零工市场的公共服务体系，加强灵活就业人员的权益保障

平台经济的发展推动劳动力市场发生显著变化，特别是在服务业领域，就业者的工作性质向线上化、灵活化与多元化转变[2]，进而形成相当规模的零工市场，这就要求公共服务体系做出相应的改变，以适应劳动力市场的变化，特别是在公共服务资金的筹措与支出方面实现均等化，以充分保障灵活就业人员的权益，体现公共服务的公平性。首先，在公共服务资金的筹措方面，针对零工市场就业人员的特点，相关部门需要以更灵活的方式解决灵活就业人员在失业保障、医疗保险、养老金等方面存在的困难，减轻用人单位的负担。其次，在针对零工市场的公共服务供给方面，加强数字政府建设，利用以区块链为代表的分布式可信技术，构建直达个体的社会福利体系，使灵活就业人员能够在工作地享受与本地居民同等的医疗、教育等公共服务。

---

[1] 《推动平台经济规范健康持续发展》，载国家发展和改革委员会编《数字经济干部读本》，党建读物出版社，2022。

[2] 李力行：《数字经济时代的公共服务需要哪些新思路？》，载黄益平、黄卓主编《平台经济通识》，北京大学出版社，2023。

（二）引导平台资本进入创新领域，提升平台企业国际竞争力[①]

平台企业可以在自身创新和科技型初创企业的创新两个层面提升平台经济整体创新水平，加强我国头部平台企业在国际市场的竞争力。政策部门制定相关政策引导平台资本进入创新领域的关键，是充分利用平台企业在经营层面与能力层面的"双重二元性"。[②] 首先，在经营层面，平台企业除具有与传统厂商相同的逐利性外，还是所在行业在线市场的设计者、经营者与规则制定者，即存在"企业—市场"的二元属性，因而拥有不断提高自身服务水平的自律动机，相关部门可以充分利用这一动机，推动平台企业提升自身的创新水平；其次，在能力层面，平台企业拥有"数据—技术"的二元优势，相关部门可以通过设计相关政策激励平台企业发挥信息优势与技术优势，筛选出更符合消费者需求和市场发展趋势的科技型初创企业，并为其提供资金支持以帮助这些企业进行研发活动。

（三）发展平台经济，赋能双循环新发展格局，不断促进居民消费

平台经济能够在贯通国民经济循环各环节，畅通国内国外双循环，推动构建新发展格局方面发挥重要作用。首先，在赋能国内循环、扩大内需方面，平台经济可以利用网络效应聚集不同类型的交易主体，形成具有相当体量的在线市场，打破区域之间地理分割与制度限制，有效降低物流成本，充分利用我国超大规模市场优势，不断挖掘内需潜力，推动内需市场的转型升级，形成新的消费增长点。其次，在赋能国际循环、利用外需方面，平台经济可以充分发挥国内大市场和独立完整的现代工业体系两大优势，形成跨境电商、数字贸易等外贸新业态、新模式，推动国内市场与国际市场实现更好的联通，进一步提升我国对外开放水平。

---

① 刘航、荆文君、鞠雪楠：《2021年中国互联网经济发展情况与趋势展望》，载孙宝文、李涛主编《中国互联网经济发展报告（2022）》，社会科学文献出版社，2022。

② 刘航、巫和懋：《如何把握平台经济常态化监管的重点？》，载黄益平、黄卓主编《平台经济通识》，北京大学出版社，2023。

参考文献

《推动平台经济规范健康持续发展》，载国家发展和改革委员会编《数字经济干部读本》，党建读物出版社，2022。

李力行：《数字经济时代的公共服务需要哪些新思路?》，载黄益平、黄卓主编《平台经济通识》，北京大学出版社，2023。

刘航：《疫情下的在线新经济》，中国网，2020 年 4 月 24 日。

刘航、荆文君、鞠雪楠：《2021 年中国互联网经济发展情况与趋势展望》，载孙宝文、李涛主编《中国互联网经济发展报告（2022）》，社会科学文献出版社，2022。

刘航、巫和懋：《如何把握平台经济常态化监管的重点?》，载黄益平、黄卓主编《平台经济通识》，北京大学出版社，2023。

汪浩、巫和懋、刘航：《平台的经济学分析》，载黄益平主编《平台经济：创新、治理与繁荣》，中信出版社，2022。

中国劳动和社会保障科学研究院：《2023 数字生态青年就业创业发展报告》，2023 年 5 月。

美团配送：《2022 年美团骑手权益保障社会责任报告》，2023 年 2 月。

快手公益：《2022 年度企业社会责任报告》，2023 年 7 月。

Hagiu, A., Wright, J., 2022, "Data-enabled Learning, Network Effects and Competitive Advantage", Working Paper.

B.9
数字经济背景下北京生产智能化
发展及对策研究

郑休休　侯玉琦　张陈茜[*]

摘　要： 党的二十大报告阐明了制造业高质量发展的前进方向是"高端
化、智能化、绿色化"。工业机器人是一国开展智能制造的核心
装备，是助推制造业生产智能化的关键所在。北京市已发布一系
列促进工业机器人发展、加快生产智能化进程的政策措施。本报
告研究结果显示：第一，北京市工业机器人企业注册数量快速增
长，科技创新企业占比有待提升，所有制结构高度偏向民营企
业；第二，北京市工业机器人产量持续扩张，对外贸易逆差较
大，贸易方式以一般贸易为主，贸易品类以搬运类机器人为主，
主要从发达经济体进口工业机器人并向发展中经济体出口工业机
器人。着眼未来，北京市相关部门应在提供科技创新支持、促进
国际技术交流、规范行业市场秩序、优化出口结构与质量等方面
加大工作力度，以有效支撑北京市国际科技创新中心和全球数字
经济标杆城市建设。

关键词： 生产智能化　工业机器人　进出口　数字经济　北京

---

[*] 郑休休，经济学博士，对外经济贸易大学全球价值链研究院副研究员，硕士生导师，主要研
究方向为国际贸易与投资；侯玉琦，对外经济贸易大学全球价值链研究院博士研究生，主要
研究方向为国际贸易；张陈茜，对外经济贸易大学全球价值链研究院硕士研究生，主要研究
方向为国际贸易。

工业机器人是开展智能制造的核心装备，是衡量生产智能化的重要载体。近年来，中国工业机器人的应用速度明显提升，2021 年成为工业机器人安装量世界排名第一的经济体。本报告综合分析北京市工业机器人的本地企业生产情况及其进出口情况，尤其是通过贸易方式与进出口流向的交叉结构分析，判断北京市在该领域国际分工所处的总体位置，并为促进北京市工业机器人行业发展、提升工业机器人对其他制造业的赋能作用提出可行的对策建议。

一 北京市工业机器人发展背景与生产情况分析

（一）政策背景

自党的十八大报告提出"推动战略性新兴产业、先进制造业健康发展"以来，中央相关部委及北京市人民政府出台了一系列加快战略性新兴产业发展的政策措施。党的二十大报告进一步阐明了制造业高质量发展的前进方向是"高端化、智能化、绿色化"。2021 年 7 月，《北京市关于加快建设全球数字经济标杆城市的实施方案》明确指出，要以推动"培育智能制造"为总体目标之一，并加速推进数字产业化和产业数字化。工业机器人是一国开展智能制造的核心装备，是衡量生产智能化的重要载体。2013 年至 2023 年6 月，中央相关部委与北京市发布了一系列与促进工业机器人发展、加快生产智能化相关的政策措施（见表 1），旨在推动工业机器人产业发展，加快工业机器人产品的研发、制造、应用，并促进工业机器人产业与其他制造业融合发展，为实现制造业高质量发展注入新动能。

表 1　2013 年至 2023 年 6 月工业机器人相关政策汇总

发布时间	政策名称	发布单位	主要相关内容
2013 年12 月	《工业和信息化部关于推进工业机器人产业发展的指导意见》	工业和信息化部装备工业司	指出工业机器人产业发展的主要任务是"围绕市场需求，突破核心技术；培育龙头企业，形成产业集聚；突出区域特色，推进产业布局；推动应用示范，促进转型升级；加强总体设计，完善标准体系；强化公共服务，创新服务模式；推进国际合作，提升行业水平"

续表

发布时间	政策名称	发布单位	主要相关内容
2016年4月	《机器人产业发展规划（2016—2020年）》	工业和信息化部、国家发展和改革委员会、财政部	阐明当前我国机器人发展现状与趋势,提出五个主要任务:推进重大标志性产品率先突破、大力发展机器人关键零部件、强化产业创新能力、着力推进应用示范、积极培育龙头企业
2016年12月	《工业机器人行业规范条件》	工业和信息化部	旨在加强工业机器人产品质量管理,规范行业市场秩序,维护用户合法权益,保护工业机器人本体生产企业和工业机器人集成应用企业科技投入的积极性
2019年12月	《北京市机器人产业创新发展行动方案（2019—2022年）》	北京市经济和信息化局	旨在培育形成以医疗健康机器人、特种机器人、协作机器人、仓储物流机器人四大整机和关键零部件为主导的"4+1"发展格局,重点推广四大产业创新模式,激活三大应用服务市场,破解两大产业协同路径,构建具有北京乃至京津冀特色的机器人产业发展生态,打造具有全球影响力的机器人产业创新策源地和应用示范高地
2021年8月	《北京市"十四五"时期高精尖产业发展规划》	北京市人民政府	北京将积极培育形成两个国际引领支柱产业、四个特色优势"北京智造"产业、四个创新链接"北京服务"产业以及一批未来前沿产业,构建"2441"高精尖产业体系*,打造高精尖产业2.0升级版。规划还提出差异化、联动化构建"一区两带多组团、京津冀产业协同发展"新格局
2021年12月	《"十四五"机器人产业发展规划》	工业和信息化部、国家发展和改革委员会、科学技术部、公安部、民政部、住房和城乡建设部、农业农村部、国家卫生健康委员会、应急管理部、中国人民银行、国家市场监督管理总局、中国银行保险监督管理委员会、中国证券监督管理委员会、国家国防科技工业局、国家矿山安全监察局	部署了提高产业创新能力、夯实产业发展基础、增加高端产品供给、拓展应用深度广度、优化产业组织结构等五项主要任务,并提出五项保障措施

发布时间	政策名称	发布单位	主要相关内容
2023 年 6 月	《北京市机器人产业创新发展行动方案（2023—2025 年）》	北京市人民政府办公厅	旨在推动北京市机器人产业创新发展,打造全球机器人产业高地,聚焦发展机器人"1+4"产品体系,聚焦机器人产业链关键环节,着力提升机器人关键支撑能力,全面实施"机器人+"应用示范,深入完善机器人产业发展生态,优化机器人产业空间布局

* 北京市"2441"高精尖产业体系：两个国际引领支柱产业为新一代信息技术和医药健康产业,四个特色优势产业为集成电路、智能网联汽车、智能制造与装备、绿色能源与节能环保产业,四个创新链接产业为区块链与先进计算、科技服务业、智慧城市产业、信息内容消费产业,并将抢先布局一批未来前沿产业。

资料来源：整理自国家工业和信息化部、北京市人民政府等网站。

（二）生产情况

近年来,北京市工业机器人产量呈现稳步上升趋势。其中,2021 年增长幅度最大,同比增长 63.72%,产量为 8317 套；2022 年增速放缓,同比增长 10.80%,产量为 9215 套（见图 1）。

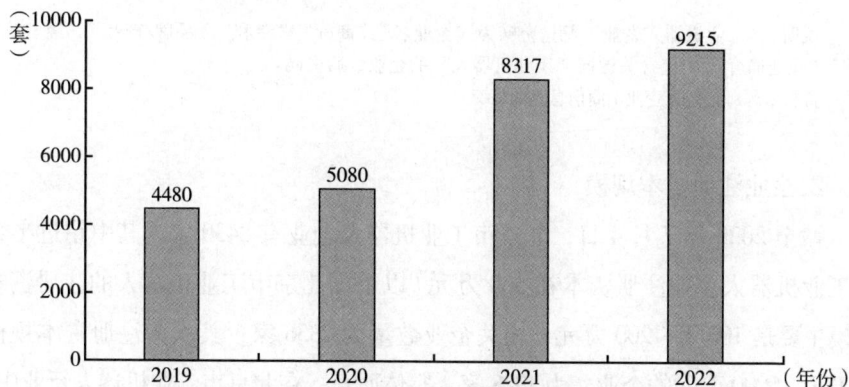

图 1   2019~2022 年北京市工业机器人产量

说明：2019 年北京市工业机器人产量由《北京市 2020 年国民经济和社会发展统计公报》公布的当年工业机器人产量（5080 套）比上年增长 13.4% 倒推计算得到。2022 年北京市工业机器人产量由《北京市 2021 年国民经济和社会发展统计公报》公布的当年工业机器人产量（8317 套）乘以《北京市 2022 年国民经济和社会发展统计公报》公布的当年工业机器人产量同比增长 10.8% 计算得到。

资料来源：根据历年《北京市国民经济和社会发展统计公报》整理。

（三）企业情况

1. 企业注册数量

北京市工业机器人企业注册数量整体呈增长趋势。从 2000 年开始，注册数量整体稳定上涨，2021 年注册数量达到 609 家，2022 年增长幅度尤为明显，单年新增 2629 家工业机器人企业，增长率达到 331.69%（见图 2）。

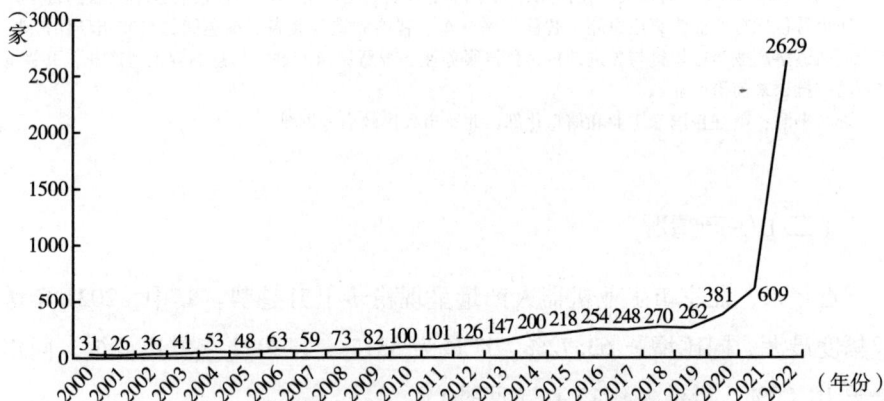

图 2　2000~2022 年北京市工业机器人企业注册数量

说明："工业机器人企业"筛选范畴为"企业名""商标""专利""品牌/产品""经营范围""企业简介"中包含关键词"工业机器人"的企业，后文同。

资料来源：企查查企业工商信息查询系统。

2. 企业注册资本规模

截至 2023 年 7 月 4 日，北京市工业机器人企业有 8430 家，其中超过半数的工业机器人企业注册资本在 500 万元①以下。北京市工业机器人的注册资本规模主要是 100 万~200 万元，相关企业数量为 2336 家；其次为注册资本规模1000 万~5000 万元的企业，为 1928 家。整体而言，在北京市工业机器人行业中，注册资本在 500 万元以下的企业占比为 52.36%（见图 3）。

---

① 自 2014 年 3 月 1 日开始，《中华人民共和国公司法》规定注册资本实行认缴制，注册资本不再是公司经济实力的体现，而是股东责任大小的体现。企查查企业工商信息查询系统数据显示，北京市近 330 万家企业中有 238 万余家注册资本在 500 万元以下，有 91 万余家注册资本在 500 万元以上。

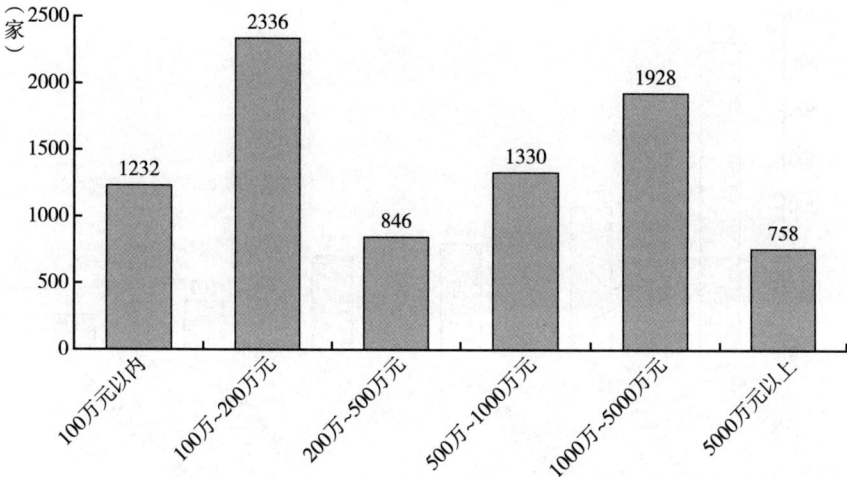

图3　截至 2023 年 7 月 4 日北京市工业机器人企业注册资本分布

资料来源：企查查企业工商信息查询系统。

3. 企业科技创新类型

北京市工业机器人企业中有 641 家高新技术企业，300 家科技型中小企业，223 家专精特新中小企业，196 家瞪羚企业，103 家创新型中小企业，74 家专精特新"小巨人"企业（见图4）。北京市工业机器人行业科技创新企业占比仍然较低，存在较大提升空间。

4. 企业所有制结构

北京市工业机器人企业以民营企业为主。北京市工业机器人企业中民营企业数量最多，占比达 95.75%；其次为国有企业，占比为 1.44%；再次为外资企业，占比为 1.21%（见图5）。

5. 代表性企业分析

北京市工业机器人企业的所有制目前以民营企业为主，辅之以国有企业和外资企业。据此，本报告选取民营、国有、外资企业中表现突出的代表性企业进行介绍。

民营企业代表：遨博（北京）智能科技股份有限公司。该企业是 2022 年

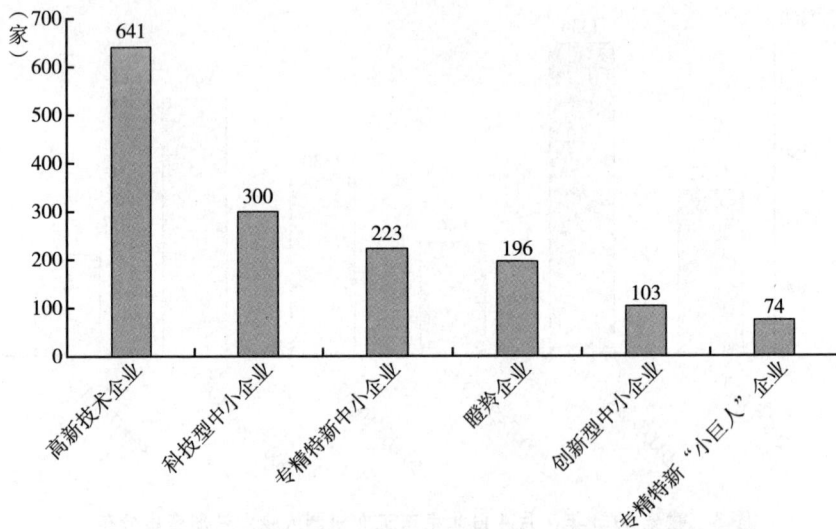

图 4　截至 2023 年 7 月 4 日北京市工业机器人企业科技创新类型

说明：上述统计类别之间存在重复，即一个企业可以同为高新技术企业和专精特新企业等。
资料来源：企查查企业工商信息查询系统。

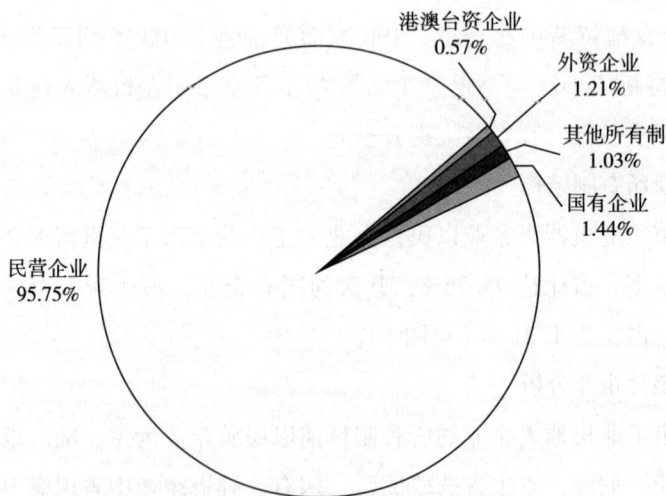

图 5　截至 2023 年 7 月 4 日北京市工业机器人企业所有制结构分布

资料来源：企查查企业工商信息查询系统。

中国市场中六轴协作机器人①销量最多的厂商②，也是工业机器人行业标准的制定者与推动者，参与制定的机器人国家标准、行业标准达 21 项，其中牵头制定国家标准 3 项。

国有企业代表：中铁建工集团有限公司。该企业是世界 500 强企业中国中铁股份有限公司的全资子公司，其专利"一种建筑材料捆扎辅助装置及工业搬运机器人"和"一种半自动化风管提升机器人的制作方法"分别获得国家发明专利和实用新型专利③，为机电领域开展数字化施工提供了有效的技术支撑。

外资企业代表：北京发那科机电有限公司。该企业是北京机床研究所与日本 FANUC 公司于 1992 年共同组建的合资企业，在 2022 年度中国市场工业机器人国际厂商出货量排行中稳居第一，且保有较大领先优势④。

二 北京市工业机器人进出口情况分析

（一）进出口总体情况

北京市工业机器人进出口额⑤均呈现波动上升趋势，对外贸易逆差较大，进口依赖程度较高。2015~2022 年，北京市工业机器人进口额远大于出口额，贸易逆差较大。2022 年，北京市工业机器人进口额为 5.67 亿美元，出口额为 1.96 亿美元，贸易逆差为 3.71 亿美元。

---

① 协作机器人可使机器人与人在生产线上协同作战，充分发挥机器人的效率及人类的智能。协作机器人是一种新型的工业机器人，可以称之为工业机器人的升级版本。
② 资料来源：《GGII 数说：2022 年度工业机器人行业"十宗最"》，高工机器人产业研究所（GGII），https://zhuanlan.zhihu.com/p/611789676。
③ 资料来源：国家知识产权局。
④ 资料来源：《2022 年度中国市场工业机器人国际厂商出货量排行 TOP15》，高工机器人产业研究所，https://www.gg-robot.com/art-73743.html。
⑤ 根据宽口径的海关 HS6 位编码，工业机器人品类包括：HS 842489（喷涂机器人）、HS 842890（搬运机器人）、HS 847950（多功能机器人及机器人末端操纵装置）、HS 848640（工厂专用自动搬运机器人）、HS 851521（电阻焊接机器人）、HS 851531（电弧焊接机器人）、HS 851580（激光焊接机器人）。

从进口角度看，2015~2017 年，北京市工业机器人进口额稳步上升，2017 年达到 5.88 亿美元后下降，2019 年和 2020 年跌破 4 亿美元，2021 年进口额大幅增长，年增长率达到 49.59%，进口额达到 5.76 亿美元，2022 年维持在 5.67 亿美元。

从出口角度看，2015~2020 年，北京市工业机器人出口额基本在 1 亿美元上下波动，2021 年出现大幅增长，年增长率达到 79.07%，出口额达到 1.81 亿美元，2022 年继续增至 1.96 亿美元（见图6）。

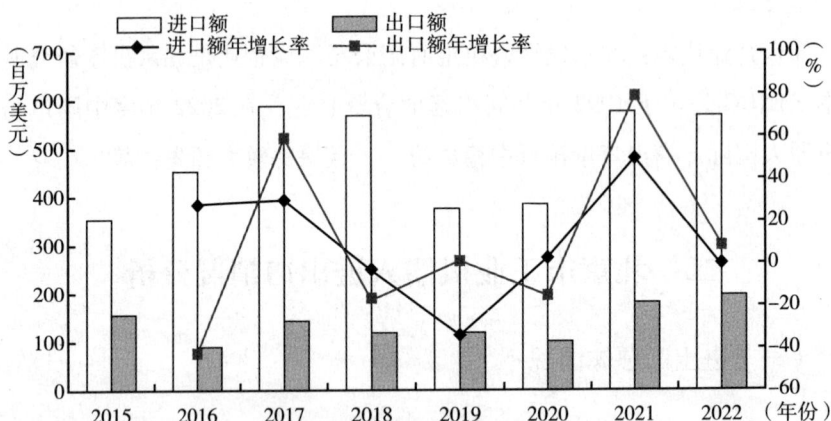

图6 2015~2022 年北京市工业机器人进出口额、年增长率
资料来源：根据海关总署进出口数据整理得到。

（二）贸易方式分析

北京市工业机器人的进口和出口均以一般贸易为主要贸易方式。加工贸易具有"两头在外"的特征，从事这一制造环节的企业对于产品全流程生产的控制力较低，而一般贸易方式出口的国内增加值往往更高，相比之下更能体现自主性和经济实力。2022 年，北京市以一般贸易方式进口工业机器人 3.83 亿美元，以加工贸易方式进口工业机器人 259.09 万美元，前者约为后者的 148 倍；同时，以一般贸易方式出口工业机器人 1.74 亿美元，以加工贸易方式出口工业机器人 479.78 万美元，前者约为后者的 36 倍。

从进口角度看，北京市以一般贸易方式进口工业机器人的规模呈现先升后降的态势。该指标值自 2015 年起逐步上升，2017 年达到峰值 5.14 亿美元，后于 2020 年跌破 3 亿美元，2021 年回升至 4.06 亿美元，2022 年又小幅回落至 3.83 亿美元。相比之下，北京市以加工贸易方式进口工业机器人的规模较小，且整体呈现持续收缩趋势。该指标值自 2016 年达到 730.62 万美元后大幅下降，2017 年增长率跌破-72%，收于 203.39 万美元，进口额在 2020 年短暂回升后再次下降，2022 年仅为 259.09 万美元（见图 7）。

从出口角度看，北京市以一般贸易方式出口工业机器人的规模整体呈现扩张趋势。2015~2020 年，该指标值整体在 8000 万美元上下波动，2021 年出现大幅增长，上升至 1.57 亿美元，年增长率达到 91.60%。相比之下，北京市以加工贸易方式出口工业机器人的规模较小，并呈现波动下降趋势。该指标值于 2018 年达到峰值 968.47 万美元后大幅下降，2020 年降至 208.88 万美元，后稍有回升，但 2022 年仍不足 500 万美元（见图 8）。

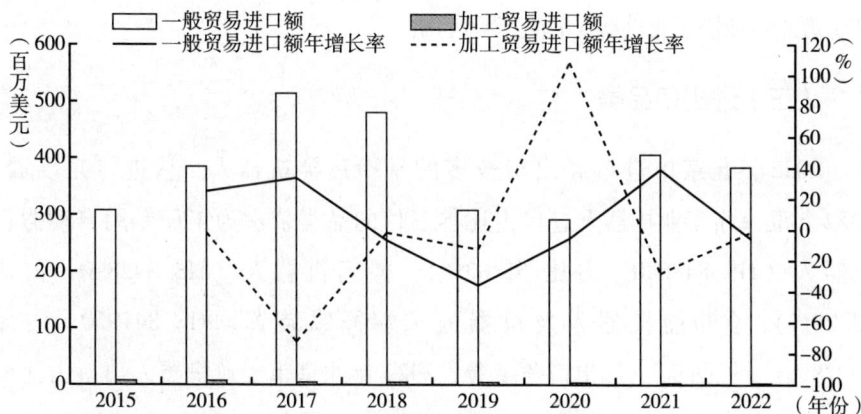

图 7 2015~2022 年北京市工业机器人两类贸易方式进口额与年增长率

资料来源：根据海关总署进出口数据整理得到。

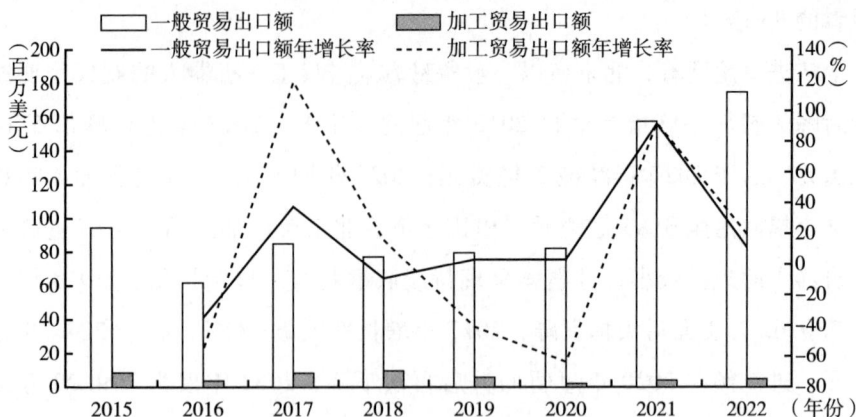

图8 2015~2022年北京市工业机器人两类贸易方式出口额与年增长率

资料来源：根据海关总署进出口数据整理得到。

对北京市工业机器人进出口主要贸易方式与进出口流向的交叉结构分析显示，北京市在国际工业机器人生产分工中正逐渐从加工制造环节转向更广泛的生产制造环节，尤其是2017年以后一般贸易方式进口规模持续下降，2021年以后一般贸易方式出口规模显著提升，反映出北京市工业机器人产品的国内增加值逐步提升。本土工业机器人生产能力与生产流程控制力的提升将有利于进一步加快工业机器人的生产与应用。

（三）进出口品类

2022年北京市进口和出口较多的是搬运类机器人。从进口角度看，2022年北京市工业机器人进口占比前三位的品类依次为工厂专用自动搬运机器人（HS 848640，占比61.03%），搬运机器人（HS 842890，占比13.29%），多功能机器人及机器人末端操纵装置（HS 847950，占比10.78%）（见图9）。从出口角度看，2022年北京市工业机器人出口占比前三位的品类依次为搬运机器人（HS 842890，占比70.31%），喷涂机器人（HS 842489，占比8.46%），多功能机器人及机器人末端操纵装置（HS 847950，占比8.17%）（见图10）。

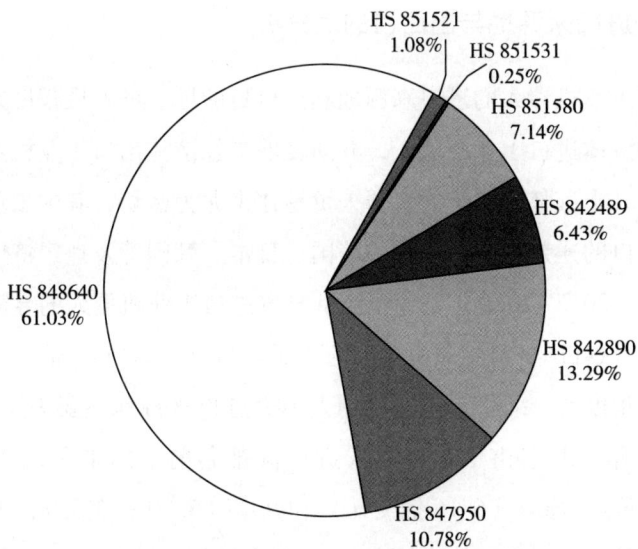

图 9 2022 年北京市各类工业机器人进口结构

资料来源：根据海关总署进出口数据整理得到。

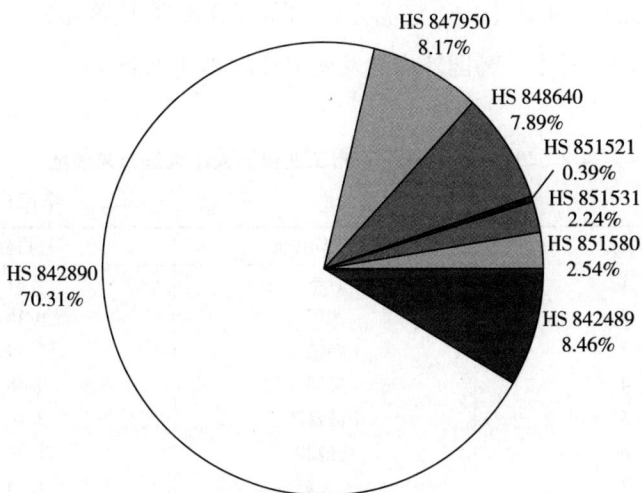

图 10 2022 年北京市各类工业机器人出口结构

资料来源：根据海关总署进出口数据整理得到。

（四）进口来源地与出口目的地分析

北京市工业机器人的进口来源地和出口目的地经济发展程度差异大，主要从发达经济体进口工业机器人，并向发展中经济体出口工业机器人。北京市与美国、日本、韩国的工业机器人贸易往来尤为密切，其中工业机器人进口远大于出口的逆差主要体现在与美国、日本、韩国等发达经济体的贸易往来中。例如，2015~2022年，北京市从日本进口工业机器人的金额约为出口额的19倍，从韩国进口工业机器人的金额约为出口额的11倍。

从进口角度看，北京市工业机器人十大进口来源地主要为发达经济体。2015~2022年，北京市工业机器人进口额排名前三的来源地依次为日本（9.81亿美元）、德国（6.16亿美元）和韩国（5.29亿美元），十大进口来源地中唯一的发展中经济体为越南，以0.96亿美元位列第八（见表2）。

从出口角度看，北京市工业机器人十大出口目的地主要为发展中经济体。2015~2022年，北京市工业机器人出口额排名前三的经济体依次为美国（0.97亿美元）、伊朗（0.61亿美元）和印度（0.56亿美元），十大出口目的地中除美国、日本、韩国外均为发展中经济体（见表3）。

表2　2015~2022年北京市工业机器人十大进口来源地

单位：亿美元

排名	进口来源地	进口额
1	日本	9.81
2	德国	6.16
3	韩国	5.29
4	美国	4.48
5	中国台湾	3.40
6	奥地利	1.39
7	意大利	1.03
8	越南	0.96
9	法国	0.94
10	新加坡	0.75

注：排名顺序按照各经济体2015~2022年工业机器人进口额之和降序得到。
资料来源：根据海关总署进出口数据整理得到。

表 3　2015~2022 年北京市工业机器人十大出口目的地

单位：亿美元

排名	出口目的地	出口额
1	美国	0.97
2	伊朗	0.61
3	印度	0.56
4	日本	0.52
5	韩国	0.50
6	俄罗斯	0.43
7	委内瑞拉	0.41
8	土耳其	0.40
9	越南	0.40
10	巴基斯坦	0.38

注：排名顺序按照各经济体 2015~2022 年工业机器人出口额之和降序得到。
资料来源：根据海关总署进出口数据整理得到。

三　对策建议

为进一步提高北京市智能制造综合实力、科技创新能力和国际竞争力，推动产业结构优化和贸易转型升级，促进工业机器人行业健康发展，全力建设全球机器人技术创新策源地、应用示范高地和高端产业集聚区，本报告建议北京市政府相关部门在以下五个方面加大工作力度，以有效支撑北京市国际科技创新中心和全球数字经济标杆城市建设。

第一，面向智能制造领域，加大科技创新支持力度。北京市有关部门可通过税收优惠、资金奖励、设立或增加专项研究基金项目等多样化形式，鼓励和支持本市工业机器人企业开展科技创新活动，降低研发成本，提高研发能力，培养和引进高水平人才，推动专利申请和技术成果转化，以提升科技创新企业比例和行业整体创新水平。

第二，促进国际技术交流，提升产业链附加值。北京市有关部门可通过组织国际技术交流与培训合作等方式，加强本市企业与科研机构的跨国合作，引进国际先进技术和经验，支持工业机器人企业面向国际前沿提升核心技术研发能力、提高生产效率、优化服务模式，引导行业向技术密集、高附加值领域发展，帮助企业提高核心竞争力，在全球智能制造产业链上下游获取更多附加值。

第三，规范行业市场秩序，加强知识产权保护。北京市有关部门应积极配合国家相关立法工作，加大对工业机器人产品与技术侵权行为和不正当竞争行为的监管、打击、惩罚、曝光和舆论引导力度，加强对知识产权的宣传、教育和培训等，营造良好的创新环境，构建公平、透明、规范的市场秩序。

第四，优化企业所有制结构，促进资源优势互补与互利合作。北京市有关部门可以通过提供协调服务，为不同所有制类型的企业提供合作平台，积极引导和鼓励民营企业与国有企业深度合作。

第五，优化进出口贸易结构，拓展进口来源地与提升出口产品质量。北京市有关部门应加强与发展中国家贸易合作，引导本市企业丰富工业机器人的进口来源地，适度减少对特定发达经济体过高的进口依赖。同时，应高效落实相关贸易与投资便利化政策，以帮助相关企业降低国际市场拓展成本。

参考文献

李磊、王小霞、包群：《机器人的就业效应：机制与中国经验》，《管理世界》2021年第 9 期。

D. Acemoglu, P. Restrepo, "Demographics and Automation," *Review of Economic Studies* 89（2018）。

B.10
推动产学研协同创新　加快北京
国际科技创新中心建设的实践研究

张苗苗*

摘　要： 产学研深度融合是创新驱动发展的核心内容与重要实现形式。发挥企业创新主体作用、强化企业主导地位、推进产学研深度融合、推动企业主导的产学研协同创新体系建设等实践举措，对于加速建设北京国际科技创新中心具有重要意义。本报告以北京昭衍新药研究中心股份有限公司为例，深入分析其主导产学研合作的相关经验，主要包括建设"一站式"创新药物研发服务平台，与高校、科研院所、产业联盟等在人才交流、技术攻关、市场调研等方面建立长期合作关系等，能够有效保障人才培养、技术能力创新、产业协作等产学研协同创新活动的开展。为推动企业主导的产学研协同创新，一要探索关键核心技术攻关组织新模式，强化关键核心技术攻关体系顶层设计；二要聚焦国家战略和产业发展重大需求，完善科技领军企业参与国家重大科技任务的体制机制；三要发挥科技领军企业引领作用，牵头建设突破重大关键核心技术的创新平台；四要强化企业科技创新主体地位，发挥科技领军企业支撑作用；五要激发中小企业产学研协同创新积极性，完善企业主导产学研协同创新的保障机制。

---

* 张苗苗，博士，副研究员，中国人才研究会理事，主要研究方向为国际科技创新中心建设、人才战略与政策、科技创业孵化与科技成果转化、高层次人才引进与服务。

关键词： 科技创新中心　产学研协同创新　科技企业　北京

建设具有全球影响力的科技创新中心，是实施创新驱动发展战略的重要载体。推动科技创新中心建设是党中央做出的一项重要战略部署。党的二十大报告提出"统筹推进国际科技创新中心、区域科技创新中心建设"，为科技创新中心的发展指明了方向。布局建设各级科技创新中心，可以在地理空间上统筹各类创新资源，更好地服务国家和地方发展需求，为新形势下建设世界科技强国提供有效支撑。

一　建设国际科技创新中心是北京的重要使命和任务

从全球范围来看，科技强国都在积极推进国际科技创新中心建设。在我国，北京、上海、粤港澳大湾区三大国际科技创新中心及成渝、武汉两个全国科技创新中心的建设正在稳步推进，我国"3+2"科技创新中心的总体布局已经基本形成。建设国际科技创新中心是北京的重要使命和任务，大力推进国际科技创新中心建设，营造具有全球竞争力的创新生态，努力建设成世界主要科学中心和创新高地，是北京当前及未来一段时间内的核心任务。

二　加强企业主导的产学研协同创新是建设 国际科技创新中心面临的重要挑战

从区域创新活动的发展来看，技术创新已经从早期的线性创新发展为集成创新和网络创新，研发活动在依赖高校和科研院所的同时，越来越多地由不同创新主体的协同联动产生[①]。产学研深度融合是创新驱动发展战略的核

---

① 王艳辉、伊彤、陈海燕：《中国三大国际科技创新中心建设比较研究》，《中国科技论坛》2022 年第 8 期。

心内容与重要实现形式，能够高效统筹高校、科研院所、企业等创新主体，集成生产、教育、科研等优势资源，协调上中下游的创新链关键环节，促进核心、基础、共性技术与产业链的深度融合，是激发全社会创新创造积极性、带动研发生产全流程创新的关键之举，对优化我国科技创新体系、加快塑造新动能新优势具有重要意义。加强企业主导的产学研深度融合，强化目标导向，提高科技成果转化和产业化水平，是党的二十大提出的明确要求，也是北京建设国际科技创新中心的核心任务之一。

北京拥有丰富且集中的科技创新资源，2022年国际科技创新中心指数排名全球第三。北京集中了清华大学、北京大学等92所高校。2021年，北京研究与开发（R&D）机构数量为344个，R&D人员9.9万人，R&D经费内部支出572.6亿元。2022年，北京拥有国家高新技术企业28118家、独角兽企业102家、科创板上市企业70家。2022年，北京技术交易占全国的16.6%，总数为47791个；技术交易合同总数为7947.5个；专利授权量为202722个。2022年，北京在国际顶级三大期刊发文241篇，居全国首位。

2022年，北京市有重点实验室457家，其中高校180家、科研院所109家、医院88家、企业69家、其他类11家。工程技术研究中心共312家，其中企业196家、高校63家、科研院所41家、医院10家、其他类2家①。企业、高校和科研院所都在科技创新上发挥着重要的作用，在科技创新体系中三者的实力和能力相对均衡，但企业的科技创新主体地位体现较弱。北京建设国际科技创新中心，大力提升科技创新水平，要同时考虑企业、高校和科研院所的协同创新作用，深入研究如何协调高校、科研院所和企业的创新活动，充分发挥企业在产学研深度融合中的主导作用，发挥高校和科研院所在转化科技成果、促进创新创业和供给源头技术中的作用，从而形成产学研深度、全面创新合作的体系。

---

① 资料来源：北京市科委、中关村管委会内部统计数据。

三 科技企业参与产学研协同创新的主要模式

面向推进中国式现代化新征程，我国亟待加快科技自立自强步伐，进一步集中优质资源，坚持创新链、产业链、人才链整体部署，推动企业主导的产学研深度融合，夯实企业科技创新主体地位，提升产业链供应链韧性和安全水平，将科技发展主动权牢牢掌握在自己手中。按照企业在产学研协同创新实践中的地位与作用分类，主要有企业主导多方参与，企业参与高校、科研院所主导及企业参与政府主导三类①。

第一，企业主导多方参与的产学研协同创新。由企业主导、聚焦重大产业场景、瞄准产业关键核心技术"卡脖子"问题的产学研协同创新，特色在于主导企业提供重大工程项目和重大应用场景，通过场景整合市场需求驱动和使命驱动的优势，牵引创新链产业链深度融合，拉动大中小企业融合创新。主要通过与高校、科研院所等创新主体签订项目合同开展协同攻关，人员采取项目聘用制，校企人员实现双向流动，对合作项目的完成情况、成果转化等方面进行考核。科技成果在主导企业实现转化应用，创新攻关和需求应用紧密结合，转化收益按合同分配。

第二，企业参与高校、科研院所主导的产学研协同创新。由高水平研究型大学或国家科研院所主导的产学研协同创新，侧重技术驱动，有利于整合市场驱动和场景驱动的优势，特色是科技成果转化应用或聚焦单点的关键核心技术突破。高校或科研院所负责确定研究方向、工作任务，制定合作协议，征集合作单位，推动研发成果在企业实现转化和产业化应用；或者企业提出技术难题和科研需求，高校或科研院所提供人才支持、基础设施支持和研究资源支持，开展基础研究和应用研究。这类产学研协同创新主要依靠高校和科研院所的资源开展联合研究，或者设立联合研究机

---

① 《着力打造企业主导的产学研深度融合创新联合体》，"新华社客户端"百家号，2023 年 4 月 18 日，https：//baijiahao.baidu.com/s？id=1763483024564336700&wfr=spider&for=pc。

构、公司等。人员多采用全员聘任制，以全职或兼职的身份开展联合研究；对科研人员以科技成果转化数量和转化收益为指标进行考核，或者通过股权方式进行激励。

第三，企业参与政府主导的产学研协同创新。由政府部门牵头，确定研发需求、任务目标、合作条件、合作程序、激励机制、监督管理等事项，并提供资源、政策等方面的保障；高校或科研院所提供科技供给和智力支撑，企业提供资金、产业资源等支持，并助推科技成果转化；通过委托研发或"揭榜挂帅"等方式开展联合研发。这类产学研协同创新可整合场景驱动、技术驱动和使命驱动的优势。其中，中央主导的产学研协同创新主要聚焦重大国家战略需求，连接创新链产业链，保障产业链供应链安全稳定；地方政府主导的产学研协同创新主要破解需求来源分散、研发规模较小、研发周期短的难题，在推动区域性科技经济融合、打造区域创新中心和创新高地方面具有优势。

四　北京企业主导的产学研协同创新案例研究

在生命科学领域，北京具有前沿科技资源集聚度较高、高端临床医疗资源较密集的优势，北京昭衍新药研究中心股份有限公司（以下简称昭衍）作为北京生物医药产业龙头企业，两端分别连接科研和产业，不断加强平台建设，主导加速科研成果产业转化，促进北京的医药科技优势转变为产业发展优势。

昭衍成立于 1995 年，总部位于北京经济技术开发区，是中国最早从事药物非临床评价的民营 CRO（医药研发外包）企业。昭衍拥有 3000 余人的专业技术团队，在国内北京、苏州、广州、重庆以及美国旧金山、波士顿建立实验室，实验室体系分别获得中国、美国、日本、韩国、欧盟等国家和地区的 GLP 认证以及 AAALAC 认证①，实验数据和报告支持新药全球注册。

---

① GLP 认证全称为药物非临床研究质量管理规范认证，AAALAC 认证全称为国际实验动物和评估认可委员会认证。

根据美国弗若斯特沙利文公司（Frost&Sullivan）发布的行业报告，昭衍连续多年位居药物非临床评价领域中国市场首位、全球市场第三。

昭衍针对创新药物研发服务需求进行全产业链布局，立足核心的药物非临床评价业务不断延伸服务链，构建了集 CDMO（合同研发组织模式）研发生产、药物发现、非临床研究、临床研究、药物警戒、质量研究与检测、实验动物与模型服务于一体的生物医药专业服务体系，为新药研发提供从概念设计到新药产品的"一站式"综合服务，具有规模性、创新性、开放性和品牌效应，最大限度地整合资源，探索创新服务模式，促进大中小企业与高校及科研院所深度融合。

昭衍依托"一站式"创新药物研发服务平台，与多个高校、科研院所、产业联盟等在人才交流、技术攻关、市场调研等方面建立了长期合作关系，能够有效保障人才培养、技术能力创新、产业协作等。产学研方面，在药物研发过程中，昭衍与众多的科研院所、研发机构、药品生产企业、产业基金及投资人进行深度合作，作为桥梁和纽带，积极促进产学研深度融合，促进知识转化为生产力，促进药物创新产业链的形成。

（一）积极与高等院校联合培养人才

为培养高层次和后备技术人才，昭衍逐步建立与高校的人才联合培养机制，建设了北京理工大学生命学院卓越工程师计划专业实习基地、北京师范大学国家生命科学与技术人才培养基地；与纽约州立大学、西交利物浦大学等国际知名高校合作培养国际化人才；昭衍的专家作为客座教授，通过在大学授课、参加新药研发讨论等方式，为相关生物医药企业提供人才培养服务。通过系统的培养和训练，强化了校企联合培养，深挖人才资源，为企业发展储备和培养一批高质量专业人才。

（二）与高校和科研院所深度合作，加速技术成果转化

昭衍高度重视科研院所的医药科技资源优势，与中国人民解放军军事科学院军事医学研究院、中国食品药品检定研究院、北京大学、北京中医药大

学、中国药科大学、日本实验动物中央研究所等行业知名科研院所建立了良好的合作关系，通过产学研协同创新加速新技术新成果的转化。

在非临床方面，昭衍与中国人民解放军军事科学院军事医学研究院联合开展生物大分子药物非临床评价关键技术研究，涉及眼科、吸入、生物分析技术等多个领域，有效提升了企业在上述领域的技术水平，为多品种药物研发提供了有效的技术手段；与中国食品药品检定研究院、中国药科大学、中国科学院上海药物研究所等机构就"创新药物非临床安全性评价关键技术"开展项目合作，共建平台，推进成果转化与技术创新；与北京大学合作，在"分子影像与医学诊疗探针创新平台"项目中承担放射性药物评价平台建设工作。

在临床方面，昭衍与首都医科大学附属北京儿童医院等机构联合成立"中关村科信儿童用药创新研究院"，探索建立长效的儿童药临床资源转化、临床需求对接、成果转移转化等机制。

在信息化建设方面，昭衍与中国科学院自动化研究所、生全智能科技（北京）有限公司团队达成战略合作，充分发挥双方技术优势，共同开发实验动物行为智能化分析系统，开展病理阅片的数字化、智能化研究，推进行业智能化发展。

在检验检测方面，昭衍与中国食品药品检定研究院合作开展基因修饰免疫细胞和基因治疗药物质量控制关键技术与服务平台建设，打造国内新药质量标准研究及质量分析检测第三方平台，填补国内空白。

在中试生产方面，昭衍与国内外多家龙头企业、技术创新中心、投融资机构、高校、科研院所开展中试生产合作。与北京大学第一医院、浙江大学等开展合作，组建蛋白药物中试技术北京市工程研究中心，针对蛋白药物中试过程的共性问题进行合作研发。

（三）与产业链上下游企业开展技术合作，推动技术创新

昭衍与国内上下游企业建立了完善的产业链，在药物研发过程中，与众多生产研发企业进行深度合作，促进中国药物创新产业链的形成。同时，昭

衍与国外行业技术领先企业展开技术交流与合作，提高薄弱环节的技术水平，推动科技创新，进而提升企业技术创新水平，更好地服务北京及全国药物创新与国际化。例如：与哈佛大学科研团队合作开展基因修饰动物模型研发；与 Bio-Techne 公司共同搭建联合技术平台，应用最先进的分子生物学技术，开展药物研发及安全性评价；与加拿大 Nexelis 公司签署战略合作书，在临床生物分析，尤其是与疫苗临床检测相关的 ELISA、中和实验和 QPCR 检测以及其他相关领域开展全面的合作；连续多年与国际顶尖安评机构——英国 Envigo CRS、美国 Tox Path、美国 HistoTox Labs、荷兰 GPS B. V. 等签订战略合作协议，共同开拓服务领域与市场，进行组织学、病理学等领域的技术交流。

（四）搭建成果转化平台，推进创新成果产业化试点

北京具有强大的科研资源优势，昭衍建立的"一站式"创新药物研发服务平台为科研院所的科研成果转化提供了便捷的通道，不仅为新药研发提供技术服务支持，而且促进了服务项目的产业转化。2020~2022 年，昭衍共参与北京近 200 家医药企业的 510 项新药研发项目，其中已批准上市的新药有 10 种。截至 2023 年 6 月，昭衍持续服务 30 余项科研项目，如果转化落地将产生巨大的经济效益[①]。

2021 年，昭衍与中科医药行业生产力促进中心有限公司等单位承担了工业和信息化部 2021 年产业技术基础公共服务平台项目建设。该项目立足地方产业发展需求，旨在推进创新成果产业化试点，建设面向医药领域的科技成果转移转化公共服务平台，探索形成创新成果与产业化发展有效对接的新机制，推动经济性好、潜力大的创新成果在地方落地转化。

下一步，昭衍计划成立早期创投基金，为科学家早期项目提供金融服务，推动前沿成果转化；同时，成立产业化基金，对创投基金项目进行产业化对接，通过 CDMO 平台引导一些相对成熟的产业化项目落地北京，提升该细分领域业务在北京的市场份额。

---

① 资料来源：昭衍调研数据。

五　推动企业主导的产学研协同创新的相关建议

北京国际创新中心建设对产学研深度融合和各相关主体协同创新提出了更新、更高的要求，但产学研协同创新仍旧存在一些问题，如：目前产学研协同创新联合体多由高校、科研院所或政府主导，大多数企业还不具备主导产学研协同创新的能力，没有真正成为开展研究开发投入、技术创新活动、创新成果应用的主体，缺乏主导产学研协同创新的内在动力和主动权；当前产学研协同创新主要依赖多元参与主体在资金、人才、项目等创新要素上的协同，需要加快从要素协同向基于工业互联网平台和数字化、智能化技术的能力协同和联合共创转变，解决原创基础薄弱和产业能力不足等一系列问题；企业、高校、科研院所等主体的产学研协同创新理念存在差异，各主体之间缺乏信息交流平台，企业在成果转化方面的"二次创新"不足、激励机制不足，且缺乏创新利益共享机制。

在习近平新时代中国特色社会主义思想的指导下，大力提升企业作为创新主体的地位，进一步发挥企业作为创新主体的作用，推动企业主导的产学研协同创新体系建设，对于加速北京国际科技创新中心建设、不断提升北京在世界科技创新和产业变革中的影响力和竞争力具有重要意义。

（一）探索关键核心技术攻关组织新模式，强化关键核心技术攻关体系顶层设计

围绕关键核心技术，充分发挥新型举国体制的作用，突出战略目标导向，创新项目组织模式，根据国家实验室、高水平研究型大学、国家科研机构、科技领军企业的优势和特色分类施策，共同形成技术攻关合力。结合国家战略需求、重大科技任务，探索以企业为主体的产业科技创新体系的顶层设计、系统集成与协同创新。在市场应用前景较为明确的领域，促进企业牵头组建创新联合体，充分发挥企业的创新带动作用，以共同利益为纽带、以市场机制为保障，激发各类企业的积极性。

（二）聚焦国家战略和产业发展重大需求，完善科技领军企业参与国家重大科技任务的体制机制

进一步提高企业在重大战略科技任务研究论证和组织实施中的参与度、话语权，完善企业家参与科技创新战略、规划、政策和决策的机制，加强创新导向的考核与激励。支持科技领军企业前置性参与重大科学基金、重大科技项目和重大创新场景建设以及科技项目的设计与决策。推动企业成为国家重大科技任务的承接主体，完善科技领军企业常态化参与国家重大科技任务的体制机制。

（三）发挥科技领军企业引领作用，牵头建设突破重大关键核心技术的创新平台

发挥科技领军企业在资源集聚、创新孵化和生态构建等方面的引领作用，聚力重大创新策源地建设，开展产业共性关键技术研发、科技成果转化及产业化、科技资源共享服务，支持科技领军企业牵头建设突破重大关键核心技术的创新平台。科技领军企业要发挥市场需求、集成创新、组织平台的优势，形成跨领域、大协作、高强度的创新平台，包括各类高能级研发平台及国家科技创新中心、创新基地、创新联合体等。建立科技领军企业与国家重点实验室等的对接机制，支持在一批科技领军企业建设国家重点实验室、国家科技创新中心等创新平台。

（四）强化企业科技创新主体地位，发挥科技领军企业支撑作用

围绕科技领军企业构建重点领域体系化、任务型的产学研协同创新联合体，打造资源集成、分工明确、有序协同的"大兵团作战"模式，着力构建有效整合战略科技力量的使命型价值共同体。支持科技领军企业牵头组织产学研协同创新，强化企业科技创新主体地位和科技领军企业创新主导地位，发挥企业作为"出题者"、场景建设主体和"阅卷人"的作用，推动企业和高校、科研院所等多元主体"同题共答"。

（五）激发中小企业产学研协同创新积极性，完善企业主导产学研协同创新的保障机制

推动政府、社会、市场等多方资源的有机整合，为中央企业和领军企业主导产学研协同创新、开展有组织的科研攻关提供稳定可持续的政策和资源保障。支持科技企业对重点领域人才队伍的培养和建设，加速培养更多领军型、复合型、创新型科技人才。进一步依托高能级创新联合体和产业贯通联合体，发挥战略科学家、战略型企业家的引领作用与产教融合科技人才的支撑作用。鼓励国企、民企、高校及科研院所的人才在不同单位之间流动，消除"创新孤岛"。探索科技人才激励机制创新，提高基础研究水平和源头创新能力。

参考文献

王艳辉、伊彤、陈海燕：《中国三大国际科技创新中心建设比较研究》，《中国科技论坛》2022 年第 8 期。

（三）营商环境篇

B.11
世界银行评价背景下优化
北京口岸营商环境
——货物贸易视角

徐　晨[*]

摘　要： 在政府职能转变和"放管服"改革目标下，北京口岸营商环
境优化工作已取得显著成绩。本报告在总结对比北京、上海
口岸营商环境世界银行指标表现的基础上，对世界银行营商
环境成熟度评价的方法论、指标体系和考察要素进行了整理
分析。本报告认为，在新评价背景下，北京应深入研究与货
物贸易相关的新评价指标体系的结构、维度、支柱、指标等
的调查方法，对标国际一流营商环境最佳实践，主动积极应
对。在新评价周期中，北京应结合自身口岸特点与京津冀协
同发展要求，以提升服务和效率为目标，推动首都口岸营商
环境达到国际一流水平。

关键词： 营商环境　口岸　货物贸易　北京

　　2023 年初，世界银行重新启用的营商环境新评估体系正式命名为"营

* 徐晨，博士，对外经济贸易大学北京对外开放研究院研究员，中国报关协会副秘书长，中国
口岸协会高级顾问，主要研究方向为海关管理、口岸营商环境。

商环境成熟度"（Business Ready，简称 B-READY）。营商环境成熟度评价将成为国际营商环境领域新理论、新方法和政策改革的风向标。

一 原营商环境跨境贸易主题评价方法简述

原营商环境评价（Doing Business）中的跨境贸易（Cross-Border Trade）主题评价方式是客观记录与进出口货物的物流过程相关的时间和成本。时间与成本数据按照单证合规与边境合规两类进行评价，不包括关税和国内运输相关的时间与成本。将对货运商、报关行、港务管理机构和贸易商的调查问卷收集之后，经过算术平均和前沿距离两种方法计算出得分。以上评价方法在新评价中被彻底改变，原评价指标即合规时间和合规成本以新的评价口径（内涵与外延均变化）保留，但仅占新评价跨境贸易指标中很小比例，且主要评价方式改为以企业调查获得数据。

（一）案例假设

为使数据能进行比较，原跨境贸易指标对贸易货物和交易设定了案例假设。交易假设指货物从出口经济体最大商业城市的仓库运到进口经济体最大商业城市的仓库。贸易货物假设最为重要，对不同经济体的进出口案例研究假设了不同的贸易产品，绝大部分经济体都以集装箱方式运输的标准化工业产品为对象。这一假设和新方法的衔接问题在于，原评价只包括海陆两种国际贸易运输方式，一个被评价对象（国家或地区）仅评价一种运输方式；新方法系引用经合组织（OECD）贸易便利化评测（TFI）的方法论，评价范围包括海陆空所有的跨境贸易运输方式，同时，根据新评价的国家类型参数，一个被评价对象（国家或地区）会选择两种运输方式进行评价。

（二）指标

1. 时间

时间以 0.5 小时为单位。如果通关花费 7.5 小时，则数据照录。如果报告的数据是天数，将被转化为小时数。原方法在实践中的问题是假如单证早上8点被提交到海关并连夜处理完毕，但货主或其代理人第二天早上8点才领取单据并提货，在这种情况下通关时间被记录为24小时。

2. 成本

成本以美元报告。问卷填写者被要求根据其填写调查问卷当天的通行汇率将本国货币换算成美元。保险费用和不开收据的非正式付款均不包括在记录的成本内。

3. 单证合规

单证合规指满足所有政府机构对单证的要求所需的时间和成本。其目的是衡量跨境贸易得以完成的单证总负担。单证合规的时间和成本包括获得单证、准备单证、处理单证、呈阅单证所花的时间和成本。任何政府机构要求以电子或书面方式提交的与货物相关的所有信息均被视为进出口过程中获得、准备和提交的单证。无论法律或实践中是否要求，货运商或报关行针对案例研究假设的产品和贸易伙伴准备的所有单证均包括在内。为获得优惠关税待遇而准备和提交的任何单证，如原产地证明，尽管关税不是评价对象，但也都纳入单证合规的时间和成本。被认为能方便货物通行而准备和提交的单证也纳入其中。

应注意的是，对进口商属于强制性的单证都包括在时间和成本的计算中。然而，为多次进口而只需要一次性获取的单证不包括在内，也不包括在国内市场进行生产和销售所需的文件中，但在进出口过程中，如果有政府机构需要查看这些文件，则应将其时间和成本包括在内。

4. 边境合规

边境合规在评价中是个比较难理解的指标。边境合规指标对应的时间和成本指与口岸政府机构（通常是海关）允许货物通过经济体边境而强制要求的检查相关的时间和成本；同时，还衡量经济体港口或边境装卸的时间和成本。如果在边境还包括其他机构进行的通关和检查程序，如检疫，则时间和成本将被纳入。

这一指标的特殊性在于，边境合规时间和成本的计算取决于边境合规程序发生在什么地点，是谁要求，由谁进行，以及进行检查的可能性有多大。如果所有的报关报检都在港口或边境同时进行，对边境合规时间的估计将这种同时性计入，并进行时间累计。如果部分或全部的海关检查或其他检查是在口岸之外进行的，那么这些检查的时间和成本将计算在内。同时，边境合规的时间和成本忽略不计或为零是完全可能的，在欧盟或其他关税同盟成员国之间进行贸易即是如此。

二 2020年世界银行营商环境跨境贸易指标评价结果

疫情之前，世界银行进行了最后一次以原评价指标体系为标准的全球营商环境评价，我国取得了良好的成绩。在营商环境总排名全球第 31 位的基础上，跨境贸易指标全球排第 65 位，从城市得分看，上海得分为 87.2，北京得分为 85.7。北京除进口时间：边境合规得分略高于上海外，其他指标得分均略低于上海（见表 1 至表 4）。

表 1　《营商环境报告 2020》中京沪跨境贸易指标评价原始数据

指标	北京	上海	东亚及太平洋地区	经合组织高收入经济体	最佳表现
出口时间：边境合规（小时）	24	18	57.5	12.7	1（19 个经济体）
出口成本：边境合规（美元）	265	249	381.1	136.8	0（19 个经济体）
出口时间：单证合规（小时）	10	8	55.6	2.3	1（26 个经济体）
出口成本：单证合规（美元）	78	70	109.4	33.4	0（20 个经济体）
进口时间：边境合规（小时）	34	37	68.4	8.5	1（25 个经济体）
进口成本：边境合规（美元）	255	230	422.8	98.1	0（28 个经济体）
进口时间：单证合规（小时）	15	11	53.7	3.4	1（30 个经济体）
进口成本：单证合规（美元）	80	75	108.4	23.5	0（30 个经济体）

资料来源：世界银行《营商环境报告 2020》。

表2　《营商环境报告2020》中跨境贸易指标评价结果得分

指标	北京	上海
出口时间:边境合规	85.5	89.3
出口成本:边境合规	75.0	76.5
出口时间:单证合规	94.7	96.2
出口成本:单证合规	80.5	82.5
进口时间:边境合规	88.2	87.1
进口成本:边境合规	78.8	80.8
进口时间:单证合规	94.1	95.8
进口成本:单证合规	88.6	89.3
总得分	85.7	87.2

注: 以前沿距离法和算术平均法计算。
资料来源: 世界银行《营商环境报告2020》。

表3　《营商环境报告2020》中跨境贸易指标评价北京案例假设

	出口	进口
产品	HS 85:电气机械和设备及其零件,录音机和重放机、电视图像和声音记录机和重放机以及此类物品的零件和配件	HS 8708:机动车辆零部件
贸易伙伴	中国香港	日本
边境地点	天津港	天津港
距离(公里)	182	182
国内运输时间(小时)	9	8
国内运输费用(美元)	365	395

资料来源: 世界银行《营商环境报告2020》。

表4　《营商环境报告2020》中跨境贸易指标评价北京边境合规组成数据

指标	时间(小时)	费用(美元)
出口:海关当局要求的清关和检查	8	25
出口:海关以外机构要求的清关和检验	0	0
出口:港口或边境处理	24	240
进口:海关当局要求的清关和检查	8	35
进口:海关以外机构要求的清关和检验	0	0
进口:港口或边境处理	33	220

资料来源: 世界银行《营商环境报告2020》。

三　新评价体系下跨境贸易指标的结构和内容

在新评价指标体系中，国际贸易指标衡量范围大幅扩大。在 10 个主题中，跨境贸易指标数量居第 2 位，包括货物贸易、服务贸易和数字贸易。指标体系由 3 个维度（支柱）构成（见表 5）。每个支柱都分为若干类别（categories），每个类别进一步划分若干子类别（subcategories）。子类别包含若干个指标（indicators），每个指标包含若干个元素（components），即问题。赋分方法是将权重点数平均分配给每个维度，然后根据指标数量再平均赋权。

表 5　跨境贸易指标三大支柱汇总

第一支柱——国际贸易法规的质量（62 项指标）	
1.1	支持国际贸易的良好监管做法（28 项指标）
1.1.1	法律框架的充分性（11 项指标）
1.1.1.1	监管确定性和可预测性（4 项指标）
1.1.1.2	监管决定和上诉（3 项指标）
1.1.1.3	最低价值（1 项指标）
1.1.1.4	实施非关税措施的法律要求（3 项指标）
1.1.2	数字和可持续贸易实践（10 项指标）
1.1.2.1	数字交易的法律要求（4 项指标）
1.1.2.2	可持续贸易政策（3 项指标）
1.1.2.3	可持续贸易国际承诺（3 项指标）
1.1.3	国际贸易合作（7 项指标）
1.1.3.1	贸易协定的参与和深度（5 项指标）
1.1.3.2	贸易协定中的主管当局（2 项指标）
1.2	国际贸易监管限制（34 个指标）
1.2.1	国际货物贸易限制（14 项指标）
1.2.1.1	技术性非关税措施（5 项指标）
1.2.1.2	非技术性非关税措施（4 项指标）
1.2.1.3	国内货运（公路、铁路、海运、空运）和物流服务提供商（货物装卸、报关、货运代理、仓储和仓库）的监管限制（5 项指标）
1.2.2	国际服务贸易限制（10 项指标）
1.2.2.1	市场准入限制（3 项指标）

续表

第一支柱——国际贸易法规的质量(62项指标)	
1.2.2.2	限制外国专业人士跨境流动(3项指标)
1.2.2.3	其他歧视性措施(4项指标)
1.2.3	数字贸易限制(10项指标)
1.2.3.1	歧视性限制(5项指标)
1.2.3.2	消费者保护(5项指标)
第二支柱——促进国际贸易的公共服务质量(52项指标)	
2.1	数字和物理基础设施(27项指标)
2.1.1	信息的透明度和可用性(11项指标)
2.1.1.1	贸易信息门户(2项指标)
2.1.1.2	国际贸易法规公布(3项指标)
2.1.1.3	国际贸易法律法规信息(3项指标)
2.1.1.4	国际贸易法规磋商(3项指标)
2.1.2	电子系统和服务的互操作性(10项指标)
2.1.2.1	贸易电子单一窗口(5项指标)
2.1.2.2	综合海关管理系统(5项指标)
2.1.3	贸易基础设施(6项指标)*
2.1.3.1	陆路口岸(2项指标)
2.1.3.2	港口(3项指示)
2.1.3.3	机场(3项指标)
2.2	边境管理(25项指标)
2.2.1	风险管理(8项指标)
2.2.1.1	特点(3项指标)
2.2.1.2	整合(2项指标)
2.2.1.3	可操作性(3项指标)
2.2.2	协调边境管理(10项指标)
2.2.2.1	内部协调(5项指标)
2.2.2.2	外部协调(5项指标)
2.2.3	边境机构计划(7项指标)
2.2.3.1	授权经济运营商(5项指标)(AEO)
2.2.3.2	加急发货(2项指标)
第三支柱——进口商品、出口商品和从事数字贸易的效率(6项指标)	
3.1	符合出口要求(2项指标)
3.1.1	符合出口要求的总时间(1项指标)
3.1.2	符合出口要求的总成本(1项指标)

第三支柱——进口商品、出口商品和从事数字贸易的效率（6项指标）	
3.2	符合进口要求（2项指标）
3.2.1	符合进口要求的总时间（1项指标）
3.2.2	符合进口要求的总成本（1项指标）
3.3	出口数字订购商品时的合规性（2项指标）
3.3.1	出口数字订购商品的总时间（1项指标）
3.3.2	出口数字订购商品的总成本（1项指标）

＊按3种运输方式选择其中两种进行评价，贸易基础设施评价最多包含6项指标。

资料来源：世界银行《营商环境成熟度方法论手册》。

（一）第一支柱——国际贸易法规的质量

1. 支持国际贸易的良好监管做法

跨境贸易的监管框架支柱被解释为支持国际贸易的良好监管做法。子类别、指标及元素（问题设定）如下。

（1）法律框架的充分性

这组指标衡量国际贸易法律框架的充分性。新评价体系设定了11项指标衡量法律框架的充分性（见表6）。

表6　法律框架充分性指标构成

序号	指标	元素
监管确定性和可预测性		
1	国际贸易（货物）的法律法规	①进口、出口和过境程序 ②环境商品贸易 ③使用国际标准 ④货物的海关商品归类和估价 ⑤风险管理方法和程序 ⑥先进的预裁定制度
2	国际贸易（服务）法律法规	①货运服务（海运、公路） ②物流服务（货物装卸、储存和仓储、报关行、货运代理） ③金融服务（商业银行、保险）（Components）

续表

序号	指标	元素
监管确定性和可预测性		
3	国际公约的批准和实施	①《商品名称及编码协调制度的国际公约》(HS公约) ②《关于简化和协调海关制度的国际公约修正案议定书》(经修订的"京都公约") ③《国际便利海上运输公约》 ④《国际民用航空公约》 ⑤《货物暂准进口公约》("伊斯坦布尔公约") ⑥《联合国海上货物运输公约》(汉堡规则)
4	监管影响分析	①货物贸易 ②服务贸易
监管决定和上诉		
5	许可证拒绝、暂停和取消的原因	①货运服务(海运、公路) ②物流服务(货物装卸、储存和仓储、报关行、货运代理) ③金融服务(商业银行、保险)
6	申诉权(商品)	①关税和税金、费用和收费 ②海关商品归类和估价程序 ③技术性非关税措施(NTM) ④非技术性非关税措施或有贸易保护措施和原产地规则 ⑤出口相关领域
7	上诉权(服务)	①货运服务(海运、公路) ②物流服务(货物装卸、储存和仓储、报关行、货运代理) ③金融服务(商业银行、保险)
最低价值		
8	最低价值	存在有效的最低价值
实施非关税措施的法律要求		
9	卫生和植物检疫措施、技术性贸易壁垒和预检措施	①卫生和动植物检疫措施 ②技术性贸易壁垒 ③检查前措施
10	或有贸易保护措施	①反倾销措施 ②反补贴措施 ③保障措施
11	配额、许可证、价格控制、本地含量要求和出口限制	①进口配额 ②进口许可证 ③价格管制 ④当地含量要求 ⑤出口限制

资料来源:世界银行《营商环境成熟度方法论手册》。

（2）数字和可持续贸易实践

这组指标衡量数字和可持续贸易的做法。新评价体系设定了10项指标（见表7）。

表7　数字和可持续贸易实践指标构成

序号	指标	元素
数字交易的法律要求		
1	电子合同和签名	规定法律有效性和可执行性的法律授权： ①国外签发的电子合同 ②国外电子签名
2	电子支付	存在允许跨境电子支付的监管框架
3	技术中立	存在承认技术中立原则的法律授权
4	跨境数据流动	存在监管跨境数据流动的个人数据保护监管框架
可持续贸易政策		
5	跨境碳定价工具	采用跨境碳定价工具
6	环境商品的关税	顶级环境产品进口关税的有效适用税率（APEC清单）
7	与进口环境商品有关的服务贸易限制	对提供与环境产品进口相关服务和专业知识的外国专业人士的跨境流动没有额外限制
可持续贸易国际承诺		
8	国际公约	①《濒危野生动植物种国际贸易公约》（CITES） ②《国际防止船舶污染公约》（MARPOL公约） ③《控制危险废料越境转移及其处置巴塞尔公约》 ④《关于在国际贸易中对某些危险化学品和农药采用事先知情同意程序的鹿特丹公约》
9	贸易协定中的劳工条款	①禁止使用任何形式的强迫或强制劳动 ②禁止和消除最恶劣形式的童工劳动 ③消除就业和职业方面的歧视 ④结社自由和有效承认集体谈判权 ⑤职业安全与健康立法的实施
10	贸易协定中针对特定性别的条款	①性别平等 ②妇女参与经济和发展活动 ③社会问题和妇女在社会生活中的作用 ④妇女在决策角色中的代表性

资料来源：世界银行《营商环境成熟度方法论手册》。

（3）国际贸易合作

国际贸易合作包含7项指标（见表8）。

表8 国际贸易合作指标构成

序号	指标	元素
贸易协定的参与和深度		
1	未通知的 PTA 参与	世贸组织成员参与特惠贸易协定未通报世贸组织
2	经济一体化权利（承诺和实施）	①关税优惠和出口税 ②投资和资本流动 ③服务贸易 ④数字贸易
3	保护经济一体化权利（承诺和实施）	①贸易便利化和海关 ②卫生和植物检疫措施 ③技术性贸易壁垒 ④原产地规则 ⑤或有贸易保护措施
4	服务部门覆盖面（承诺和实施）	①货运服务（海运、公路） ②物流服务（货物装卸、储存和仓储、报关行、货运代理） ③金融服务（商业银行、保险）
5	消费者权益和社会福利（承诺和执行）	①环境 ②劳动
贸易协定中的主管当局		
6	主管部门（执行）	设立监督 PTAs 实施的主管机构
7	主管当局（协调和信息交流）	负责实施的两个经济体主管当局的协调和信息交流

资料来源：世界银行《营商环境成熟度方法论手册》。

2. 国际贸易的监管限制

（1）国际货物贸易限制

国际货物贸易限制包含 14 项指标（见表9）。

表9 国际货物贸易限制指标构成

序号	指标	元素
技术性非关税措施		
1	卫生和植物检疫措施	①健康检查和/或认证 ②植物检疫检查和/或认证 ③熏蒸或消毒和/或认证 ④害虫控制检查和/或认证

序号	指标	元素
技术性非关税措施		
2	卫生和植物检疫措施(国民待遇)	①附加限制 ②类似规定
3	技术性贸易壁垒	①与产品特性有关的技术法规 ②与产品相关的过程和生产方法有关的技术法规 ③有关术语或符号的技术规定 ④与包装有关的技术法规 ⑤与标签和标记有关的技术法规
4	贸易技术壁垒(国民待遇)	①附加限制 ②类似规定
5	装运前检验和目的地检验	①质量控制 ②符合性验证 ③海关估价
非技术性非关税措施		
6	或有贸易保护措施	①反倾销措施 ②反补贴措施 ③保障措施
7	出于经济目的的非自动进口许可、配额、禁令、数量控制措施,原产地规则	①非自动进口许可 ②进口配额 ③进口禁令 ④数量控制措施
8	价格控制和金融措施	①价格控制措施 ②财政措施
9	出口限制	出口限制
国内货运(公路、铁路、海运、空运)和物流服务提供商(货物装卸、报关、货运代理、仓储和仓库)的监管限制		
10	反竞争限制(货运)	①营业执照数量上限 ②禁止进入道路或港口 ③允许现有公司参与授予新经营许可证的决定 ④限制新进入者将服务扩展到新路线或地理区域的法规 ⑤价格底线和定价指南(由政府或其他实体制定) ⑥强制使用经过认证的操作员

序号	指标	元素
国内货运（公路、铁路、海运、空运）和物流服务提供商（货物装卸、报关、货运代理、仓储和仓库）的监管限制		
11	反竞争限制（物流）	①营业执照数量上限 ②允许现有公司参与授予新经营许可证的决定 ③限制新进入者将服务扩展到新路线或地理区域的法规 ④价格底线和定价指南（由政府或其他实体制定） ⑤强制使用经过认证的操作员
12	安全规定（货物运输）	①操作人员的法定认证和培训要求 ②检查间隔和设备重新认证的法定要求 ③强制休息前的法定最长工作时数
13	安全规定（物流）	①操作人员的法定认证和培训要求 ②检查间隔和设备重新认证的法定要求 ③强制休息前的法定最长工作时数
14	对女性服务提供者的额外限制	①海运费 ②公路货运 ③货物装卸 ④储存和仓储 ⑤报关业务 ⑥货运代理

资料来源：世界银行《营商环境成熟度方法论手册》。

（2）国际服务贸易限制

国际服务贸易限制包含 10 项指标。因不在本报告讨论范围略去。

（3）数字贸易限制

数字贸易限制包含 10 项指标。因不在本报告讨论范围略去。

（二）第二支柱——促进国际贸易的公共服务质量

1. 数字和物理基础设施

（1）信息的透明度和可用性

这组指标用来衡量信息的透明度和可用性，以及利益相关者咨询方面实施良好监管做法的情况，包含 11 项指标（见表10）。

表 10　信息的透明度和可用性指标构成

序号	指标	元素
贸易信息门户		
1	贸易信息门户（TIP）（可用性）	具有以下可用功能的 TIP： ①与贸易和合规相关的法律、法令、法规、指示、通知和任何其他法律文书 ②商品分类及相关关税 ③与任何一个或多个国家的协议以及单边协议 ④适用于特定商品或产品的特殊措施（如特定类别产品要求的卫生或植物检疫措施或技术标准） ⑤违反申诉或复审手续和程序的处罚规定 ⑥用于申请许可证、执照和清关的说明和表格以及各种文件所需的代码列表（如国家代码、计量单位、货币代码等） ⑦咨询点联系方式
2	贸易信息门户（TIP）（最新）	TIP 中的信息是最新的
国际贸易法规公布		
3	出版物——关税、税款、费用和收费	在货物贸易、服务贸易和数字贸易领域公开以下信息： ①对进出口（货物）征收或与之相关的关税、税款和费用的适用税率 ②雇用外国服务提供商或外国专业人员（服务）时征收的任何种类的关税、税款、费用和收费的适用税率 ③在实践中对数字订购的商品和服务征收的任何种类的关税、税款、费用和收费的适用税率（数字贸易）
4	出版——程序、许可标准和预先裁定	在货物贸易、服务贸易和数字贸易领域公开以下信息： ①进口、出口和过境手续（包括所有入境手续），以及所需的表格和文件（包括分步指南）（货物） ②用于海关目的的产品分类或估价规则（货物） ③非关税措施（货物）的法律、法规和行政裁定 ④运输服务（海运和公路货运）和物流服务（货物装卸、仓储和仓库、报关和货运代理）的许可标准（服务） ⑤雇用外国运输和物流服务提供商的程序，以及所需的表格和文件（服务） ⑥数字贸易交易程序以及表格和文件（数字贸易）
5	出版物——处罚、上诉程序和贸易协定	在货物贸易、服务贸易和数字贸易领域公开以下信息： ①违反手续的处罚规定 ②上诉或审查程序 ③海关运作效率统计（如平均清放时间）（货物）

序号	指标	元素
国际贸易法律法规信息		
6	法律提案和法规草案	实践中的法律提案和法规草案的公开可用性,以解释其在货物贸易、服务贸易和数字贸易领域的目的
7	预先通知	在货物贸易、服务贸易和数字贸易领域的实践发生变化之前向公众提供预先通知
8	咨询点	①在实践中设立信息请求咨询点并向监督机构提供信息 ②大多数情况下,联系贸易便利化咨询点后,电话会在两分钟内接听,邮件会在一周内回复
国际贸易法规磋商		
9	咨询—实践	①在引入或实施变更之前与利益相关方/利益相关者进行磋商 ②遵守货物贸易、服务贸易和数字贸易领域的实践法律法规
10	咨询—合理的机会	①有兴趣的人有至少30个日历日的合理机会发表评论 ②在引入或更改影响货物贸易、服务贸易和数字贸易的法律法规之前的各方/利益相关者
11	磋商—考虑意见的过程	①收到的意见在货物贸易、服务贸易和数字贸易领域得到实际回应 ②如果在影响货物贸易、服务贸易和数字贸易的领域收到的评论未纳入,请提供理由

资料来源:世界银行《营商环境成熟度方法论手册》。

（2）电子系统和服务的互操作性

这组指标用来衡量一个经济体的贸易业务电子系统的可用性、范围、连通性和功能,包含10项指标（见表11）。

表 11　电子系统和服务的互操作性指标构成

序号	指标	元素
贸易电子单一窗口		
1	贸易电子单一窗口（可用性）	①贸易电子单一窗口的可用性 ②贸易电子单一窗口通过交易电子平台将政府机构和其他贸易参与者联系起来
2	贸易电子单一窗口（机构）	将机构整合到贸易电子单一窗口

序号	指标	元素
贸易电子单一窗口		
3	贸易电子单一窗口(利益相关者)	将利益相关者纳入贸易电子单一窗口
4	贸易电子单一窗口(特点)	贸易电子单一窗口提供的功能
5	贸易电子单一窗口(互操作性)	贸易电子单一窗口与任何贸易伙伴的贸易电子单一窗口或综合海关管理系统交换商业和运输文件以及报关信息
综合海关管理系统		
6	综合海关管理系统(可用性)	具有交易功能的国际贸易综合海关管理系统的存在
7	综合海关管理系统(机构)	将机构整合到海关管理系统中
8	综合海关管理系统(利益相关者)	将利益相关者纳入海关管理系统
9	综合海关管理系统(特点)	海关管理系统提供的功能
10	综合海关管理系统(互操作性)	①综合海关管理系统交换商业和信息 ②使用任何贸易伙伴的贸易电子单一窗口或综合海关管理系统运输文件和报关

资料来源：世界银行《营商环境成熟度方法论手册》。

(3) 贸易基础设施

贸易基础设施包含6项指标（见表12）。[①]

表12　贸易基础设施指标构成

序号	指标	元素
陆路口岸		
1	设备设施(陆路)	①分隔的主要区域 ②侵入式和非侵入式检查区 ③货物拆装和分拆区 ④正确识别、标定、照明和设置路标的行人和车辆通道 ⑤海关当局和其他监管机构人员的办公室 ⑥员工通信系统和互联网访问(如语音、数据、图像) ⑦固定或移动扫描仪 ⑧动态称重秤 ⑨扣押仓库 ⑩样品检测实验室

---

① 按3种运输方式选择其中两种进行评价，贸易基础设施评价最多包含6项指标。

续表

序号	指标	元素
陆路口岸		
2	服务和便利设施（陆路）	①卡车停车场 ②开放式存储设施 ③有盖储存设施 ④冷藏设施 ⑤海关保税仓库 ⑥安全/门禁区 ⑦移民局 ⑧基本的卫生和保健设施
港口		
3	设备设施（港口）	①卡车停车场 ②开放式存储设施 ③有盖储存设施 ④冷藏设施 ⑤海关保税仓库 ⑥安全/门禁区 ⑦移民局 ⑧基本的卫生和保健设施
4	服务和便利设施（港口）	①卡车停车场 ②开放式存储设施 ③有盖储存设施 ④冷藏设施 ⑤海关保税仓库 ⑥安全/门禁区 ⑦移民局 ⑧基本的卫生和保健设施
5	信息系统与咨询委员会（港口）	①主要口岸信息系统实施情况： 　a. 贸易电子单一窗口 　b. 海事单一窗口 　c. 港口社区系统 　d. 终端操作系统 　e. 货车预约系统 　f. 货物追踪系统 ②港口与船舶之间的电子信息交换 ③存在代表主要利益相关者（包括私营部门）的港口协商委员会，每年至少召开两次会议

续表

序号	指标	元素
机场		
6	设备设施(机场)	①主要口岸信息系统实施情况: a. 贸易电子单一窗口 b. 海事单一窗口 c. 港口社区系统 d. 终端操作系统 e. 货车预约系统 f. 货物追踪系统 ②港口与船舶之间的电子信息交换 ③存在代表主要利益相关者(包括私营部门)的港口协商委员会,每年至少召开两次会议
7	服务和便利设施(机场)	①主要口岸信息系统实施情况: a. 贸易电子单一窗口 b. 海事单一窗口 c. 港口社区系统 d. 终端操作系统 e. 货车预约系统 f. 货物追踪系统 ②港口与船舶之间的电子信息交换 ③存在代表主要利益相关者(包括私营部门)的港口协商委员会,每年至少召开两次会议
8	信息系统和咨询委员会(机场)	①主要口岸信息系统实施情况: a. 贸易电子单一窗口 b. 海事单一窗口 c. 港口社区系统 d. 终端操作系统 e. 货车预约系统 f. 货物追踪系统 ②港口与船舶之间的电子信息交换 ③存在代表主要利益相关者(包括私营部门)的港口协商委员会,每年至少召开两次会议

资料来源:世界银行《营商环境成熟度方法论手册》。

2. 边境管理

(1) 风险管理

风险管理包含 8 项指标 (见表 13)。

表 13　风险管理指标构成

序号	指标	元素
特点		
1	机构	由风险管理系统支持的边境机构
2	覆盖范围(海关)	海关风险管理系统在所有边境与海关办事处或实体存在的海关以相同的有效性和效率水平运作
3	分析水平(海关)	为确定装运风险状况而执行的分析级别
整合		
4	机构综合	作为综合风险管理系统一部分的边境管制机构
5	整合程度	风险管理系统的整合程度
可操作性		
6	自动化	海关使用自动分析和定位作为其风险管理系统的一部分,以最大限度降低进出口实体检查的发生率
7	提前定位	风险管理系统用于在货物到达出口和进口边境之前识别高风险情况
8	海关稽查(PCA)	使用选择性标准对进口进行基于风险的海关稽查

资料来源:世界银行《营商环境成熟度方法论手册》。

（2）协调边境管理

这组指标用来衡量国内边境管制机构之间边境和边境后合作的程度,以及与贸易伙伴经济体中类似机构的对外合作情况,包含 10 项指标（见表 14）。

表 14　协调边境管理指标构成

序号	指标	元素
内部协调		
1	共享数据库	跨境贸易交易要么记录在所有机构的单一数据库中,要么记录在不同但链接的数据库中(信息自动更新并在机构之间共享)
2	独特的托运参考	海关机构和其他机构使用唯一的托运编号
3	加入控件(内部)	地方边境管制当局与其他国家机构进行联合检查或将检查委托给其他国家机构
4	国家贸易便利化委员会(可用性)	存在国家贸易便利化委员会或类似机构,负责与利益相关者就贸易便利化改革的规划和实施进行协调和磋商,每年至少召开两次会议

续表

序号	指标	元素
内部协调		
5	国家贸易便利化委员会(利益相关者)	作为国家贸易便利化委员会一部分的利益相关者
外部协调		
6	综合边境检查站	存在与主要贸易伙伴共享陆地边境的综合边境检查站
7	信息交流	海关机构与主要贸易伙伴的海关机构就商业和运输文件以及边境报关单交换信息
8	联合控制(外部)	边境管制机构承认伙伴经济体边境管制机构进行的检查或联合检查
9	调整营业时间和手续	①海关营业时间与共享陆地边境的主要贸易伙伴的营业时间一致 ②有一个统一的文件或一套文件提交给主要贸易伙伴的边境管制机构
10	承认执照和专业证书	主要贸易伙伴对运输和物流领域服务提供商的执照和专业资格的认可

资料来源：世界银行《营商环境成熟度方法论手册》。

（3）边境机构计划

这组指标用来衡量授权运营商（AEO）和加急装运计划的可用性与功能，包含7项指标（见表15）。

表15　边境机构计划指标构成

序号	指标	元素
授权经济运营商		
1	授权运营商(可用性)	已为运营商实施授权经济运营商(AEO)认证计划
2	授权运营商(优惠)	AEO的优惠
3	授权运营商(机构间互认)	除海关机构外,AEO身份得到其他边境管制机构的认可
4	授权运营商(MRA)	AEO与3个主要贸易伙伴中的任何一个签署的互认协议
5	授权经济运营商(认证和更新过程)	可以通过贸易电子单一窗口、海关管理系统或专用贸易门户网站进行更新的AEO认证

续表

序号	指标	元素
加急发货		
6	加急发货(可用性)	与至少1家授权的快递货运营商一起实施加急货运计划
7	加急发货(功能)	加急装运计划的功能可用性

注：MRA指"互认"。
资料来源：世界银行《营商环境成熟度方法论手册》。

（三）第三支柱——进口商品、出口商品和从事数字贸易的效率

1. 符合出口要求

符合出口要求包括两项指标，与原评价体系相对应（见表16）。

表16　符合出口要求指标构成

序号	指标	元素
1	符合出口要求的总时间	所有边境管制机构放行直接出口货物所需的天数,包括到达出境点之前的清关程序
2	符合出口要求的总成本	与遵守所有出口要求相关的总成本,包括海关费用、其他所需付款以及支付给报关行或货运代理的款项、运输费、贸易融资和保险服务

资料来源：世界银行《营商环境成熟度方法论手册》。

2. 符合进口要求

符合进口要求包括两项指标，与原评价体系相对应（见表17）。

表17　符合进口要求指标构成

序号	指标	元素
1	符合进口要求的总时间	所有边境管制机构放行直接进口材料输入和供应(或购买的成品和材料转售)所需的天数,包括到达入境点之前的清关程序,直到所有材料输入并释放了物资

序号	指标	元素
2	符合进口要求的总成本	与遵守所有进口要求相关的总成本,包括海关费用、其他要求的付款以及支付给报关行或货运代理的款项

资料来源:世界银行《营商环境成熟度方法论手册》。

3. 出口数字订购商品时的合规性

出口数字订购商品时的合规性包含两项指标（见表18）。

表18　出口数字订购商品时的合规性指标构成

序号	指标	元素
1	出口数字订购商品的总时间	从数字订购商品(价值低于适用的最低门槛并作为邮包或快递交付清关)准备好被邮政或快递服务接收到交付的时间段(以天为单位)
2	出口数字订购商品的总成本	与遵守边境管制机构、物流和处理出口通过邮包或快递服务运送的数字订单货物的要求相关的总成本

资料来源:世界银行《营商环境成熟度方法论手册》。

（四）新体系评价方法的改变

1. 数据来源

第一支柱和第二支柱的数据是通过与私营部门的专家磋商收集的。第三支柱的数据是通过企业调查收集的。这些调查提供了有关进出口货物的时间和成本数据。捕捉每个经济体中用户体验的变化。具有不同特征（如规模、地区和行业）的企业参与调查。

2. 筛选和选择专家

国际贸易主题有4个问卷:货物贸易、服务贸易、公共服务和数字贸易。每份问卷都针对各自专业领域的专家。

3. 参数设定

为确保数据的可比性和增强数据的代表性，国际贸易主题使用一般参数和特定参数。参数指对边境类型、服务部门和贸易交易的具体特征所做的假设。向问卷调查对象提供这些参数和假设，并要求他们评估允许跨经济体进行比较的标准化情景。参数设定类似于原评价方法中的案例假设。

（1）一般参数

国际贸易主体利用两个关于经济地理性质和相关服务分部门的一般参数。第一，将所有经济体的地理性质归类为沿海、岛屿或内陆经济体。第二，考虑货运、物流和金融服务部门中的特定子部门。

（2）具体参数

贸易法规及其适用性可能因交易产品和贸易伙伴而异。为在跨国可比性和特定经济体的代表性之间取得平衡，国际贸易主体利用以下特定参数为专家提供背景信息，以确定在不同支柱中评估的适当法规。

①具有农业性质的预选协调制度（HS）章节（2位数级别）。

②具有制造性质的预选协调系统（HS）章节（2位数级别）。

③按照协调制度（HS）章节内的子目级别（6位），2015～2019年进口总值较高的制成品和农产品。

④亚太经济合作组织（APEC）环境商品清单中2015～2019年世界贸易总值排名前五的环境产品（联合国商品贸易统计数据库）。这些产品是HS 854140、HS 901380、HS 847989、HS 903289和HS 903180。

⑤2015～2019年不同贸易类别的经济体自然伙伴的统称。

⑥每种运输方式（海运、空运或公路货运）的主要边境，由按运输方式划分的边境的总贸易值确定。考虑到经济体的地理性质，仅衡量与货运类型相关的主要边境。

⑦考虑到经济的地理性质，衡量两种最相关的运输方式。

⑧经济体的WTO成员身份（即成员、观察员或无成员）。

四　新评价体系下跨境贸易指标变化评述

在营商环境成熟度评估体系下，世界银行将从 10 个主题，以及监管框架、公共服务、企业办事便利度 3 个维度，以数字经济和经济可持续为核心对各参评经济体开展试点评估。其中，国际贸易指标共 3 个维度、18 个二级指标、120 个三级指标。从整体指标数量看，无论是二级指标数量还是考点数量，同原 DB（Doing Business）体系一样，国际贸易指标的考点多、比重大，在营商环境成熟度评估框架中具有较大的分量。在新评估体系中，跨境贸易指标的评价逻辑与方法论发生了以下几个方面的变化。

第一，建立了新的评价维度。同其他主题一样，跨境贸易指标建立了新的评价维度，同时，还设计了两个新评价维度结合的效率指标。新评估体系在二级指标上具有一致性。

第二，评估内容大幅增加。一是指标数量增加，由原来一组二级指标扩大到三组二级指标，即货物、电子商务和环境可持续性跨境贸易相关法规的质量（监管框架评价维度），促进跨境货物贸易的公共服务质量（公共服务评价维度），进出口货物和从事电子商务的效率（以上两个评价维度在实践中相结合的效率）。在新指标体系中，仅有 2 个对应原有的指标，其他均为新增指标。二是环节增加，此前世界银行评估集中于跨边境环节的单证和边界官方程序的时间与成本，新体系则包含了国际贸易全环节。三是领域增加，此前评估对象主要是进出口货物，此次增加了服务贸易、数字贸易领域。

第三，评估方式发生较大变化。一是取消了标准化情景案例假设，以参数设定的方式形成不同经济体之间比较，而参数设定中的贸易产品、贸易伙伴和边境等范围扩大。二是取消特定运输方式。

第四，部分指标不具有普遍性，标准较为单一。一是此次跨境贸易指标体系主要基于新自由主义政府监管思路和服务理念，一些指标设计明显歧视发展中国家。例如，碳边境调节机制（碳关税）。二是指标的边界和内涵不明确，根据目前指标体系设计的问卷，可能会导致答卷人概念理解有误区。三是在实际评价中，专家问卷和企业调查随机选择样本，部分指标因涉及产品类别和具体范围，将导致样本异质性过于明显，缺乏客观性。

应清醒地看到，与其他指标不同，跨境贸易是国际贸易摩擦的集中领域，对于世界银行新评价体系必须树立底线思维和大局意识、安全意识。总体上看，北京宜以"讲好中国故事，首创北京经验，对标一流标准，助力'两区'建设，创新服贸数贸，树立空港典范"为基本思路，具体来看有以下几点可供参考。

第一，党的二十大报告指出，推进高水平对外开放，稳步扩大规则、规制、管理、标准等制度型开放。"两区"就是在高水平开放战略下实施制度型开放的压力测试区。从压力测试需要对标的国际一流规则、规制、管理、标准来看，营商环境成熟度评估框架下国际贸易指标的120个指标，恰可成为压力测试考卷，这是其积极的作用。

第二，在世界银行B-READY评估体系中，有20%数据将通过企业调查收集，有80%数据将通过专家调查收集，有个别数据同时通过两种调查方式收集。根据已公开的企业调查问卷，企业调查将覆盖全国范围内10余个行业上千家不同规模的企业，世界银行评价地区分类原始数据对研究跨境贸易营商环境优化是难得的资料。

第三，北京具有实现改革创新的有利条件，保持国内国际贸易营商环境先进地位。过去几年，北京市商务系统在评估方法论与指标体系研究、跨境贸易全环节改革、口岸通关时间与收费治理、营商环境协调优化人才队伍等方面都取得了显著的成绩。下一阶段，针对新评估方式，北京市完全有基础、有条件、有优势继续做好此项工作，为"四个中"和"两区"建设贡献商务领域的力量。

第四，建议按照世界银行新评价的进展跟踪和工作部署，加强与国家相关部委层面联系沟通，对标国际一流贸易标准与规则，在更精准的行业、货物分类中推进跨境贸易全环节改革。结合北京市国际贸易特点和"两区"建设更新完善改革任务，久久为功，重点抓好"双枢纽"机场营商环境优化，打造国际空港营商环境典范。同时，避免片面强调时间和成本，重在打造整体满意度高、企业获得感强的通关环境。

参考文献

《营商环境报告 2020》，世界银行官方网站，2019，https：//www.worldbank.org/en/businessready。

《营商环境成熟度方法论手册》，世界银行官方网站，2023，https：//www.worldbank.org/en/businessready。

《营商环境成熟度手册与指南》，世界银行官方网站，2023，https：//www.worldbank.org/en/businessready。

B.12
优化营商环境背景下北京市数据跨境
流动制度创新研究[*]

周念利　柳春苗　于美月[**]

摘　要： 随着数字贸易的发展，世界银行将数据跨境流动纳入营商环境新评估体系，对经济体的数据跨境流动治理提出了要求。北京市作为我国数字经济发展程度最高的城市，可率先在数据跨境流动领域开展制度创新，以对标世界银行新体系，优化营商环境。与此同时，我国以"安全评估、标准合同、个人信息保护认证、其他路径"为主的数据出境机制已初步成型，可为北京市开展数据跨境流动制度创新提供有效指引。因此，本报告围绕以上数据出境机制，结合实操中的具体问题，提出了北京市开展数据跨境流动制度创新的5个核心抓手：推动数据出境安全评估机制平稳落地、优化符合贸易情境的标准合同、先行探索个人信息保护认证机制、开辟数据出境绿色通道以及制定数据出境后监管规则。

关键词： 营商环境　数据跨境流动　制度创新　北京市

---

* 本报告系国家社科基金重点项目（项目编号：22AGJ008），教育部人文社会科学重点研究基地重大项目（项目编号：22JJD790010），对外经济贸易大学国家（北京）对外开放研究院智库科研团队专项经费（批准号：2023TD01）资助的阶段性成果。

** 周念利，经济学博士，对外经济贸易大学国家（北京）对外研究院、中国WTO研究院研究员，博士生导师，主要研究方向为数字贸易；柳春苗，对外经济贸易大学中国WTO研究院2022级硕士研究生，主要研究方向为数字贸易；于美月，对外经济贸易大学中国WTO研究院2021级博士研究生，主要研究方向为数字贸易。

2023年5月，世界银行（The World Bank）发布营商环境新评估体系（Business Ready，简称"B-READY"），标志着世界银行对全球营商环境的评估进入新阶段。为适应数字贸易发展的需求，世界银行将数据跨境流动纳入营商环境新评估体系，以此来衡量一个经济体的数据跨境流动监管机制是否支持数字贸易的发展。但是，目前我国的数据跨境流动治理仍处于探索阶段，尚未形成完善的治理模式，同世界银行新体系的要求还有一定差距。对此，我国应继续加强和完善数据跨境流动治理，以对标世界银行新体系，营造国际一流营商环境。北京市作为我国数字经济发展程度最高的城市，与国内其他地区相比，在数字经济产业生态和市场应用基础方面拥有比较优势，因此，北京市可率先在数据跨境流动领域开展试点探索，推动数据跨境流动制度创新，以促进北京市营商环境优化、扩大北京市对外开放。

一 数据跨境流动构成世界银行营商环境新评估体系的重要内容

B-READY按照企业的生命周期选择10个主题，包括企业准入、经营场所、公共服务设施、劳动力、金融服务、国际贸易、税收、争端解决、市场竞争和企业破产。① 其中，国际贸易主题专门设置与数据跨境流动相关的指标，体现出数据跨境流动在国际贸易中的重要性。国际贸易主题，由3个维度组成，分别是监管框架（国际贸易的监管质量）、公共服务（促进国际贸易的公共服务质量）以及效率（进出口货物和数字贸易的效率）。根据B-READY划分方式，国际贸易主题最终涉及120个指标考评点。本报告将从具体指标出发，分析与数据跨境流动相关的指标内容（见表1）。

---

① "B-READY Methodology Handbook," May 1, 2023, https://thedocs.worldbank.org/en/doc/357a611e3406288528cb1e05b3c7dfda-0540012023/original/B-READY-Methodology-Handbook.pdf.

表 1　与数据跨境流动相关的世界银行营商环境指标

支柱	类别	子类别	指标	内容构成
监管框架	支持国际贸易的良好监管做法	数字和可持续贸易实践	数据跨境流动	存在规范数据跨境流动的个人数据保护监管框架
			电子合同和签名	规定法律效力和可执行性的法律授权:国外发行的电子合同、外国电子签名
			电子支付	存在允许跨境电子支付的监管框架
	国际贸易的监管限制	对数字贸易的限制	数据跨境流动的限制	存在法律规定,要求就个人数据的跨境转移订立具体的数据转移协议或获得数据主体的正式同意
公共服务和效率	数字及实体基础设施建设	电子系统和服务的互操作性	电子贸易单一窗口或综合海关管理系统(互操作性)	电子贸易单一窗口或综合海关管理系统可与任何贸易伙伴的电子贸易单一窗口综合海关管理系统交换商业和运输文件以及海关申报信息
		信息的透明度和可用性	贸易信息门户(TIP)的可用性	具有以下特性的公共可用性 TIP: a. 与贸易和合规有关的法律、法令、条例、指示、通知和任何其他法律文书……g. 查询点的联系信息
			贸易信息门户(TIP)的时效性	TIP 中的信息是最新的

资料来源:课题组根据 B-READY 方法论手册的内容整理得到。

　　首先,监管框架维度下与数据跨境流动相关的指标包括"数据跨境流动""电子合同和签名""电子支付"以及"数据跨境流动的限制"等。其中"数据跨境流动"指标强调,"存在规范数据跨境流动的个人数据保护监管框架"构成一个经济体数字贸易实践的重要内容。此外,跨境交易中使用的"电子合同和签名"及"电子支付"可能会涉及商业数据和个人信息的跨境流动，世界银行也对其做出了相应的法律要求。同时，世界银行将"数据跨境流动的限制"纳入监管框架，以此来评价一个经济体是否保护个人数据主体的权利。其次，公共服务和效率维度下也设置了与数据跨境流动相关的指标。譬如，"电子贸易单一窗口或综合海关管理系统（互操作性）"要求可利用电子系统与任何贸易伙伴实现商业和运输文件的交换，其中会涉及商业数据的跨境流动。"贸易信息门户（TIP）的可用性和时效性"用来衡量一个经济体信息的透明度和可用性，但 TIP 可以被其他国家访问，也会涉及数据跨境流动问题。最后，与贸易有关的数据跨境自由流动可以有效减少进出口合规时间和成本，提高国际贸易效率。综上所述，数据跨境流动构成世界银行营商环境新评估体系的重要内容。

二 北京市开展数据跨境流动制度创新恰逢其时

（一）优化营商环境要求助推数据跨境流动制度创新

作为全球最具影响力的评估体系，世界银行营商环境评估体系一直对各经济体的营商环境建设起着重要的引领作用。数据跨境流动构成世界银行营商环境新评估体系的重要内容，完善数据跨境流动治理将是未来各经济体优化营商环境的重要改革方向。与此同时，北京市也出台了一系列政策，旨在优化营商环境、加强数据跨境流动探索。2023 年 4 月，《北京市全面优化营商环境助力企业高质量发展实施方案》提出，要"争取数据跨境流动先行先试改革"，以优化国际贸易发展环境。因此，为进一步落实优化营商环境的要求，北京市应积极对标世界银行营商环境新评估体系，开展数据跨境流动制度创新，完善数据跨境流动治理。

（二）监管框架渐趋成型助力数据跨境流动制度创新

自 2022 年以来，相关法律法规和规范指南陆续出台，为北京市开展数据跨境流动制度创新奠定了法律基础。我国数据出境监管的顶层设计来源于《国家安全法》，它强调维护国家安全。在顶层设计之下，《网络安全法》

《数据安全法》和《个人信息保护法》规定了数据出境的各种路径。此外，国家又陆续出台了多项规范文件和实施细则，以推动数据出境政策的落地。截至2023年，我国以"安全评估、标准合同、个人信息保护认证、其他路径"为主的数据出境制度体系已搭建完成，形成了"1+3+N"的数据出境合规监管框架（见表2）。因此，在国家数据出境合规监管框架初步成型的背景下，北京市开展数据跨境流动制度创新恰逢其时。

表2 我国数据出境合规监管框架

"1+3+N"	名称	颁布机构	施行时间
"1"项顶层设计	《国家安全法》	全国人大常委会	2015年7月1日
"3"项主要法律	《网络安全法》	全国人大常委会	2017年6月1日
	《数据安全法》	全国人大常委会	2021年9月1日
	《个人信息保护法》	全国人大常委会	2021年11月1日
"N"项规范文件与实施细则	《数据出境安全评估办法》	中央网信办	2022年9月1日
	《数据出境安全评估申报指南（第一版)》	中央网信办	2022年9月1日
	《个人信息出境标准合同办法》	中央网信办	2023年6月1日
	《个人信息保护认证实施规则》	国家市场监督管理总局、中央网信办	2022年11月18日
	《网络安全标准实践指南——个人信息跨境处理活动安全认证规范V2.0》	全国信息安全标准化技术委员会秘书处	2022年12月16日

三 北京市开展数据跨境流动制度创新的核心抓手

北京市在开展数据跨境流动制度创新时，应注意遵循3项基本原则：一是统筹兼顾发展和安全，并在平衡二者的前提下树立动态安全观，更加偏向和侧重"发展利益"；二是明确数据跨境流动的合规边界，在国家已有的法律法规范围内进行创新探索，推进相关监管制度体系的落地实施；三是把握国际数据治理前沿动态，推动北京市数据跨境流动制度与国际先进规则对接，并注重对外输出"北京方案",提升我国在全球数据治理领域的国际认同度。因此,本报告建议北京市在秉持这些基本原则的基础上,围绕以下5个核心抓手开展数据跨境流动制度创新。

（一）推动数据出境安全评估机制平稳落地

1. 出台重要数据目录

根据《数据出境安全评估办法》（以下简称《评估办法》）的规定,"重要数据"出境均须进行安全评估,因此对重要数据进行识别是开展安全评估的基础,也是推动数据出境安全评估机制平稳落地的关键。2022年1月,全国信息安全标准化技术委员会正式发布《信息安全技术重要数据识别指南（征求意见稿）》（以下简称《识别指南》）,专门规定了重要数据的识别问题。[①] 但是,虽然《识别指南》在宏观层面上明确了重要数据识别的原则和因素,但是由于各地区各行业的情况有所不同,北京市仍需结合本市情况出台重要数据目录。

由于不同行业的数据重要性不一,因此建议北京市根据各行业数据收集、流转和使用的具体情况,形成行业层面相对独立的重要数据目录。一方面,若所处行业已经存在适用的重要数据识别规则,如工信领域、金融领域、电信领域、汽车领域、工业领域均已出台了数据分级分类目录,[②] 此时则可以衔接既有规定,并在此基础上依据《识别指南》中的14条重要数据识别因素对其进行查漏补缺,形成重要数据目录。另一方面,对于尚未出台重要数据识别规则的行业,尤其是北京市具有优势的关键领域（如人工智能、生物医药、工业互联网、跨境电商等）,则要抓住机会先行先试。具体而言,先以该行业的业务流程为逻辑主线完成数据资产盘点,再结合重点企业实地

[①] 蓝蓝:《数据安全立法视角下的重要数据:内涵、识别与保护》,《思想理论战线》2022年第2期,第106页。

[②] 《李宁:数据分类分级和重要数据识别》,"赛博研究院"微信公众号,2022年6月30日,https：//mp. weixin. qq. com/s？＿＿biz = MzUzODYyMDIzNw = = &mid = 2247495827&idx = 2&sn = 26669fb52fc62280ec6d37d 8f073e16c&chksm = fad648b1cda1c1a7db4ab5b56beb572a4b9b563eb7afab59aa140b185ad2b765a44bb4b2ef3a&scene = 27。

调研和行业专家咨询建议，按照《识别指南》中的14条重要识别因素对每一类数据做"判断题"和"填空题"。例如，先做"判断题"，若A行业中的数据B遭到篡改、破坏、泄露或非法获取、非法利用，是否会危害国家安全和社会利益？若否，则为非重要数据；若是，则需要纳入重要数据目录，且需要进一步做"填空题"。该数据分属14条重要识别数据中的哪一类，即该数据之所以"重要"的理由。据此，形成该行业的重要数据目录。

2.协助企业进行数据出境风险自评估

根据《数据出境安全评估申报指南（第一版）》（以下简称《申报指南》）的要求，数据出境企业在进行自评估时需要包含"境外接收方所在国家或地区数据安全保护政策法规和网络安全环境情况"的相关信息。但就实际情况而言，企业自行对境外法域进行评估存在阻力，北京市可按照以下步骤协助相关企业进行数据出境风险自评估。第一，以《评估办法》和《申报指南》为依据，明确企业对境外法域进行评估时所需的要点，细化评估问题和评估方式，将现阶段的原则性规定转化为更加详细和具体的指标体系列表。第二，组建或聘请专业团队，先行对北京市企业数据出境时涉及的境外接收方所在国家或地区进行风险评估，在市级层面形成初步的境外法域风险评估数据库并供有相关需求的企业进行查询。在此数据库的基础上，企业可结合自身情况，增加境外法域评估细节。第三，在进行充分评估后，北京市可按照评估情况，对境外接收方所在区域进行高中低风险等级归类划分。对于数据流向中低风险区域的企业，北京市应允许企业按照规定继续完成安全评估申报流程；而对于数据流向高风险区域的企业，北京市应要求企业减少数据出境数量、对数据出境采取特殊保护措施（如删除敏感字段、去标识化等）。

（二）优化符合贸易情境的标准合同

《个人信息出境标准合同办法》（以下简称《标准合同办法》）规定，订立标准合同可作为个人信息合规出境的自主管理路径，但仅可在个人信息出境数量未触发安全评估申报标准时适用。与安全评估机制相比，该路径具有成本低、流程便捷等特点，因此在实践中的应用最为广泛。《标准合同办法》提出个人信息处理者和境外接收方可在标准合同附录中加入双方协商一致的其他条款。因此，北京市可指导企业在标准合同附录中添加促进贸易的条款，优化符合贸易情景的标准合同，以防止合同的商业价值贬损。但其中有两点问题值得注意：一是附加条款和标准合同主条款的优先级，须保证附加条款内容不与标准合同正文内容相冲突；二是企业当前适用的数据跨境传输工具与标准合同之间的兼容性。例如，若北京市某一跨国公司多年来始终执行的是欧盟《通用数据保护条例》下的数据跨境标准合同条款，考虑到其与中国版标准合同之间的差异，则也有必要重新签署中国版标准合同。

（三）先行探索个人信息保护认证机制

目前，就《个人信息保护认证实施规则》而言，还有许多需要澄清和解释的地方。北京市可从重点领域挑选出具有认证需求的企业进行小范围试点，并从以下 3 个角度进行制度创新：第一，制定"技术验证"标准。我国个人信息跨境认证模式为"技术验证+现场审核+获证后监督"，[①] 但关于"技术验证"的内涵尚未有明确规定。因此，北京市可先考虑明确"技术验证"的内涵，并在专业技术检测机构的指导下制定"技术验证"的标准，同时还要考虑是否需要随行业不同而制定差异化的"技术验证"标准。第二，拟定"具有法律约束力的协议"。进行个人信息保护认证的个人数据处理者需要遵守《网络安全标准实践指南——个人信息跨境处理活动安全认证规范 V2.0》的要求，与境外数据接收方签署具有法律约束力的文件。细看对于"具有法律约束力的协议"的要求可知，其与标准合同中的条款高度重合，因此，北京市可参考标准合同中的相关条款起草认证时所需要的法律文件。第三，尝试建立认证信息共享平台。认证信息共享平台的作用包括但不限于公示已通过认证的个人信息处理者和境外接收方、及时发布认证实施细则等文件、建立投诉举报机制。

---

① 《个人信息保护认证实施规则》第 3 条。

（四）开辟数据出境绿色通道

实践过程中，为便利数据出境，北京市可探索签署数据出境国际协议，在特定情境下开辟数据出境绿色通道，寻找相较于安全评估、标准合同和个人信息保护认证而言更为便捷的数据出境方式。一方面，就促进贸易角度而言，在保证数据安全的前提下，北京市可结合特定的国家（地区）、特定的业务场景、特定的数据类别以及特定的数据接收方，与贸易伙伴试点签署双边或区域数据出境协议，以探索建立数据跨境传输信任机制。另一方面，北京市可针对司法执法数据跨境调取这一特殊数据出境场景展开探索。目前，在司法执法数据跨境调取问题上，我国态度审慎，面对国外司法执法机构的数据请求奉行对等原则。在这种情形下，北京市可尝试争取国家授权，参照英美之间签署的《数据访问协议》①，通过签订双边绿色协议，小范围试点进行司法执法数据的跨境调取，以促进数据便捷出境。

（五）制定数据出境后监管规则

为保障数据出境安全，除了事前和事中监管外，北京市还应制定数据出境后监管规则，对出境后的数据进行持续性的安全监督，且重点监督数据出境方与境外接收方所约定的数据安全保护责任义务的履行情况。具体来看，第一，在安全评估、标准合同和个人信息保护认证的 3 种现行数据出境机制中均加入数据出境后再转移相关规定。例如，要求数据出境方在自评估报告中阐明对于境外接收方将出境数据再转移给境外第三方的约束性要求；规定标准合同机制只适用于缔约双方，当境外接收方再向境外第三方提供时，需取得数据主体和数据出境方单独同意，并签署新的标准合同；要求境外第三方数据接收者设立个人信息保护机构，并接受认证机构的持续监督，配合询问答复和检查工作。第二，建立数据出境反馈平台。一是督促数据出境方自

---

① 《关于为打击严重犯罪而获取电子数据的协议》（简称《数据访问协议》），由英美两国于 2019 年 10 月签署，2022 年 10 月生效，是全球首部数据跨境取证双边国际协议。

查，要求数据出境方每年编制数据出境反馈报告，向网信部门报告上一年度数据出境再转移情况、数据出境后遭遇风险情况、发生的数据安全事件及处置情况；① 二是开通数据出境后违规流转情况投诉举报通道。第三，设立畅通的数据出境中和出境后的熔断机制。在数据出境期间和出境后，一旦发生数据安全事件，及时采取补救措施，以减少损失。建议采用"问责制"，要求数据出境方承担连带责任，保证我国相关法律法规的域外效力。

---

① 《网络数据安全管理条例（征求意见稿）》第40条。

B.13
对标国际标准推进北京跨境服务
贸易负面清单管理研究

刘斌 胡玫 刘玥君*

摘　要： 推进跨境服务贸易负面清单编制工作，完善跨境服务贸易管理体系，是我国推动高质量对外开放、对接国际经贸规则的重要措施。目前，国际上部分主要发达经济体已在跨境服务贸易负面清单制定方面积累了一定的经验，其清单格式严谨规范，内容兼具准确性与灵活性。海南自由贸易港跨境服务贸易负面清单是我国在跨境服务贸易领域公布的首张负面清单，其开放水平高于我国在自贸协定中的开放承诺，但清单内容、格式等方面仍有改进空间。北京市服务业发展居于全国领先地位，应发挥"两区"优势与平台叠加效应，主动对接国际产业分类与贸易统计标准，提高服务贸易自由化便利化水平，在深入研究国内现有负面清单的基础上，提高清单透明度与规范性，加强风险防控与监督管理，推动服务业实质性开放，制定具有北京市特色的跨境服务贸易负面清单，探索可向全国推广的管理经验。

关键词： 跨境服务贸易负面清单　国际经贸规则　自由贸易试验区

---

* 刘斌，对外经济贸易大学中国 WTO 研究院研究员，主要研究方向为世界经济；胡玫，对外经济贸易大学国际经济研究院副研究员，主要研究方向为世界经济；刘玥君，对外经济贸易大学中国 WTO 研究院博士研究生，主要研究方向为国民经济。

一　主要发达经济体制定跨境服务贸易负面清单的重要经验

（一）清单内容同时考虑准确性与灵活性

首先，分析《跨太平洋伙伴协议》（TPP）、《全面与进步跨太平洋伙伴关系协定》（CPTPP）、《北美自由贸易协定》（NAFTA）、《美墨加三国协议》（USMCA）等协定中主要发达经济体制定的跨境服务贸易负面清单可以发现，其清单构成要件具备准确性与灵活性。清单明确列出了部门分类、限制措施等内容，清单整体透明度较高；清晰的政府层级标识能够帮助国外相关供给方直观了解限制措施生效的地域范围，分区域设置限制条件，同时考虑了地方差异，赋予清单一定的灵活性。

其次，主要发达经济体制定的跨境服务贸易负面清单内容一般由附件 I（限制措施列表）与附件 II（维持保留性措施列表）两部分组成。这也进一步体现了清单的准确性与灵活性，一方面确保了相关服务部门的开放性，另一方面还保留了管理的自主性。

最后，清单设置配套说明文本、说明性列表与过渡期引用，提高清单透明度。协议文本包括清单适用范围与特殊例外情况等内容，增强清单的包容性与前瞻性。保留措施、过渡期安排、地区不符措施说明性列表的内容是我国可以借鉴的主要经验。另外，主要发达国家具备雄厚的服务业基础与成熟的法律体系，因此清单制定应考虑本国的现实社会发展条件。

（二）限制部门同时保留重合度与国别特色

首先，各国清单内的限制部门有重合。对比典型区域贸易协定以及双边贸易协定中跨境服务贸易负面清单的限制部门，可以发现如下几点。

第一，绝大多数成员国的限制重点在与生产、生活密切相关的服务部门。跨境服务贸易负面清单除保护国家安全等传统敏感部门以外，还着重保护商业服务中的专业服务部门（见表1）。美国与澳大利亚对商业服务的限制措施约占半数，日本与新加坡在 CPTPP 清单 I 中该类目的措施占比也超过20%。

表1 主要发达国家跨境服务贸易负面清单限制部门分布情况

单位：%

国家	美国				日本		澳大利亚				新加坡			
协定类别	U1	U2	T1	T2	C1	C2	C1	C2	A1	A2	C1	C2	S1	S2
水平限制	14	25	14	22	0	18	13	43	11	45	8	19	3	14
具体行业限制														
1. 商业服务	57	0	57	0	38	0	50	0	44	0	20	13	30	10
1.1 其中:专业服务	29	0	29	0	29	0	50	0	44	0	0	6	9	5
1.2 其他商业服务	29	0	29	0	10	0	0	0	0	0	20	6	21	5
2. 分销、销售、零售服务	0	0	0	0	5	0	0	7	11	9	0	6	6	0
3. 运输服务	29	25	29	22	24	0	25	14	11	9	8	22	15	10
4. 邮政、电信、通信	0	13	0	22	0	0	0	0	0	0	12	6	9	5
5. 广播视听、新闻报纸	0	0	0	0	0	0	0	14	11	18	0	6	0	10
6. 教育	0	0	0	0	2	9	0	7	0	9	4	3	0	5
7. 医疗健康	0	0	0	0	5	0	0	0	0	0	0	0	0	0
8. 博彩	0	13	0	11	0	0	0	7	0	0	0	3	0	5
9. 文化、体育和娱乐	0	0	0	0	0	0	0	7	0	0	0	0	0	0
10. 社会服务、卫生	0	13	0	11	0	0	0	0	0	0	8	6	15	14
11. 农业、林业、渔业	0	0	0	0	0	9	13	0	11	0	0	0	0	0
12. 资源、能源与环境	0	0	0	0	2	9	0	0	0	0	12	6	12	10

注：U1、U2 指 USMCA 清单 I、清单 II；T1、T2 指 TPP 清单 I、清单 II；C1、C2 指 CPTPP 清单 I、清单 II；A1、A2 指《美国—澳大利亚自由贸易协定》清单 I、清单 II；S1、S2 指《美国—新加坡自由贸易协定》清单 I、清单 II。表中的部门分类是基于《服务贸易总协定》（GATS）的分类标准，对美国、日本、澳大利亚、新加坡的负面清单限制部门进行的分类再统计。"水平限制"指负面清单中各国针对所有服务部门采取的限制措施，即限制措施适用于所有服务部门。水平限制百分比=水平限制措施数量（条）/清单所列限制措施总数（条）×100%。负面清单限制部门百分比=各行业部门限制措施数量/清单所列限制措施总数×100%。

资料来源：根据 USMCA、TPP、CPTPP、《美国—澳大利亚自由贸易协定》、《美国—新加坡自由贸易协定》中跨境服务贸易与投资附件 I、附件 II 整理。

第二，就运输服务的开放而言，主要发达国家均持观望态度。美国、日本、澳大利亚和新加坡四国均在多个贸易协定中列明运输服务部门的相关限制措施。尤其在开放程度较高的 USMCA 中，成员国对运输服务部门的限制措施数量较多，而在双边贸易协定中，由于协定成员国数量较少，运输服务部门的限制措施占比相对较低。

第三，在清单 II 中，加强对国内敏感部门、涉及公共利益的社会服务部门的保护。例如，虽然美国未将邮政、电信、通信部门列入 USMCA、TPP 清单 I 的限制措施中，但在清单 II 中针对两个部门列出了较多限制措施；同样，日本、澳大利亚、新加坡未将广播视听、新闻报纸等服务部门列入 CPTPP 清单 I 的限制措施中，但这些部门仍出现在了清单 II 中。

其次，根据国内具体情况，各国清单内限制部门侧重点不同。从表 1 可以看出，根据 USMCA、TPP 跨境服务贸易负面清单内容，美国着重保护涉及国家安全、核心技术的相关部门，例如，商业服务（技术、软件进出口）。根据 CPTPP 等协定内容，日本着重保护商业服务以及医疗健康服务。澳大利亚不仅重点限制商业服务，还在广播视听、新闻报纸与文化、体育和娱乐等部门设置较多限制。新加坡负面清单限制的行业具有分散性，商业服务与运输服务是新加坡首要限制行业。

（三）限制方式兼具相似性与异质性

在 USMCA、TPP、CPTPP 等区域协定以及美澳、美新等双边协定中，协定成员限制服务部门的方式主要体现在"涉及的义务"和"措施描述"中。"涉及的义务"内容主要包括"本地存在"、"国民待遇"与"最惠国待遇等"（见表 2）。将各国跨境服务贸易负面清单中的限制方式进行对比，可以发现以下几点。

第一，各国采用次数最多的限制方式是"本地存在"与"国民待遇"。负面清单中的限制措施均涉及一项或多项义务类目，限制措施涉及最多的义务类目是"本地存在""国民待遇"，"最惠国待遇"处于第 3 位（见表 3）。

表 2　与涉及的义务对应的限制措施

涉及的义务	限制措施
本地存在	在本地居住、拥有办事处
市场准入	资质要求,如获取经营执照;本地化要求;机构形式和数量;股权限制
国民待遇	要求为本国公民或永久居民以及对企业国别提出要求
最惠国待遇	给予个别国家特殊优待
业绩要求	对部门行业服务范围、定义的限制,如快递工作日的定义、快递服务的范围等
高级管理层和董事会	成员方居民人数、占比要求

资料来源:根据 USMCA、CPTPP、《美国—澳大利亚自由贸易协定》、《美国—新加坡自由贸易协定》中跨境服务贸易与投资附件 I、附件 II 整理。

表 3　主要国家跨境服务贸易负面清单 I 中限制措施涉及的义务分布情况

单位:条

国家	本地存在	市场准入	国民待遇	最惠国待遇	业绩要求	高级管理层和董事会
美国(U1)	5	0	5	2	1	1
美国(T1)	6	0	7	4	1	2
美国(K1)	5	0	6	3	1	2
日本(C1)	31	40	12	3	1	4
澳大利亚(C1)	6	0	5	2	1	1
澳大利亚(A1)	5	1	6	3	2	1
新加坡(C1)	14	15	12	2	1	4
新加坡(S1)	18	16	23	3	3	4

注:K1 指《美国—韩国自由贸易协定》(KORUS)清单 I。

资料来源:根据 USMCA、TPP、CPTPP、KORUS、《美国—澳大利亚自由贸易协定》、《美国—新加坡自由贸易协定》中跨境服务贸易与投资附件 I 整理。

第二,各国限制方式的侧重点有所差异。如表 2、表 3 所示,在主要的跨境服务贸易负面清单中,美国的限制措施涉及较多的义务是"国民待遇"、"本地存在"与"最惠国待遇",使用最多的限制方式是"国民待遇",而"市场准入"使用最少。日本使用次数最多的限制方式是"市场准入","本地存在""国民待遇"两种限制方式使用频次也较高,但与美国不同的是，日本经常同时使用"本地存在"与"国民待遇"。类似于美国，澳大利亚的限制措施主要包括"本地存在"、"国民待遇"与"最惠国待遇"，但澳大利亚限制措施的使用重点在"本地存在"。分散性是新加坡限制方式的特点，其采用较多的限制措施是"本地存在"、"国民待遇"与"市场准入"。

二 海南自由贸易港在跨境服务贸易中的承诺

（一）发布跨境服务贸易负面清单，开放水平高于在自贸协定中的承诺

2020 年 6 月，中共中央、国务院印发《海南自由贸易港建设总体方案》，方案中指出要"制定出台海南自由贸易港跨境服务贸易负面清单，给予境外服务提供者国民待遇"。[①] 2021 年 7 月，商务部印发《海南自由贸易港跨境服务贸易特别管理措施（负面清单）（2021 年版）》，该清单仅涉及 11 类 70 项特别管理措施。

从内容上看，相较于此前的国内政策，海南版负面清单放宽了交通运输、商务服务与文娱产业等服务贸易领域的业务开展条件。在提升运输自由便利化水平方面，实施更加开放的船舶运输政策和航空运输政策；在扩大专业服务业对外开放方面，取消外国服务提供者从事报关业务限制等；在扩大金融业对外开放方面，允许境外个人申请开立证券账户或期货账户等。

从开放程度上看，一方面，与《中国（上海）自由贸易试验区跨境服务贸易负面清单管理模式实施办法》中的 159 条管理措施相比，海南版清单在开放程度方面略高于上海版，限制条目数量有所减少。另一方面，海南版清单的开放承诺水平高于我国加入 WTO 时的承诺水平，也高于我国目前签订的

---

① 《中共中央 国务院印发海南自由贸易港建设总体方案》，中华人民共和国中央人民政府网站，2020 年 6 月 1 日，https://www.gov.cn/zhengce/2020-06/01/content_ 5516608. htm。

主要贸易协定。例如，在 160 个分部门中，海南版负面清单中有 110 多个分部门的开放水平超过我国在 RCEP 中做出的服务贸易开放承诺（目前我国在 RCEP 中仍采用正面清单，但承诺在协议生效起 6 年内转为负面清单）。

（二）出台负面清单管理办法，为清单执行提供制度保障

2021 年 8 月，为保障《海南自由贸易港跨境服务贸易特别管理措施（负面清单）》顺利实施，海南省人民政府办公厅印发《海南自由贸易港跨境服务贸易负面清单管理办法（试行）》。

该管理办法规定了海南跨境服务贸易负面清单的适用范围，即清单统一列出的国民待遇、市场准入、当地存在与金融服务跨境贸易等方面对境外服务提供者以跨境方式提供服务的特别管理措施。在清单内管理方面，境外服务提供者不得以跨境方式提供海南跨境服务贸易负面清单中禁止的服务，各有关部门严格禁止准入；以跨境方式提供海南跨境服务贸易负面清单之内的非禁止性领域服务，由各有关部门按照相应规定实施管理。在清单外管理方面，海南跨境服务贸易负面清单之外的领域，在海南自由贸易港内按照境内外服务及服务提供者待遇一致原则实施管理。[①]

（三）海南版负面清单尚不完备，仍存在较大改进空间

与 CPTPP 等国际上较为完备的跨境服务贸易负面清单相比，海南版负面清单在国际化水平、透明度以及金融等敏感领域的开放水平上仍存在一定的差距。另外，虽然与上海版清单相比，海南版清单的开放程度较高，但并未取得较大突破。

一方面，特别管理措施数量减少与限制内容减少并非一一对应。虽然，海南版清单中罗列的限制措施数量有所减少，但削减的一些限制措施大多是合并了上海版清单中的多种限制措施。另一方面，虽然海南版

---

① 《海南省人民政府办公厅关于印发〈海南自由贸易港跨境服务贸易负面清单管理办法（试行）〉的通知》，海南自由贸易港网站，2021 年 8 月 27 日，https://www.hainan.gov.cn/hainan/zmghnwj/202108/b75cd24004de438abcc7ac26c4b92947.shtml。

清单大幅度"缩表"，但清单制定并未突破上海版清单的瓶颈。与发达国家相比，我国跨境服务贸易负面清单管理模式刚刚起步，仍处于初步探索的试点时期。

三　北京市推进跨境服务贸易负面清单制定的政策建议

（一）对接国际产业分类标准，完善贸易统计制度

上海与海南的跨境服务贸易负面清单的部门划分均依据《国民经济行业分类》，这样的安排透明度高，可操作性强，但未来有可能产生一定的问题：第一，我国分类标准中部分行业与国际标准不一致，可能影响未来我国跨境服务贸易负面清单与国际接轨。第二，国外服务业提供者可能因我国分类标准与国际标准不同而产生怀疑，导致不必要的贸易与投资争端。因此，北京市应发挥中国（北京）自由贸易试验区优势，未来在编制试点负面清单时，尽量将我国国民经济行业分类与大多数国家采取的 CPC（联合国核心产品分类）对接，具体可参考 CPTPP 等高水平自贸协议中负面清单部门划分，以我国《国民经济行业分类》为基础，增加联合国临时 CPC 编码这一产业划分依据。另外，应将我国目前的贸易统计方法与主要发达国家实施的国际收支服务贸易统计（BOP）和国外分支机构服务贸易统计（FATS）等统计制度相结合，推动我国贸易统计国际化、全面化、成熟化。

（二）推动两单合一工作，促进服务贸易创新发展

跨境服务贸易负面清单与投资负面清单实现两单合一，尽管这一工作存在一定的争议，但这是大势所趋。首先，北京市应推动更高水平的贸易与投资便利化，简化进口通关流程，率先落实好外商投资"准入前国民待遇+负面清单"管理制度，以及进一步提高外资准入后国民待遇等。其次，北京市应推动服务贸易创新发展，综合服务业发展现状与企业反馈，对接国际高标准经贸协定内容，重点探索负面清单模式。最后，创新跨境数据管理模

式，一方面为跨境数据自由流动搭建平台，推动数据跨境流动便利化；另一方面加大数据监管力度，在有效保证数据安全的前提下，做出高效可信的跨境数据流动制度安排，探索制定与跨境服务贸易相关的低风险跨境流动数据目录，进一步降低跨境数据流动合规成本。

（三）提高清单透明度，确保清单规范性

2017 年 6 月，上海自贸区发布的《中国（上海）自贸区金融服务业对外开放负面清单指引（2017 版）》中，"措施来源"的内容为 2017 版上海跨境服务贸易负面清单中的相关措施提供了部分法律依据。[①] 鉴于该指引以TPP 负面清单附件 I 为参考，建议北京自贸区在制定服务贸易负面清单时，可参考 CPTPP 等清单内容，促进文本格式和内容与国际高水平负面清单接轨。第一，清单文字要求应明确具体、易于理解，清单内容应逻辑清晰、高度透明，资质类限制应尽量与国际标准相一致，并符合我国特色，引入灵活性、差异性的限制方式。第二，负面清单文本应将措施对应的法律法规依据明确列出，以提高负面清单的规范性与完备性。第三，要加大对负面清单管理制度的测试力度，优化负面清单设置，真正转向负面清单管理，从而提升负面清单的透明度及可操作性。

（四）深入研究现有清单，提升清单措施有效性

目前，我国已经公布的跨境服务贸易负面清单仍存在限制措施不明确、个别条款指向不清晰的问题。例如，清单中对"审批""许可""批准"等相似措辞的解释并不清晰，不利于外国服务贸易提供者精准理解限制措施的确切含义，而且清单中的"股比限制""电影数量限制"措施，已落后于当前先进清单中的准确表述。另外，在上海自贸区跨境服务贸易负面清单特别管理措施中经常使用"须经……主管部门批准"的说法，而没有说明获得批

---

① 《上海发布自贸区金融服务业对外开放负面清单指引》，中华人民共和国中央人民政府网站，2017 年 6 月 29 日，https：//www.gov.cn/xinwen/2017-06/29/content_ 5206567.htm。

准的条件。而我国商务部《外国投资法（草案征求意见稿）》中明确规定，对于所有限制措施均应"详细列明对外国投资的限制条件"。因此，北京市在编制跨境服务贸易负面清单之前，应深入研究现有负面清单的不足并予以改善，可以参考国际上成熟的负面清单的做法，增强限制措施的准确性与时效性，减少因地域差异与规章制度的自由裁量而产生的疑虑，使负面清单真正具备可行性。

（五）推动服务业实质性开放，发挥平台叠加效应

随着政策的不断落地，目前我国负面清单限制条目数量不断减少，代表着我国服务业开放程度不断提高。但负面清单的"缩表"并不是服务业开放的重点和标志，重点在于推动实质性开放。第一，北京市应建立推动服务业高水平开放的制度体系，制定北京自由贸易区地方性配套法规，完善跨境服务贸易负面清单实施细则，为其他省份积累经验。第二，北京市应健全跨境服务贸易的配套服务，构建与国际标准相匹配的服务业管理体系，将服务业高质量发展与高水平开放作为衡量开放成果的关键指标，针对跨境服务贸易的堵点与痛点，构建全产业创新发展链条。第三，北京市应立足"四个中心"功能定位，充分发挥服务业扩大开放综合试点及自贸试验区等平台政策的叠加效应，为服务贸易构建协同发展集群，推动服务贸易创新发展试点，进一步探索服务业扩大开放的新路径。

（六）构建风险防控体系，完善监督管理机制

充分利用清单II保护相关服务行业，对于敏感行业应单独制定负面清单，有效把控风险。首先，根据发达国家的实践经验，考虑提前加强对我国尚未出现的服务贸易产业的保护，如 AI 智能服务、5G 通信服务等。北京市可以在制定负面清单的过程中，对国内尚未出现的产业保留制定不符措施的权利。可在跨境服务贸易负面清单中纳入兜底条款，保留一定的灵活性，应对未来可能发生的政策变化以及产业技术的变化。尤其针对金融服务这类敏感部门，应在做好细致分类的同时，在金融产品发展不足、监管规则空白的

金融细分部门，利用清单Ⅱ为未来改革保留政策空间，避免开放过快而导致的潜在风险。

其次，北京市应以最大限度确保服务贸易自由便利化，寻求服务贸易监管新模式。第一，利用现代科技，建立远程监管系统，搭建服务贸易综合监管平台。第二，不断完善服务贸易风险防控体系，提升宏观审慎监管能力，要坚守风险底线，结合我国的实际情况，利用结构化、渐进式政策推动金融等关键部门的对外开放进程，对于传统部门的部分清单内容，可对标国外清单加以完善，但在涉及国家安全及经济安全的部门，则应坚守对外开放及风险防控底线，以此为基础循序渐进、逐步开放。

最后，北京市应积极探索高效、创新与全面的监管模式。第一，应建立全流程风险管理体系，确保事前、事中与事后监督透明化、高效化，构建内外资统一的监管机制，确保准入标准与国际标准一致。第二，在确保监管效率的前提下，简化监管流程，赋予自由贸易试验区更大的自主管理权，允许自贸区在部分部门的开放领域自行出台与实施配套政策及管理制度，同时不断完善各区域的容错纠错和激励机制。第三，监管方法应与时俱进，提升创新监管、数字监管能力，借助大数据、云平台等先进信息技术开发数字化监管平台工具，实现智能化监管。第四，北京市作为外交的重要窗口，应积极寻求国际合作，推进国际监管标准互认，学习发达经济体的跨境服务贸易监管政策，建设国内外信息交流共享平台，在国际合作中完善跨境服务监督体系。

（七）清单体现北京风格，发挥首都辐射作用

在制定清单时，北京市应将产业特点纳入考量，应根据北京市的行业发展现状细化限制措施，编制体现北京市特色的负面清单。

第一，北京市服务业，尤其是高端服务业的发展在全国处于领先地位，因此，北京市应发挥国家服务业扩大开放综合示范区优势，在自贸试验区升级金融服务、数字经济、文化旅游与专业服务等对外开放"新引擎"，在北京跨境服务贸易负面清单中添加更多试点性内容，在以数字经济为特征的生

产型服务业等领域做出内容创新,提升负面清单的完备性,进而探索更多可向全国推广的经验。

第二,北京市是京津冀协同发展平台的中心城市,是我国科技、教育与文化中心,人才素质高、消费市场广,承担为天津、河北的对外开放发展提供资金、技术与人才支持的重任。因此,北京市应率先建立服务业要素跨境流动制度体系,提升自然人移动模式的服务贸易开放水平,同时对标国际高标准,进一步完善推动高水平服务业开放的配套措施,制定吸引海外人才来京居住与就业的政策,放宽国际人才工作许可,扩大执业资格互认范围。对内辐射、对外吸引,带动我国形成更高层次对外开放新格局。

参考文献

胡玫、张娟、李计广:《中国跨境服务贸易负面清单推进路径分析》,《国际经济评论》2022 年第 6 期。

李杨、任财君:《跨境服务贸易负面清单国际比较及对中国的启示》,《国际贸易》2023 年第 1 期。

《海南自由贸易港跨境服务贸易特别管理措施(负面清单)(2021 年版)》,中华人民共和国中央人民政府网站,2021 年 7 月 23 日,https://www.gov.cn/gongbao/content/2021/content_ 5641344. htm。

《安永解读 | 海南自由贸易港跨境服务贸易特别管理措施》,"EY 安永"百家号,2021 年 9 月 17 日,https://baijiahao. baidu. com/s? id=1711136904661469269&wfr=spider&for=pc。

《一图读懂 | 海南自贸港跨境服务贸易负面清单》,"澎湃新闻"百家号,2023 年 3 月 27 日,https://m. thepaper. cn/baijiahao_ 22486356。

《〈我国外商投资报告 2022〉多次提到海南自由贸易港》,"三亚市人民政府"微信公众号,2023 年 2 月 13 日,https://mp. weixin. qq. com/s?_ _ biz=MzA5MzE3OTM3NA= =&mid=2650423044&idx=1&sn=5a3b8161eb7ee0e0529fa0884274c887&chksm=886f4385bf18ca9380d8f02fa790f7bf8978337935f2075f9556daf1a48f06f4a2344152d7ae&scene=27。

(四)消费促进篇

B.14
国际消费中心城市建设下北京老字号的
"坚守"与"焕新"

邓慧慧　张一鸣*

摘　要： 北京作为历史和文化名城，聚集了大量老字号，北京老字号数目众多、历史悠久、覆盖行业面广、盈利状况良好，具有经济、文化、社会、品牌等价值意义。在培育建设国际消费中心城市进程中，北京在提升国际知名度、拉动消费升级、促进数字化转型等方面为北京老字号提供了很好的发展机遇，北京老字号积极推进坚守品牌特色和工匠精神、创新营销方式、开展跨界合作的发展模式。针对品牌定位不够清晰、审美意趣表达方式较为陈旧、宣传理念较为落后等问题，北京老字号需要通过合理把握品牌定位、创新审美意趣表达和消费体验场景等方式，在"坚守"与"焕新"中，彰显自己的品牌价值。

关键词： 北京老字号　品牌建设　国际消费中心城市

---

* 邓慧慧，经济学博士，对外经济贸易大学国家对外开放研究院国际经济研究院研究员，博士生导师，主要研究方向为数字经济、区域与城市经济学；张一鸣，对外经济贸易大学国家对外开放研究院国际经济研究院硕士研究生，主要研究方向为世界经济。

一 北京老字号的发展现状与价值意义

（一）北京老字号的发展现状

老字号是指具有悠久的历史、较高的声誉、厚重的传统文化底蕴和精巧的制作工艺的品牌。上述特点赋予了老字号丰富而独特的历史文化价值，使老字号成为中华民族灿烂文化和精湛技艺的载体。新中国成立初期，我国有超过一万家老字号[①]，然而随着生活节奏和消费方式的改变，老字号的发展受到了诸多挑战。为了更好地保护和传承老字号，商务部组织开展了"中华老字号"的认定工作，全国各地也纷纷进行了地方老字号认定。据统计，我国拥有 1128 家中华老字号和 3277 家地方老字号[②]。其中，北京作为历史文化名城，聚集了大量老字号。在京味文化的熏陶下，北京老字号蓬勃发展，覆盖了餐饮、医药、服务、零售等多个行业，许多北京老字号更是驰名中外。

1. 北京老字号数目众多

北京重要的历史地位、浓厚的文化底蕴和快速发展的经济，为北京老字号的大量认定和迅猛发展提供了有利条件。北京市人民政府于 2021 发布的《北京培育建设国际消费中心城市实施方案（2021—2025 年）》明确提出，争取在 2025 年之前将北京老字号认定数目提升到 230 家。截至 2023 年 5 月，北京老字号协会共认定了 223 家北京老字号[③]，有望提前达成目标。随着北京老字号认定工作的持续开展，北京老字号的队伍势必不断壮大。

---

① 《老字号数字化转型与创新发展报告》，商务部流通产业促进中心网站，2021 年 8 月 17 日，http：//www.ltcjzx.org.cn/article/zxyw/smlttj/gzdt/202108/20210803188698.shtml。
② 《商务部召开推动老字号创新发展 促进品牌消费专题新闻发布会》，北京老字号协会网站，2023 年 5 月 26 日，https：//www.bjlzh.org.cn/2530/202305/11391.html。
③ 《北京老字号协会第四届第三次常务理事会和第四届第二次会员大会圆满召开》，北京老字号协会网站，2023 年 5 月 26 日，https：//www.bjlzh.org.cn/2538/202305/11395.html。

与其他省（区、市）相比，北京拥有的中华老字号数目名列前茅。根据商务部流通产业促进中心发布的《老字号数字化转型与创新发展报告》，在商务部认定的1128家中华老字号中，有117家位于北京，占比超过10%。北京在全国各省（区、市）拥有中华老字号数目排名中位列第二（见图1）。

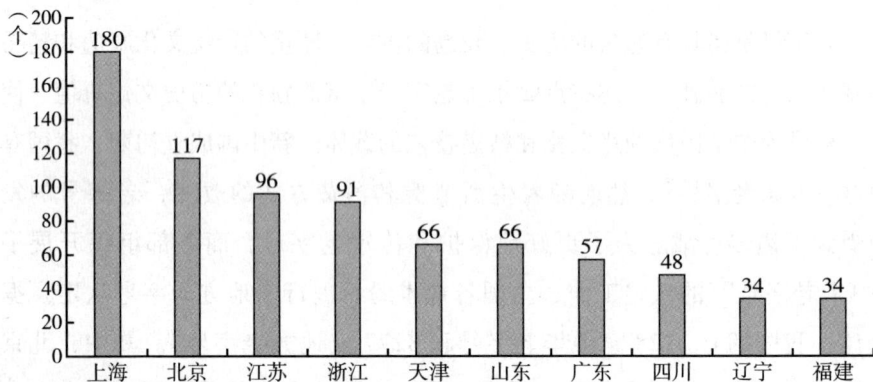

图1　中华老字号数量前十的省（市）

资料来源：商务部流通产业促进中心《老字号数字化转型与创新发展报告》。

2. 北京老字号历史悠久

北京老字号大多起源较早。在现存的200余家北京老字号中，有近10家创立于明朝，近百家创立于清朝。截至2023年，已经认定的北京老字号平均年龄达到140岁[①]。其中，创立于明朝永乐年间的鹤年堂、便宜坊等北京老字号已有超过600年的历史。北京老字号的历史文化血脉源远流长，得益于作为数朝古都的北京所具有的帝都气质。明清两朝的都城北京人丁兴旺、九衢通达、商品经济繁荣发达，这些因素对北京老字号的产生和发展起到了一定的推动作用。

3. 北京老字号覆盖行业面广

北京老字号起源于社会生产的各行各业，具有较为广阔的行业覆盖面。

---

① 《增加研发投入、跨界、上新　北京223家老字号营收规模达1300亿元》，搜狐网站，2023年7月5日，https://www.sohu.com/a/694851807_115865。

根据商务部发布的《中华老字号企业名录》和北京市东城区人民政府网站发布的《东城区老字号名录》，117 家来自北京的中华老字号涉及餐饮、百货零售、医药、食品加工、文化、服务、工业七个行业，具体比例如图 2 所示。

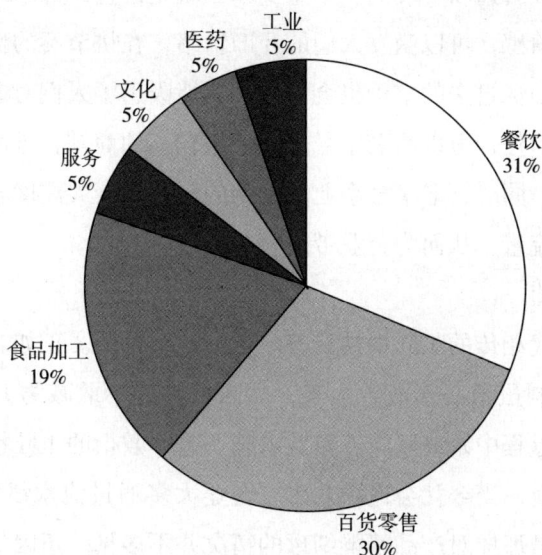

图 2 北京中华老字号业态分布情况

资料来源：根据《中华老字号企业名录》整理。

4. 北京老字号盈利状况良好

北京老字号普遍具有较强的盈利能力。根据北京老字号协会 2021 年披露的相关数据，尽管受到疫情等不利因素的影响，但是仍有超过八成的北京老字号处于盈利状态。其中，50 家北京老字号全年营业收入破亿元，14 家北京老字号营业收入超过 10 亿元，更有 4 家北京老字号营业收入突破 100 亿元大关。目前，北京老字号年度总营业收入规模已经达到了 1300 亿元，销售额突破百亿元的北京老字号数量增至 5 家。这些数字都展现出北京老字号发展的良好势头。在北京市建设国际消费中心城市政策的加持下，北京老字号的发展前途一片光明。

（二）北京老字号的价值意义

1. 经济价值

老字号品牌在消费者心目中独有的地位可以带来巨大的经济价值。老字号得以在当今社会蓬勃发展的一个重要原因就是这些品牌承载了消费者关于过去的记忆和情感，可以激发人们的怀旧情绪，在快节奏的忙碌生活中给人们一个慢下来回忆过去的宝贵机会。这一功能吸引了人们对老字号及其产品的持续关注和信任，可以给老字号品牌带来较高的商誉，进而扩大老字号企业的无形资产。同时，老字号企业所受到的较高社会关注度和信任感，易于转化为品牌的流量，从而为企业带来收益。

2. 社会价值

老字号代代相传的工匠精神具有一定的社会价值。正如北京老字号同仁堂的古训"炮制虽繁必不敢省人工，品味虽贵必不敢减物力"所言，老字号在产品生产过程中始终坚守着精益求精、毫不敷衍的工匠精神，力求产品臻于完美。然而，当今社会追求效率，企业大多通过流水线集中生产产品，如以前的老字号那样对产品精雕细琢的情况并不多见。正因如此，老字号代代相传的工匠精神更能够提醒人们注重细节、追求完美，赋予了人们在浮躁的快节奏生活中放慢脚步的认知和能力。

3. 文化价值

作为传统文化重要载体的老字号，具备历史文化价值。现存老字号的发端可以追溯至几十甚至几百年前，老字号的技艺、内涵、理念等都受到当时传统文化的熏陶，也与当时社会经济状况紧密相关。可以说，老字号传承至今，传统文化已经深深植入了老字号的品牌文化和经营理念。

许多诞生于明、清两朝的北京老字号，因为曾服务于皇家而吸纳了皇家文化中的精粹，形成了独一无二的文化价值。创立于清朝咸丰年间的内联升原本就是为达官贵人制作朝靴的鞋店。内联升的"内"字指大内宫廷，而"联升"二字则指穿上这双鞋的人可以连升三级。由于清朝显贵大都讲求寓意吉祥，内联升这一名字顺应了人们的心理。时至今日，虽然皇家宫廷已经不复存在，但是内联升及其包含的美好寓意被保留下来。许多北京老字号的技艺也受到了皇家文化的影响。全素斋的创始人尝试"南菜北做"，将素菜做出了荤菜的香味，可谓独树一帜。

4. 品牌价值

较高的知名度以及消费者对老字号的信任赋予了老字号品牌价值。相较于其他新兴品牌，老字号扎根我国多年，有深厚的群众基础，在消费者尤其是中老年消费群体中具有较高的知名度，这种得天独厚的优势是普通品牌难以企及的。消费者往往对耳熟能详、世代相传的老字号品牌有更高的信任度，这一心理增加了老字号拥有的潜在消费者数量。可以说，老字号知名度高、传承度高、受信任度高等优势决定了老字号较高的品牌价值。

二　国际消费中心城市建设下北京老字号的发展机遇

（一）消费新地标提升北京老字号国际知名度

将前门等北京老字号聚集区建设为消费新地标可以提高北京老字号的国际关注度。目前，北京老字号地理位置分布较为分散，不易于吸引大量游客。2021年北京市发布的《北京培育建设国际消费中心城市实施方案（2021—2025年）》指出，要将前门、大栅栏、琉璃厂等地打造为北京老字号聚集地，将前门建设为具备文化特色的消费新地标。

打造北京老字号聚集区，通过老字号的"聚集"实现游客的"聚集"。这一举措的益处主要表现在两个方面。其一，可以通过聚集区吸引想要了解北京传统文化的游客，达到扩大北京老字号知名度、增加营业收入的目的。其二，也可以利用北京老字号聚集区中知名度较高的老字号吸引游客，进而帮助增加聚集区内知名度较低的老字号关注度，促进北京老字号的协同发展。正是因为北京老字号的聚集，如今的前门地区已今非昔比，逐渐成为国内外游客所关注的消费新地标。而前门这一消费新地标的一大特色就是北京老字号云集。借助于"消费新地标"的知名度和客流量,北京老字号的国际知名度能够得到有效提升。

(二)促消费活动拉动北京老字号消费升级

为了助力北京国际消费中心城市建设,近几年北京市商务局和北京老字号协会共同举办了"北京消费季""国潮京品节"等活动。这些活动旨在进一步展现北京老字号的丰富文化底蕴,助推北京老字号发展和消费升级。具体来说,2021年北京市商务局联合100余个老字号、国潮等品牌①,通过开展一系列活动推广老字号和国货精品,有效增加了消费者对北京老字号的了解。根据中国新闻网相关消息,"2022年北京消费季"启动以来,北京市商务局围绕8大板块组织了24个活动以提高老字号等品牌知名度并拉动消费。"2023年国潮京品节",将目光聚焦于老字号跨界创新方面,力求通过大力弘扬国潮文化、宣传北京老字号跨界产品等方式助力北京老字号发展。在"2023年国潮京品节"的开幕式上,北京老字号长春堂推出了二十四节气养生茶集②,将中医内容巧妙融入茶类饮品,在贴合现代生活节奏的同时实现了跨界"焕新"。除此之外,内联升、稻香村、京华茶叶等北京老字号的诸多创新产品也在开幕式上集体亮相,吸引了大量媒体和消费者关注。

(三)数字经济推动北京老字号数字化转型

2008~2022年,我国互联网上网人数不断增加(见图3),全国网上

---

① 《品牌品质　惠享生活　2021北京消费季精彩启动》,北京市商务局网站,2021年5月6日,http://sw.beijing.gov.cn/zwxx/swxx/202105/t20210506_2381138.html#:~:text=%E8%81%9A%E7%84%A6%E5%9B%BD%E6%BD%AE%E6%96%B0%E5%93%81%E7%89%8C%E3%80%81,%EF%BC%8C%E6%8E%A8%E5%B9%BF%E5%9B%BD%E8%B4%A7%E4%BA%AC%E5%93%81%E3%80%82。
② 《北京老字号创新产品亮相2023国潮京品节启动仪式》,新浪新闻网站,2023年5月20日,https://news.sina.cn/2023-05-20/detail-imyumwiq6138132.d.html。

零售额持续较快增长。发展数字经济可以提高北京老字号营业收入和品牌影响力、推动北京老字号品牌国际化。在建设国际消费中心城市的过程中，北京市明确提出要推动直播、电商营销等新业态发展，促进数字经济与实体经济结合。这一举措促使北京老字号利用网络平台介绍和展示商品，实现数字化转型。直播和电商等网络营销手段的优势较为明显：其一，可以吸引数目庞大的线上潜在消费者关注并购买北京老字号商品，提高老字号营业收入；其二，直播这一销售方式非常直观，易于加深消费者对品牌的认知，对于提升品牌影响力和知名度效果显著；其三，使用网上营销手段不需要租借线下场地，营销成本较低。

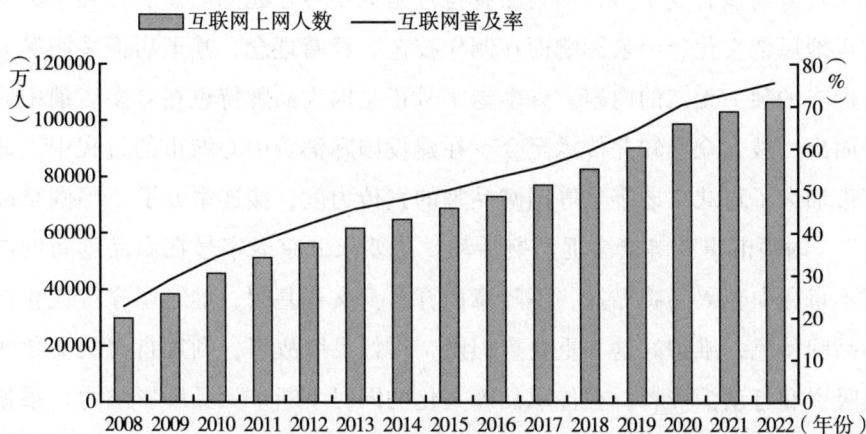

图3 2008~2022年互联网上网人数与互联网普及率

资料来源：国家统计局相关统计数据。

与此同时，北京市积极推动跨境电商发展，促进大数据等数字技术在跨境电商方面的应用，推进建设跨境电商综合试验区、跨境电商体验店等，以提升跨境消费者的消费体验。根据北京市商务局公布的数据，2023年1~5月，北京市跨境电商进出口额同比增长约15%。跨境电商的蓬勃发展可以促进更多老字号商品向国外出口，从而加快老字号国际化进程。

三　国际消费中心城市建设下北京老字号的发展模式

（一）坚守品牌特色

北京老字号需要坚守品牌特色，维护好这一辨识度，走出自己的发展之路。根据北京老字号协会的认定标准，北京老字号的品牌创立时间早于1956年，也就是说各老字号至少已经走过了半个多世纪。北京老字号得以持续经营，很大程度上依靠其独有的品牌特色。"品牌特色"是北京老字号所具有的核心竞争力，因为品牌特色是老字号在起源和发展过程中，受到当地风俗文化等因素影响而在制作技艺、经营理念，甚至店面装潢等方面形成的独一无二的内容。许多老字号正是因为品牌特色在众多店铺中脱颖而出，被大众熟知并传承至今。在建设国际消费中心城市的过程中，北京市加大了对北京老字号等国潮品牌的宣传力度，接连举办了"国潮京品节""国潮市集"等诸多促消费活动。这要求北京老字号在商品创新的同时不盲目向新兴品牌靠拢、不随意抛弃自身文化基因，继续坚守世代相传的品牌特色，维护好这一重要辨识度，讲好品牌故事，利用自身的文化底蕴吸引和打动消费者，在传承品牌文化的同时不断扩大品牌影响力，根据自己的节奏走好发展之路。

（二）坚守工匠精神

北京老字号对工匠精神的坚守，一方面可以铺就老字号未来发展之路，另一方面也可以促进国际消费中心城市的建设。北京老字号吴裕泰的古训"制之惟恐不精，采之惟恐不尽"，是众多老字号所秉承的工匠精神的真实写照。对于北京老字号来说，工匠精神就是在制造每一个商品时精益求精、注重品质、追求完美的态度，其中包含着对购买者负责和爱护自身品牌的可贵精神。正是因为这种精神，北京老字号赢得了一代又一代消费者的信任，形成了较高的品牌忠诚度。在追求效率的现代社会中，这一精神同样重要。

只要企业具有工匠精神，就可以避免产品出现诸如食品安全问题等严重质量问题。在建设国际消费中心城市的进程中，这一精神可以促使品牌方对商品严格把关，提升商品质量，这对促进消费有重大意义。因此，北京老字号对工匠精神的坚守不仅可以维护消费者对品牌的信任度和忠诚度，帮助老字号将发展之路"走实"，还对其他制造业企业乃至国际消费中心城市的建设有深远影响。

（三）创新营销方式

在建设国际消费中心城市的背景下，数字经济发展进程不断加快，根据国家统计局公布的数据，2021 年我国网购替代率已经达到 81.2%，连续七年上升。这给了寻求营销方式创新的北京老字号一个很宝贵的契机。线上、线下同时发力，并适时采取线上与线下营销相结合的灵活手段，无疑是提高品牌知名度的好路径。在市场竞争愈发激烈、众多新兴品牌大量采取线上营销手段进行宣传的当下，过去北京老字号曾秉承的"酒香不怕巷子深"这一营销理念已不再适用。部分北京老字号意识到了宣传滞后的症结所在，纷纷建立了自己的微信公众号、微博账号和官方网站，并积极通过自媒体平台线上直播等方式进行宣传，取得了不错的成效。2020 年"妇女节"当天，北京老字号吴裕泰利用网络直播的方式，4 个小时获得了 10 万元的收入①。但是，仍然有许多北京老字号没有合理利用线上营销手段。根据北京老字号协会 2021 年公布的数据，仅有 84 家北京老字号开展了直播销售，七成北京老字号实现了"触网"。不过令人欣喜的是，这一"触网"比例正在逐年提高。截至 2023 年，已经有超过 100 家北京老字号进行了直播销售，75% 的北京老字号成功"触网"。随着国际消费中心城市建设进程不断推进，借着数字经济突飞猛进的东风，北京老字号数字化转型也驶上了快车道，预计到2025 年将有九成以上北京老字号"触网"，七成以上北京老字号采用线上直

---

① 《老字号全员抗疫　吴裕泰多措并举展国企担当》，人民论坛网，2020 年 4 月 27 日，http：// www.rmlt.com.cn/2020/0427/578170.shtml。

播等数字营销方式推销商品①。

虽然线上营销可以吸引大量在线用户关注北京老字号，但是难以给消费者带来实实在在的体验。为了给消费者带来更好的消费体验，北京市商务局和北京老字号协会组织了诸如"国潮京品节"等众多线下活动，邀请了大量北京老字号品牌参与，取得了不错的成果。未来，线上宣传和线下体验相结合的营销方式必将给北京老字号发展带来更大的机遇。

（四）开展跨界合作

"跨界"是一个近年颇为流行的词条，是指某一属性的主体通过不断融合、渗透进入另一属性主体的运作。互联网经济时代，跨界更加明显、广泛。从应用的广度和取得的效果来看，"跨界"在互联网时代已经成为一种新型且势头强劲的经济元素。在此大背景下，积极推动北京老字号与知名IP跨界合作，也是建设国际消费中心城市的重要内容。

跨界可以帮助北京老字号完善产品种类、扩大产品应用场景。北京老字号虽然具有丰富的文化底蕴，但是老字号品牌大多诞生在相对久远的年代，老字号的商品更贴近过去人们的生活需求。进入21世纪后，部分北京老字号的商品与飞速变化的现代社会需求逐渐脱节。这一客观现实要求北京老字号在商品功效、特点、外观等方面做出创新，而跨界合作就是一种兼收并蓄、收放自如的创新方式。具体来讲，跨界对北京老字号的营销助力主要体现在两个方面。其一，居民人均可支配收入逐年增长，人们的消费结构也发生了变化，更多消费者有能力和意愿购买有文化元素和创意加持的特色消费品。跨界产品往往能够迅速吸引追求时尚、乐于为创意买单的年轻消费者，成功"出圈"。跨界商品在帮助北京老字号在大幅提升销售额的同时也有助于扩大品牌知名度。其二，消费者已不满足于商品的单一化属性，老字号可以利用跨界完善和丰富产品品类，实现产品创新和升级，进一步满足市场多

---

① 《中共北京市委办公厅　北京市人民政府办公厅关于印发〈北京培育建设国际消费中心城市实施方案（2021—2025年）〉的通知》，中华人民共和国中央人民政府网站，2021年9月24日，https：//www.gov.cn/xinwen/2021-09/24/content_5639077.htm。

元化需求。2021 年，北京老字号吴裕泰与中国国家博物馆展开跨界合作，根据博物馆藏品《百花图》中四种鲜花的造型设计茶叶罐罐身，最终推出了花语茶言国博联名礼盒。吴裕泰与国家博物馆的梦幻联动，无疑增加了吴裕泰产品的文化底蕴和价值意义。受国际消费中心城市建设相关政策的带动，2022 年，在国际消费中心城市建设政策支持下，吴裕泰与国家博物馆再度携手，将国家博物馆藏品"四季山水画卷"融入吴裕泰产品，推出了"四季茶礼"。吴裕泰的两次成功"跨界"，丰富了本品牌产品的文化内涵，产品在外观设计上也更富文化特色。这样的合作无疑是成功且颇富想象力的。

有了先行者的引领和示范，北京老字号与各行各业的合作势必更加顺利。展望未来，更加丰富、更加独特、更加精彩的跨界产品有望源源不断地出现在消费者面前。

（五）案例：守正创新的北京老字号——内联升

许多北京老字号敏锐地感受到了时代的滚滚洪流，他们明白不能守着昔日的辉煌停滞不前、故步自封，必须在传承品牌技艺和文化的同时努力调整应对以跟上时代的步伐。在建设国际消费中心城市的政策指引下，内联升在坚守产品制作技艺的同时积极采取跨界，甚至跨行的方式，将线上与线下营销相结合，取得了良好的成效。

作为具有一百余年历史的北京老字号，内联升在创立之初主要为朝廷官员制作官靴，后来以制作千层底布鞋的绝技闻名遐迩。内联升制作千层底布鞋的技艺精巧复杂，总工序超过一百道①，而且对尺寸、手法，甚至力度都有要求。虽然随着时代变迁，内联升复杂的制作工艺使其人力成本与其他同类企业相比更高，但是对于制作工艺的坚守和对品质的追求使得内联升的布鞋声名远扬。

---

① 《中华老字号守正创新十大案例（1）：从朝靴到潮鞋 老字号探索新发展》，中华人民共和国商务部流通业发展司网站，2023 年 1 月 7 日，http：//ltfzs. mofcom. gov. cn/article/bb/202212/20221203374281. shtml。

对技艺的传承和坚守并没有阻碍内联升与时俱进的步伐。一方面，内联升积极推进产品创新，通过创新设计、引入先进技术和材料，以及跨界联名等方式不断将流行元素引入产品的设计和制作过程，力求丰富产品的内涵。此举吸引了大量消费者关注。2016 年，内联升与热映电影《大鱼海棠》展开了一场别出心裁的合作。内联升品牌的设计师巧妙地将《大鱼海棠》电影中空灵而优美的图形加入布鞋外观的设计中，在网络上引起了较大反响，吸引了众多喜爱《大鱼海棠》电影和具有猎奇心理的年轻消费者。大鱼海棠联名布鞋创下了短短两周内销量突破 1600 双的记录①。内联升也依靠着这一爆款联名商品成功"出圈"，逐渐走进大众，特别是具有较高消费潜力的年轻消费者的视野中，成功拓宽了品牌的消费群体。随后，内联升继续展开跨界探索，陆续与迪士尼、王者荣耀、热播剧《如懿传》等知名 IP 展开合作，推出了多款创意布鞋，将"跨界"之路越走越广。除此之外，内联升在产品制作方面并不"倚老卖老"，而是不断吸纳掌握先进国内外时装设计理念的人才加入产品设计团队，在产品设计环节引入潮流设计理念，使得产品更加贴近现代需求和审美。

另一方面，内联升在品牌宣传和推广方面同样紧随潮流，主要采取了线上营销、引流与线下跨行联动宣传的方法。在疫情期间，由于线下门店客流量大大降低，内联升将更大精力投向线上渠道，主要在微博、小红书等用户规模较大的线上平台进行宣传、引流，并积极开展线上直播销售活动。2020年，内联升电商业务的营业收入在销售总额中占比过半②。这个成绩对于作为"电商新人"的内联升而言，可以说是相当亮眼。更为难能可贵的是，线上销售获得的收入帮助公司顺利渡过了疫情这一大难关。在线上销售推广初显成效之时，内联升考虑更多的是如何将内联升这一品牌及其独有的文化

---

① 《中华老字号守正创新十大案例（1）：从朝靴到潮鞋　老字号探索新发展》，中华人民共和国商务部流通业发展司网站，2023 年 1 月 7 日，http：//ltfzs.mofcom.gov.cn/article/bb/202212/20221203374281.shtml。

② 《中华老字号守正创新十大案例（1）：从朝靴到潮鞋　老字号探索新发展》，中华人民共和国商务部流通业发展司网站，2023 年 1 月 7 日，http：//ltfzs.mofcom.gov.cn/article/bb/202212/20221203374281.shtml。

传递给更多消费者。在国际消费中心城市建设政策利好的背景下，作为北京老字号中跨界的"先行者"，内联升抓住机会大胆完成了跨行——2022年，他们在北京商业街区大栅栏开起了"大内·宫保咖啡厅"。在咖啡厅产品设计方面，内联升联动六必居、红螺、信远斋等老字号，将芝麻酱、冰糖葫芦、酸梅汤等古老醇厚的北京味道与咖啡相结合，让历史与潮流碰撞出了别具一格的风味。内联升利用当代高频消费品咖啡吸引年轻消费群体进店消费，进而向消费者传递内联升的品牌特色和品牌文化，成功将目标消费群体进一步扩展，在扩大业务范围的同时进一步提升了品牌影响力。除此之外，与其他老字号的梦幻联动不仅有利于内联升创新产品，还能吸引更多消费者群体的关注，增加门店客流量。

四 北京老字号发展建议

（一）合理把握品牌定位

北京老字号在跨界和创新过程中，需要合理把握品牌定位，以免丢失消费者心目中原本良好的品牌形象。在建设国际消费中心城市政策指引下，越来越多老字号参与了跨界进程。但是，北京老字号扎根北京多年，在部分老北京人心目中的形象已经变得相对固化，如果贸然与风格差异较大的品牌展开合作，可能反而会颠覆老字号已经定型的品牌形象，给消费者留下不伦不类的负面印象，影响老字号未来发展。因此，北京老字号必须通过市场调研、发放线上问卷等方式深入了解消费者对于本品牌的印象，在此基础上确定品牌的定位和品牌界限，牢牢把握住本品牌的文化特色和精神内涵，在跨界合作的过程中保有一定的本色。北京老字号需要本着凸显品牌特色、发扬品牌精神等理念采取合适、合理的方式进行产品创新，力求在满足消费者多元化需求的同时实现本品牌的品牌价值，在潜移默化中改变刻板印象，丰富消费者对品牌的认知。

（二）创新审美意趣表达

北京老字号在产品创新过程中需要将产品原有的传统美学与现代美学相结合，以贴合大众审美情趣。随着时代的演进和东西方文化的交融，现代社会的审美情趣也在悄然发生变化。但是，部分北京老字号在产品设计方面仍遵循着以往固有的审美意趣，忽略了大众审美的变化。诚然，北京老字号的产品特色和文化底蕴是其长盛不衰的重要原因，但是如果北京老字号只是原封不动地传承和坚守品牌流传下来的全部设计和理念，就会逐渐与现代社会脱节，无法满足消费者的需求。因此，北京老字号需要因地制宜，平衡好"坚守"与"创新"，在保留品牌关键特点和内涵的同时，适当推动品牌设计与时俱进。换言之，北京老字号在坚守品牌特色的同时也要追求品牌审美意趣的创新化和现代化表达。例如，生产服饰的老字号可以在保留产品中原本具有的中式特色图案的同时，摒弃设计中更偏向传统中式审美的、具有较高饱和度的颜色和较为烦琐的设计，将现代元素融入服饰产品，使其风格更为简约、干练。如此一来，就达到了通过将中式审美意趣进行创新表达更好地满足大众着装需求的目的，在增加产品的实用性的同时也向社会展现了本品牌的特色，最终做到在创新中有所坚守、在坚守中有所创新。

（三）创新消费体验场景

北京老字号可以通过创新线上和线下消费体验场景，让消费者深入领略品牌文化和工匠精神。目前，我国大力弘扬工匠精神，但是数代坚守工匠精神的北京老字号在宣传过程中却更多将其作为一个标签或口号，难以让消费者产生实质性的联想，无法拉近与消费者的距离。为此，北京老字号可以围绕创新消费体验场景做出尝试。在线下消费场景的创新方面，老字号可以通过组织制作体验活动、开展制作比拼等方式，让消费者亲身体验产品制作工艺流程，感受老字号产品制作工艺的繁复和精细，以及匠人们在制作过程中一丝不苟、精益求精的精神。线下活动带给消费者独特的消费体验，以及品牌方对工匠精神的推崇可以内化为消费动力，进而帮助品牌拓宽销路。在线上消费场景创新方面，老字号可以通过拍摄短视频、制作生产工艺流程图、邀请匠人直播讲解产品制作过程等方式，将产品制作过程中复杂而精巧的流程在商品购买界面展现给消费者，让追求品质、精益求精等宣传标语立体化，将工匠精神切实传达给消费者。拥有深厚文化底蕴的老字号进行消费体验场景创新，一方面可以带给消费者独具特色的消费体验，帮助他们将本品牌产品与其他同类商品区分开来；另一方面也能够达到增加消费动力、激发消费者消费热情的目的。

历经半个多世纪的沧桑，北京老字号穿越长长的时光隧道，身披熠熠闪烁的光环，迈着沉稳而坚毅的步伐，走进了我们所处的新时代。在"坚守"与"焕新"中，北京老字号依旧彰显着自己的品牌价值。毫无疑问，这是一笔宝贵的财富。相信在国际消费中心城市建设的大背景下，北京老字号一定会历久弥新，焕发出勃勃生机。

参考文献

赵勇：《全媒体时代背景下老字号企业的营销新模式》，《老字号品牌营销》2022 年第 1 期。

杨越明：《老字号：在传承与创新中找寻平衡发展之道》，《人民论坛》2022 年第 14 期。

付元、王欣平：《跨界营销——老字号品牌创造价值新路径探索》，《老字号品牌营销》2022 年第 8 期。

孙一元：《守正创新：汇聚老字号"不老"源泉》，《上海国资》2022 年第 4 期。

李艳萍：《数字经济背景下老字号品牌建设策略思考》，《老字号品牌营销》2022 年第 9 期。

陈运健：《浅谈做强做优北京老字号面临的形势及建议》，《现代商业》2016 年第 18 期。

孙改萍：《老字号品牌焕新策略探析》，《中国广告》2022 年第 4 期。

B.15
推动北京文旅消费高质量发展的
路径和对策分析*

王海文　孙柳明**

摘　要：　当前北京文化旅游消费市场强劲复苏，文旅产品覆盖消费全业态，文旅品牌打造成果凸显。但同时还存在文旅消费主体有待进一步多元化，文旅消费支出结构有待持续优化，文旅消费区域空间有待进一步拓展等不足。为此要从政策、供给、需求、开放等路径推动北京文旅消费高质量发展，重点关注政策顶层设计、供给侧改革、需求侧管理以及数字科技应用等。

关键词：　文旅消费　高质量发展　北京

　　文旅消费对北京文化和旅游深度融合以及高质量发展具有重要意义。《北京市"十四五"时期文化和旅游发展规划》指出，要"全面促进文化和旅游消费"，"深入挖潜文化和旅游传统消费"，"着力促进文化和旅游新型消费"。2022年8月，北京市文化和旅游局发布《关于促进文化和旅游业恢复发展的若干措施》，同年9月又印发《北京市扩大文化和旅游新消费奖励办法》。该奖励办法提出，"立足首都发展实际，加大文旅消费供给侧改革

　　* 本文系北京市习近平新时代中国特色社会主义思想研究中心项目"到2035年建成社会主义文化强国研究"（项目编号：21LLMLB019）阶段性成果。
　　** 王海文，北京第二外国语学院教授、首都国际服务贸易与文化贸易研究基地研究员、经济学院副院长，主要研究方向为国际文化贸易、国际服务贸易；孙柳明，中国商务出版社编辑。

力度，丰富文旅产品供给，积极培育新产品、新场景、新业态、新商品，推动文化和旅游深度融合，实现高质量发展"。虽然北京文旅消费受到新冠肺炎疫情的严重影响，然而总体来看依然表现出强劲的发展韧性。如何在疫情之后加快推动北京文旅消费高质量发展，着力建设国际消费中心城市，助力北京"五子联动"和"四个中心"城市功能的深化成为当前及今后北京文化和旅游产业高质量发展的重要问题。

一　北京文旅消费发展的现状

（一）文化旅游消费市场强劲复苏

伴随防疫政策优化调整，以及在全力推动经济社会高质量发展的政策指引下，北京文旅消费市场复苏态势明显。就旅游市场状况而言，2023 年北京市第一季度接待游客总量 5896.2 万人次，相较于 2019 年第一季度的6510.3 万人次，已恢复到 2019 年同期水平的 90.6%；旅游总收入 1033.5亿元，相较于 2019 年第一季度的 1234.4 亿元，已恢复到 2019 年同期水平的 83.7%[①]。2023 年北京市第一季度接待游客总量已恢复到 2019 年同期水平的 90.6%，旅游总收入已恢复到 2019 年同期水平的 83.7%。从假期表现看，依据北京市文化和旅游局发布的公告，2023 年春节假期期间，北京市接待游客总量 712.8 万人次，恢复至 2019 年同期水平的 88%，旅游总收入74.6 亿元，恢复至 2019 年同期水平的 91%；"五一"假期期间，北京市接待游客总量 912.8 万人次，比 2019 年同期增长 6.6%，旅游总收入 134.6 亿元，比 2019 年同期增长 13.9%；端午节假日期间，北京市接待游客总量518.59 万人次，比 2019 年同期增长 2.1%，旅游总收入 3.1 亿元，比 2019年同期增长 5.8%。[②]

---

① 数据来源：北京市文化和旅游局统计信息，https：//whlyj. beijing. gov. cn/zwgk/zxgs/tjxx/。
② 《北京市旅游市场总体情况》，北京市文化和旅游局网站，2023 年 5 月 17 日，http：//whlyj. beijing. gov. cn/zwgk/zxgs/tjxx/lyzt/202305/t20230522_ 3109298. html。

此外，依据北京市统计局发布的信息，2023年上半年，北京市居民人均教育文化娱乐支出1658元，同比增长13.0%。① 与此同时，2023年上半年，北京市旅游总收入2602.6亿元，已超过2022年全年北京市旅游总收入，达到2019年全年北京市旅游总收入的62.5%②，恢复态势强劲。北京文旅消费市场基础厚实、韧性大，消费者消费意愿强烈，下半年还有暑假、中秋和国庆假期来提高北京文旅消费市场的活跃程度，按照当前增长趋势，2023年北京文旅消费市场有望完全恢复至2019年同期水平。

（二）文旅产品覆盖消费全业态

随着文化和旅游融合程度不断加深，文旅新业态不断涌现，文旅产品所覆盖范围不断扩大。以北京网红打卡地推荐分类为例，自然景观类、人文景观类、文化艺术类、街区园区类、阅读空间类、餐饮及新零售类、科技创新和数字经济类、夜间消费类、新消费场景类、酒店及精品民宿类等十类成为文旅消费的重要指向。在创新文旅产品的过程中，"民选"网红打卡地逐渐进入来京游客的视线。这些网红打卡地不仅包括了传统的人文景观、自然景观和餐饮购物打卡点，还囊括了能体验北京文化生活的文化艺术、街区园区、阅读空间和夜间消费等休闲文化旅游地点，有力促进了北京文旅融合进程，对提升北京文旅消费高质量发展水平具有积极意义。

近年来，夜间消费、数字经济、新零售等成为北京文旅消费的亮点，进一步拓展了文旅消费的外延。北京着力推进夜间消费类文旅产品的发展，反映了游客对北京文旅消费场景的需求不断升级，具有更丰富精神文化需求的游客渴望体验这座城市的白天与黑夜，夜间消费是深挖游客消费潜力的有效手段。经过4年的培育建设，北京已拥有14个"夜京城"特色消费地标、38个"夜京城"融合消费打卡地和30个"夜京城"品质消费生活区，这使北京的夜间消费场景更鲜活、夜间消费供给更多元、夜间消费条件更便

---

① 《2023年上半年全市居民人均消费支出同比增长8.7%》，北京市统计局网站，2023年7月19日，http://tjj.beijing.gov.cn/tjsj_ 31433/sjjd_ 31444/202307/t20230719_ 3165262. html。
② 北京市文化和旅游局统计信息，https://whlyj.beijing.gov.cn/zwgk/zxgs/tjxx/。

利，全面激发了夜间消费潜力。① 随着数字经济的发展，数字科技的创新和应用成为文旅融合的强力引擎。北京世园会在科技文旅方面做出了应用示范。奇幻光影森林将中华传统文化、自然景观与科技融合在一起，利用AR、人工智能、虚拟视觉、人机互动、新媒体技术等先进技术打造光影视觉盛宴。部分景点还举办了类似光影活动，用数字技术为游客构建出新型休闲娱乐消费场景，为景区增添了科技魅力。而新零售以"商品+服务"形式为特征，覆盖线上线下双渠道，极大地丰富了游客的购物选择。例如同仁堂的新零售店铺——知嘛健康，集健康餐饮、养生医馆、社交文娱于一体，游客可在这里吃药膳、喝草本咖啡，甚至可以定制个人身体调理方案，创新式地将健康与文旅融为一体，拓宽了游客的文旅消费范围。

（三）文旅消费生态新格局初显

北京文旅消费融合强化，并在供给侧与消费侧共同发力、互融互动，产业链、供应链和创新链持续延伸完善，以及区域空间协同水平不断提升的过程中，其系统性、协同性和创新性等不断加强，进而为文化消费生态新格局的构建奠定了坚实的基础。一方面，文旅消费全业态的扩大、完善和升级成为北京文旅消费生态新格局的重要业态基础；另一方面，空间拓展和协同水平提升成为北京文旅消费生态新格局的重要空间体现。

例如朝阳区内有 4 个国家级夜间文化和旅游集聚区，分别是 798 ~ 751 艺术街区、亮马河国际风情水岸、北京欢乐谷、朝阳大悦城。同时区内还集中了北京市半数以上的消费商圈和"夜京城"地标，为充分挖掘游客的夜间消费潜力奠定了良好基础。东城区的文旅消费充满了"老北京"的味道。东城区内的前门大街是老北京传统风貌、历史古迹、非物质文化遗产保存完整的地区之一，经过近些年来的合理业态布局，这里成为兼具历史魅力和现代活力的新商圈，为丰富游客的文旅消费内容树

---

① 《2023 北京消费季夜京城正式启动 环球影城入选特色消费地标》，北京市通州区人民政府网站，2023 年 5 月 11 日，http://www.bjtzh.gov.cn/bjtz/fzx/202305/1650075.shtml。

立了榜样。密云区的古北水镇依托长城文旅资源着力发展夜间经济，其以"长城下的星空小镇"为标签，围绕长城不断开发夜游文化资源，让白天攀登长城的游客得以欣赏夜间长城的魅力。海淀的华熙LIVE五棵松是北京夜间消费最早的热点之一，是人气颇高的夜间活动场所，已成为年轻、活力夜生活的代名词，不断吸引着年轻游客前来体验。而京津冀三地倡议共同推动文旅融合协同发展走深走实更成为北京文旅消费生态新格局构建的强劲动力。

同时北京环球度假区、街区园区等重要文旅聚集区和增长极对于北京文旅消费生态新格局发展正在发挥积极作用。文旅集聚经济不仅将带动餐饮、购物、娱乐等服务行业发展，还会推动交通、商业、广告、文创等产业发展，由此构成巨大的消费生态体系，还将促进北京文旅城消费的新地标、城市的新名片的形成，体现出北京文旅消费生态新格局构建和高质量发展的活力和广阔前景。

（四）文旅品牌打造成果突出

文旅品牌打造是推动文旅消费高质量发展的必然要求。北京在推动文旅业态创新、促进文旅消费的过程中，高度重视品牌的培育和打造。例如"动漫北京"作为我国北方规模最大、具有全国影响力的动漫游戏盛会，依托北京雄厚的动漫游戏产业基础，于2012年首次创立并延续至今，每年不仅吸引众多动漫爱好者，同时还吸引广大海内外企业参与，由此为北京带来大量的文旅消费客源，还实现了文旅消费场景的创新。而"北京礼物"旅游商品及文创产品品牌则为游客购买纪念品提供了更多选择，从2011年推出至今，不断提高产品品质，扩大品牌影响力，有效满足了游客的文旅消费需求。此外，"故宫以东"文旅品牌，整合东城区文旅消费场景，塑造区域文旅品牌形象，将文化资源转化为区域发展优势，成功将东城区打造为北京热门文旅目的地。这些文旅品牌的打造彰显近年来北京在促进文旅消费中所取得的成绩。

二　北京文旅消费高质量发展存在的不足

（一）文旅消费主体有待进一步多元化

从消费主体来看，北京文旅消费主体主要包括外省游客、在京市民和入境游客。北京旅游总收入主要由国内旅游收入和国际旅游收入构成，其中国内旅游收入又分为外省游客来京旅游收入和在京市民旅游收入。依据相关统计数据，入境游客消费和在京市民消费所占比重远远小于外省游客在京消费。以 2019 年为例，外省游客来京旅游收入 5306.9 亿元，约占旅游总收入的 85%；国际旅游收入 358.4 亿元，约占旅游总收入的 6%；在京市民旅游收入 559.2 亿元，约占旅游总收入的 9%（见图 1）。同年在京市民游客数占北京市国内游客总量的 39.4%，但在京市民旅游收入仅占北京市国内旅游收入的 9.5%，在京市民旅游人均消费 455 元。[①] 结合图 2 可以看出，虽然外省来京游客数占比较大，但并未呈现压倒性的态势，在这一基础上，在京市民旅游收入在北京旅游总收入中的占比就显得过小了。由此看出，外省游客在京消费是北京旅游收入增长主要支撑力量，在京市民游客的数量优势未能从在京市民旅游收入上反映出来，在京市民旅游消费潜力未得到有效释放。

就入境旅游来看，北京市文化和旅游局统计数据显示，1978 年，北京接待入境游客 18.7 万人次，1987 年突破百万人次，此后在 1993 年、2002 年和 2007 年先后突破 200 万人次、300 万人次和 400 万人次（见图 3）。2008 年，北京奥运会的顺利召开向世界展示了中国发展的新面貌，入境游客数再次攀升，于 2011 年顺利突破 500 万人次。但在 2011 年之后，北京市入境游客数开始呈现下降趋势。与此同时，北京市国际旅游收入在 2011 年

---

① 《2019 年北京旅游市场总体向好　保持增长》，北京市文化和旅游局网站，2020 年 2 月 9 日，http：//whlyj. beijing. gov. cn/zwgk/zxgs/tjxx/history/2020/202002/t20200209_ 2449620. html。

（亿元）

图例：□ 在京市民旅游收入　■ 外省游客来京旅游收入　■ 国际旅游收入

年份	在京市民旅游收入	外省游客来京旅游收入	国际旅游收入
2015年	286.8	3933.0	387.3
2016年	337.0	4272.0	412.0
2017年	346.6	4674.0	448.7
2018年	365.0	5077.9	478.2
2019年	358.4	5306.9	559.2
2020年	33.1	2513.9	367.0
2021年	27.8	3657.7	480.7
2022年	29.3	2120.4	370.5
2023年第一季度	13.7	906.5	113.3

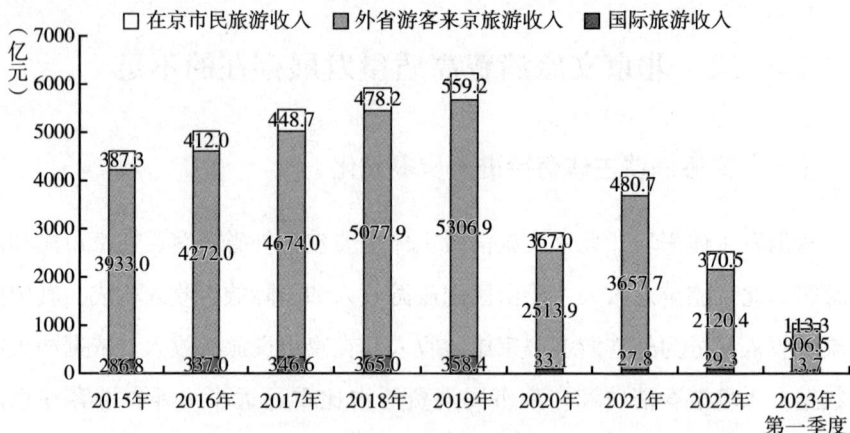

图 1　北京市民在京旅游、外省游客来京旅游、国际旅游收入情况

资料来源：北京市文化和旅游局。

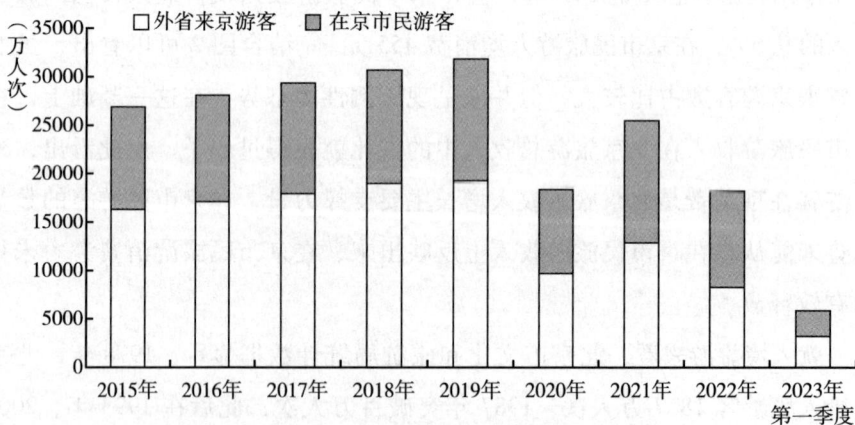

（万人次）

图例：□ 外省来京游客　■ 在京市民游客

图 2　北京市民在京游客、外省来京游客情况

资料来源：北京市文化和旅游局。

前呈现整体增长的趋势，但在 2011 年之后开始波动，在 2016~2019 年北京市国际旅游收入始终保持高位，其中 2018 年的国际旅游收入与 2011 年基本持平。此外，从入境游客人均消费情况来看（见图 4），1994~2015 年，入

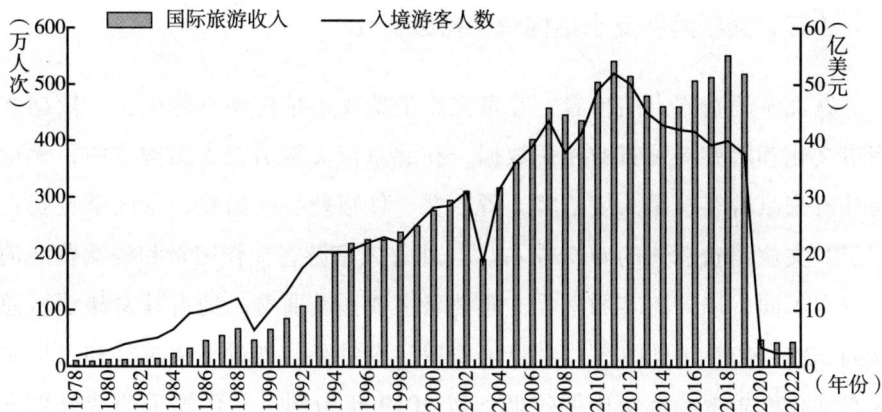

图3 1978~2022年北京市国际旅游收入、入境游客人数情况

资料来源：北京市文化和旅游局。

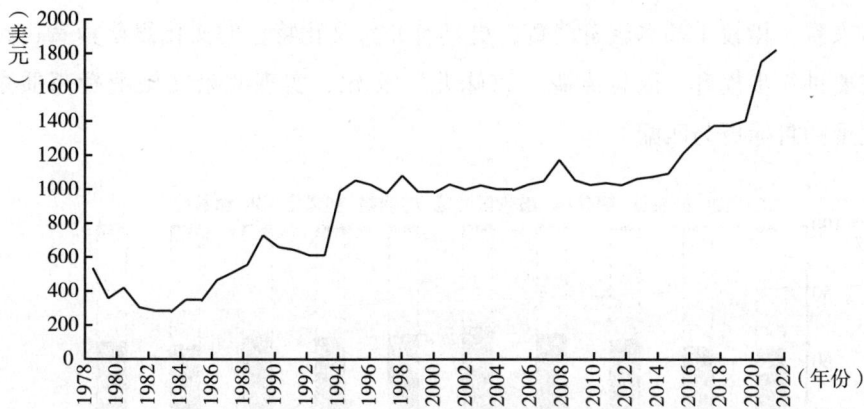

图4 1978~2019年北京市入境游客人均消费情况

资料来源：北京市文化和旅游局。

境游客人均消费长期稳定在1000美元左右。① 入境游客来京消费增长乏力反映了，北京在挖掘入境游客消费潜力上还存在不足。

---

① 《改革开放40年北京旅游业发展回顾》，北京市人民代表大会常务委员会网站，http：//www.bjrd.gov.cn/fwhd/bjrdzz/bjrdzz2019/bjrdzz201901q/zqzz201901/202101/t20210105_ 2198846.html。

（二）文旅消费支出结构有待持续优化

就文旅消费支出结构看，北京文旅消费支出结构还有待优化。依据北京市文化和旅游局发布的相关数据，在北京市文旅消费支出构成中，无论是外省来京游客还是入境游客，餐饮费、住宿费、交通费、景区游览费占到了其文旅消费总体的60%左右。与外省来京游客在住宿费和餐饮费上消费较多不同，境外游客的基本文旅消费主要是交通费，约占其文旅消费总体的30%~40%（见图5、图6）。值得注意的是，外省来京游客和入境游客在文化娱乐上的消费比例较低。以2019年为例，文化娱乐消费分别占外省来京游客、入境游客、市民在京游客旅游消费的2%、1.4%和5.9%。过低的文化娱乐消费比例反映了北京文旅市场缺乏与市场需求相匹配的文化娱乐旅游产品供给，并且现有的文化娱乐旅游产品质量也有待提升。整体来看，相较于基本旅游消费，更具有北京文化特色的文化娱乐消费占比需要进一步提升，以与传播"京味儿"文化、实现北京文旅消费高质量发展的目标更为匹配。

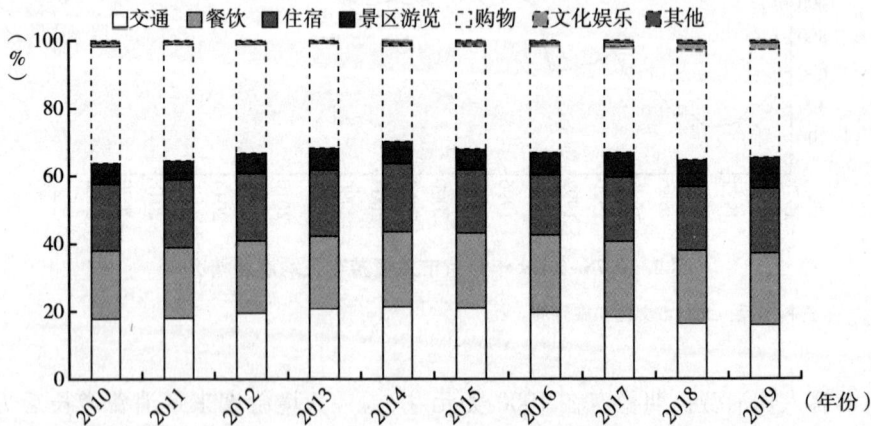

图5　2010~2019年外省来京游客消费分项情况

资料来源：北京市文化和旅游局。

□交通 □餐饮 ▨住宿 ▩景区游览 ▢购物 ▦文化娱乐 ▧其他

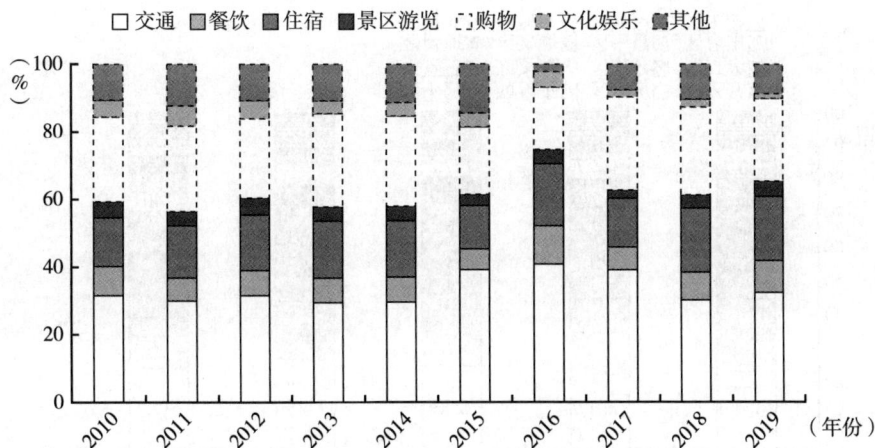

图6 2010~2019年入境游客消费分项情况

资料来源：北京市文化和旅游局。

（三）文旅消费区域空间有待进一步拓展

从北京文旅消费的区域性来看，东城、西城、朝阳、海淀、丰台五个区的旅游收入已占北京旅游总收入的80%左右，同时，这五个区的旅游收入均突破百亿元（见图7）。其中，东城、西城和朝阳三个区的旅游收入已突破千亿元。东城、西城、海淀是古都文化和京味文化最具代表性的区域，拥有故宫、天坛、颐和园、大运河等世界文化遗产和各类A级以上景点；朝阳区则拥有丰富的"双奥"资源和以798艺术区为代表的特色文化产业园区；丰台区则凭借其区位优势，吸纳外地游客。而其余11个行政区，除了慕田峪长城所在的怀柔区和八达岭长城所在的延庆区等拥有著名景点外，其余各行政区尚未能对外地游客产生充足的吸引力，其文旅市场更多是吸引本市居民的休闲旅游。更重要的是，京津冀协同发展需要进一步提升区域文旅协同发展，由此为北京文旅消费高质量发展开辟更加广阔的空间。

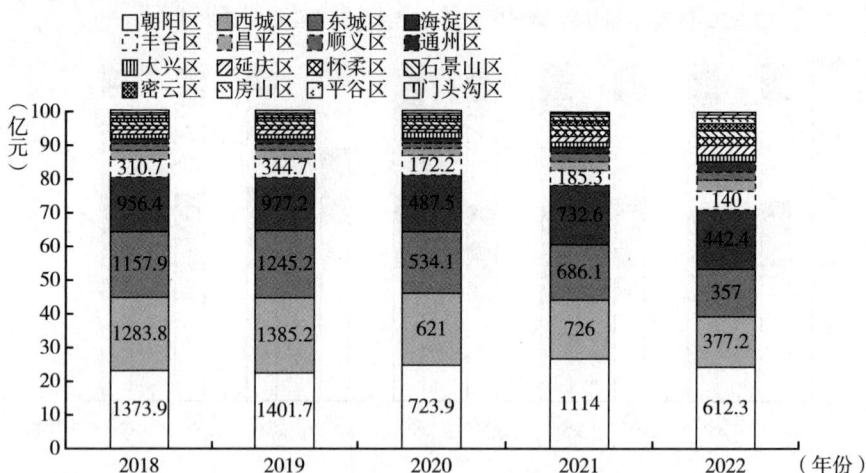

图7　2018~2022 年北京市各区旅游收入构成

资料来源：北京市文化和旅游局。

三　北京文旅消费高质量发展的路径

（一）从战略引领与政策协同方面持续发力

北京文旅消费高质量发展要置于首都乃至国家经济社会高质量发展的大背景、大环境中，以及战略任务、政策实施的目标和任务中，深入贯彻新发展理念，研究国家重大战略、北京战略功能定位的实施路径，不断强化北京文旅消费的战略指向和功能跃升，拓展北京文旅消费发展的战略空间，增强其高质量发展的战略动力。同时要加强相关政策的协同性，诸如 2020 年 6月，北京市委、市政府发布《关于加快培育壮大新业态新模式促进北京经济高质量发展的若干意见》，提出北京将继续推进文化国际交流合作，扩大旅游开放，扩大文化旅游消费；2021 年 1月，北京市委宣传部发布《文化旅游领域"两区"建设工作方案》，提出促进文旅消费升级；2023 年 4月，北京市商务局印发《加快恢复和扩大消费持续发力北京国际消费中心城市建设 2023 年行动方案》等，形成明显的政策叠加、协同效应。同时推动"五子联动"，将国际消费中心城市、全球数字经济标杆城市、世界演艺之都、国际会展之都等建设统筹起来，深入探究文旅消费在其中的意义和作用，进一步调动各方力量，形成协同合力，为北京文旅消费提供强有力政策支持，由此拓展北京文旅消费高质量发展的政策路径。

（二）将文旅消费供给侧改革放在更加重要位置

供给侧改革的持续深化是北京文旅消费高质量发展的关键影响因素。北京文旅消费主体多元化及消费支出结构优化方面存在不足，其重要原因在于北京文旅产品和服务供给尚难以满足消费者的差异化需要，难以适应文旅发展新阶段对相关供给侧改革的要求，难以跟上更加激烈的市场竞争和更为广泛的区域协同的步伐。因此要丰富文旅产品和服务供给，提升供给能力、质量和水平，强化供给的差异性、协同性、共享性、开放性和竞争性，持续加强北京文旅消费供给侧改革的系统性，进一步推动北京文旅消费业态创新、新格局构建及品牌打造，彰显北京文旅消费特色和优势，由此拓宽北京文旅消费高质量发展的供给侧空间。

（三）加大对文旅消费需求侧管理和支持力度

文旅消费高质量发展不仅需要供给侧的保障，同时还需要高效需求侧管理的推动。需求侧管理水平的提升不仅有利于供给侧改革的深入实施，促进文旅产品和服务供需的高效及时对接和有效双向互动，形成广阔的文旅供需市场，而且有助于及时精准把握文旅消费主体的消费意愿、特征、能力、途径、方式和效果，解决消费的难点、堵点问题，补齐文旅消费的短板。同时立足北京在数字经济、平台经济和共享经济等方面的优势，加大跟踪支持力度，增强文旅消费需求侧管理的效能，提升文旅消费、特别是数字文旅消费治理水平。此外，通过加大文旅消费需求侧管理和支持力度，提升文旅消费者文旅消费能力，引导其理性消费，形成良好的文旅消费氛围和消费文化，破解北京文旅消费主体结构问题，使文旅消费支出更加多元化，打通北京文旅消费高质量发展的需求侧路径，实现其与供给侧路径的高水平对接。

（四）积极构建文旅消费高质量发展的新格局

北京文旅消费高质量发展要立足新发展阶段，构建新发展格局，高水平扩展文旅消费高质量发展的市场格局、产业格局、区域格局和贸易格局，培育北京文旅消费高质量发展的增长极和集聚区，推动北京文旅消费在标准、规则、时尚等方面的引领性，持续提升北京文旅消费的魅力及全球竞争力和影响力。一方面，要建设全天候、突破时空限制、便利高效的线上线下消费市场，提升北京文旅消费的全球市场联通性和交互性，促进文旅产业融合、结构优化、链条完备的供需生态系统的形成，推进形成京津冀协同、辐射全国、面向世界的文旅消费交易格局。另一方面，要促进对文旅消费中新现象、新问题的跟踪解决，特别是形成具有示范性、引领性的行业秩序，从而开创北京文旅消费高质量发展的康庄大道。

四 推动北京市文旅消费高质量发展的对策建议

（一）进一步加强政策顶层设计，强化政策合力和战略引领

文旅消费高质量发展涉及面广、链条长、环节复杂，相关产业交叉融合，利益主体多元，促进经济社会发展的有关规划、意见、措施、办法等皆涉及此。这一状况从北京现有相关文件可窥一斑。然而作为消费经济研究的重要分支领域，文旅消费具有自身的规律性和一定的独立性，这就需要加大研究支持力度，以便为相关决策提供智力支持。更重要的是要进行专门的政策顶层设计研究，针对北京文旅消费当下及中远期发展目标制定规划，进而形成与北京城市功能定位和长远发展相一致的，关涉政策目标、工具、实施路径、保障措施等方面的系统性的政策顶层设计。其中，关于北京文旅消费的系统性促进措施、激励奖励措施，特别是针对文旅消

费的堵点、难点及存在的不足和问题方面的针对性意见和措施尚较缺乏。同时要充分考虑已有及即将制定的政策意见对文旅消费的促进和支持作用，进一步进行政策梳理，以破解关键环节为指向，强化政策的叠加效应，同时又要避免重复低效的指引和促进。要充分考虑战略引领，从而能够准确把握文旅消费的趋势和重点，更好服务北京经济社会发展大局。

（二）加大供给侧改革力度，构建文旅供需高效互动体系

文旅消费供给侧改革既要重视供给的量，更要彰显供给的质。要深入全面研究国外文化强国、旅游强国在文旅消费方面的发展态势及存在的普遍问题，研究文旅消费中蕴含的一般规律。同时立足我国及北京的实践，促进具有中国和北京特色文旅消费供给支持和创新体系的建设。一方面，要加强对文旅消费基建，特别是新基建条件的支持，创造良好的文旅消费供给文化和营商氛围；另一方面，要在文旅消费全业态基础上进一步加大改革创新力度，促进文旅消费新业态、新模式的持续涌现。要在供给侧改革的同时加大需求侧管理，以供引需、以供促需、以需强供、供需互动，借助平台力量、数字技术等，形成文旅消费供需的双向高效互动。要打破供需堵点，突出公共文化消费供需的公平性和服务保障水平，突破供需时空限制，缩小城乡区域差别，着力构建以保障文旅消费关键环节为支撑的供需高效互动体系，持续提升文旅消费供给的差异性、协同性、共享性、开放性和竞争性。要持续打造文旅消费品牌、名牌，使文旅消费对北京国际消费中心城市、世界演艺之都、国际会展之都等的建设提供强有力支持。

（三）提升需求侧管理水平，构建文旅消费生态新格局

文旅消费范围效应突出。要依据需求特征、需求状况、供需互动需要等针对性地破解需求侧管理难点。尤其是在数字经济背景下，一方面，要针对线上消费和虚拟消费空间等的发展规律和特殊性进行深入研究，不仅保护消费者权益，还要保障文旅消费的顺利实现；另一方面，要从数字文旅消费治理的高度，将文旅消费需求侧管理纳入文化和旅游治理能力和水平提升的大

环境，探索人人参与、人人治理等路径。要增强不同区域的联动性、协同性和共享性，提高产业互融、互动、互促的水平，构建以产业链关键环节为支撑，以集聚区和增长极为引领，以区域辐射、互联互通为特征，以文化为特色的文旅消费生态新格局，全面彰显北京文旅消费的包容性、前沿性，以及高质量发展的潜力和韧性。

（四）加大数字科技应用力度，构建文旅消费开放新格局

北京文旅消费要顺应数字经济发展的趋势，加大数字科技的应用力度，提升文旅消费数字化发展水平。通过数字科技的应用，大幅提升文旅消费的市场规模，有效增强北京文旅消费的全球辐射力和贸易水平，提升文旅消费的规模经济、范围经济水平，增强其长尾效应，同时拓展海外传播渠道，积极举办各种会展文化活动，不断增强北京的城市文化曝光度，用更丰富多元的文旅消费场景向海外潜在游客传递真实、立体的城市形象，吸引更多国际游客到来。此外，要在文旅消费数字化领域引领时尚，推动相关规则、标准的制定，推动全球合作，构建从产业、贸易、区域、世界等多个层次着眼的文旅消费开放新格局，扎实实现北京文旅消费高质量发展。

参考文献

白靖舒、杨小兵、马铭波：《促进旅游产业转型升级　提升北京旅游消费水平》，《投资北京》2013 年第 10 期。

李鹏、邓爱民：《"双循环"新发展格局下旅游业发展路径与策略》，《经济与管理评论》2021 年第 5 期。

张玉蓉、蔡雨坤：《数字文旅产业高质量发展的契机、挑战与对策研究》，《出版广角》2022 年第 7 期。

人民论坛杂志社课题组：《后疫情时代公众对北京文旅融合发展的新期待》，《人民论坛·学术前沿》2021 年第 13 期。

宋瑞：《经济新发展格局下促进旅游消费的思路与方向》，《旅游学刊》2021 年第 1 期。

B.16
后奥运时代北京冰雪产业
高质量发展研究

李艳丽 李 垚 孙珍妮*

摘 要： 北京2022年冬奥会激发了北京冰雪市场潜力。目前，北京从政策红
利、区域资源配置、城市消费活力、冰雪产业发展、奥运文化传播
等方面为后奥运时代北京冰雪产业高质量发展打下了坚实的基础。
同时，丰富的奥运遗产、巨大的冰雪消费市场，以及北京国际消费
中心、国际体育名城、科技创新中心的建设，都为赛后北京冰雪产
业发展提供了良好机遇。但北京冰雪产业也面临着冰雪场地运营能
力不足、产品服务标准缺失、本土品牌优势较弱、冰雪人才短缺等
问题。因此，本研究提出相关建议：充分利用城市奥运遗产，为冰
雪产业发展注入新动能；立足国内体育消费需求，增强品牌创新意
识；推进冰雪领域标准化建设，提升国际市场话语权；加大冰雪人
才要素投入，助力人才培养提档升级；等等。

关键词： 冰雪产业 高质量发展 后奥运时代 奥运遗产

作为国际上首个举办过夏季和冬季奥运会的"双奥之城"，北京不仅为
世界呈现了一场精彩绝伦的体育盛会，为国际奥林匹克运动贡献了中国力
量，同时，在此过程中北京也积累了种类多样、内涵丰富的奥运遗产，为城

---

* 李艳丽，博士，北京体育大学体育商学院教授、博士生导师，主要研究方向为体育经济与产
业；李垚，北京体育大学博士研究生，主要研究方向为体育经济与产业；孙珍妮，北京交通
大学硕士研究生，主要研究方向为体育经济与风险管理。

市冰雪产业发展奠定了坚实基础。在后奥运时代，北京市不断深化对奥运遗产的开发利用，持续挖掘京张地区等地冰雪资源，积极推动奥运精神与城市历史文化的深度融合，促进了城市冰雪产业的跨越式发展。为进一步释放奥运经济活力，北京市以推进冰雪产业高质量发展为抓手，充分利用国家体育产业及城市营商环境政策红利，有效配置周边区域资源，冰雪产业链条发展趋于完善，城市冰雪消费活力稳步提升。在此发展基础上，北京市将牢牢把握时代机遇，通过不断创新运营模式搭建冰雪消费新场景，立足国内消费需求的同时，以开放包容的国际视野提升产品服务质量、培养冰雪产业人才，用冰雪赋能城市发展，打造新的经济增长极。

一 后奥运时代北京冰雪产业发展现状

（一）政策红利持续释放

体育政策是政府引导体育产业发展、提升体育消费水平的有力工具。为了做好后冬奥文章，持续发挥"双奥之城"独特优势，2023年北京市有关冰雪产业发展相关政策文件相继出台（见表1）。用好北京冬奥遗产、大力发展冰雪产业、提升冰雪消费是2023年北京市重点工作任务。通过推进落实各项政策，一方面促使北京营商环境不断优化、冰雪消费市场得到有效培育；另一方面，发挥各项政策"指挥棒"作用，为冰雪产业发展指明方向。北京市冰雪产业相关政策多点发力，在政策红利引导下，冰雪市场不断朝着规范化、标准化和精细化方向发展。

表1 2023年北京市发布的冰雪产业发展相关政策文件

序号	发文机构	政策文件名称
1	北京市人民政府	《2023年市政府工作报告重点任务清单》
2	北京市体育局	《北京市2022年群众体育工作总结和2023年重点工作安排》
3	北京市社会体育管理中心	《2023年北京市社会体育工作思路和重点任务》

续表

序号	发文机构	政策文件名称
4	北京市体育局	《2023 年北京市体育工作要点》
5	北京市体育局	《2023 年北京市体育产业与行业管理工作要点》
6	北京市体育局	《关于落实助企纾困政策加快促进体育行业企业恢复发展的若干措施》
7	北京市人民政府办公厅	《北京市全面优化营商环境助力企业高质量发展实施方案》
8	北京市体育局	《2023 年北京促进体育消费工作方案》

资料来源：根据北京市人民政府官网、北京市体育局官网数据整理。

（二）区域资源有效配置

1. 京津冀冰雪产业一体化发展

自 2014 年京津冀协同发展上升为国家战略以来，京津冀三地通过优势互补，在政治、经济、社会文化生活等方面展开密切协作，积累了较为深厚的区域体育产业基础，区域发展总指数显著提升。2022 年北京冬奥会成为京津冀冰雪产业协同发展的重要契机，激发了冰雪产业市场活力，同时京津冀三地利用区域产业集群效应，促进了区域间场馆运营、冰雪赛事服务、冰雪运动培训、冰雪旅游、冰雪装备研发制造等一系列产业经济发展。2023 年 7 月 1 日，京津冀三地体育局在 2023 京津冀体育产业大会上签订了《深化京津冀体育产业协同发展战略合作协议》，三地将共同推动冬奥场馆共用共享，合作协调国内外各类资源，吸引赛事活动、竞技训练、运动培训、会议会展等在冬奥场馆举办。冰雪产业发展带动的"白色经济"成为区域发展新的增长极，极大地促进了京津冀一体化发展。

2. 京张文化旅游带协同建设

京张体育文化旅游带区域内拥有 25 个奥运场馆、21 个大众滑雪场、2

个国家级滑雪旅游度假地、1个国家级旅游度假区及其他众多文化遗产①，为冰雪产业融合发展奠定了深厚基础。为了进一步发展后奥运经济、共享奥运红利，京张两地坚持以体育牵引、以文化赋能、以旅游带动的发展主线，举办了体育赛事、艺术节等多种形式的活动，创建了具有京张两地城市特色的文化IP，一系列举措不仅为冬奥场馆的赛后利用赋能，也为城市冰雪消费注入了新的活力。2023年7月，在第三届京张全季体育旅游嘉年华启动仪式现场，北京市体育局与张家口市人民政府签订了战略合作协议，全力推动两地冰雪赛事活动服务协调保障工作开展，并发布了2023年重点体育赛事、文化旅游和会议会展活动共计304项②。

（三）消费活力稳步提升

北京市以冰雪资源为抓手，不断提升服务消费能力，培育了体育消费新增长点，促进了体育经济高质量发展。从需求端来看，一方面，2022年北京冬奥会的成功举办极大地激发了大众参与冰雪运动的热情，推动了冰雪运动的普及。另一方面，随着人们生活水平的提高及对健康、休闲娱乐消费需求的升级，大众对冰雪运动的消费需求呈现出多元化倍速增长趋势。大众对与冰雪运动相关的器材、文化、培训和旅游服务等的需求逐渐增加，冰雪产业的市场潜力巨大。

从供给端来看，北京市扎实推进体育消费领域改革创新，以高质量供给促进冰雪消费升级。一是通过政策引导提升冰雪运动消费水平；二是有效提升北京市冰雪场馆对外开放利用水平，2022年12月19日至2023年3月5日，全市开放冰雪运动场所100多家，累计接待消费者约208.2万人次，营业收入超3.2亿元；三是以申办冰雪赛事为着力点，举办国际国内知名赛

① 《文化和旅游部　国家发展改革委　国家体育总局关于印发〈京张体育文化旅游带建设规划〉的通知》，国家体育总局体育经济司，2022年1月30日，https://www.sport.gov.cn/jjs/n5032/c23965492/content.html。

② 《京张全季体育旅游嘉年华启动》，国家体育总局网站，2023年7月3日，https://www.sport.gov.cn/n20001280/n20067608/n20067635/c25753882/content.html。

事,满足大众个性化娱乐观赛需求,如成功获得 2023~2024 赛季国际雪车联合会雪车和钢架雪车世界杯承办权、国际雪联单板及自由式滑雪大跳台世界杯承办权,以及 2023 年至 2027 年国际滑联 12 项赛历赛事承办权等;四是组织开展冰雪运动消费季、北京冰雪消费节等消费活动,发放各类冰雪消费券 6 万余张①;五是积极组织一系列冰雪活动,提高大众参与度,如第九届市民快乐冰雪季、大众冰雪北京公开赛、冬奥一周年系列冰雪活动等,累计 3.24 万余场,参与人数达 6754 万余人次②。一系列举措旨在吸引大众持续参与冰雪运动,培育城市消费新增长点。

(四)冰雪产业拓展升级

在冬奥契机与京津冀协同发展背景下,北京冰雪产业链条纵向发展趋于完善,涵盖了冰雪运动场馆服务、器材制造、培训教育、赛事运营、冰雪会展及相关餐饮、住宿等周边配套等多个环节。各个环节的发展相互促进,运动场地专业化、冰雪器械设施精细化、配套服务细节化,产业链上下游通力合作,形成了协同效应,共同推动冰雪运动创新发展与产业升级。

同时,冰雪产业横向发展也渐趋多元化。一是以智能与数字力量为北京冰雪产业发展赋能,智慧冰雪成为升级发展的新方向。运用大数据、人工智能、云计算、虚拟现实等技术,提升冰雪设施的管理效率和用户体验,并探索新的商业模式,寻找市场机会。北京多个冰雪场馆实现了智慧管理平台的搭建,推出馆内导航、赛事信息公布、票务管理、运动健康等应用功能。二是通过"冰雪+"推进冰雪运动与文化、旅游、休闲、研学、文创、商业等产业融合,搭建新场景,拓展新业态,促进形成冰雪文化游、冰雪研学游、冰雪休闲度假游等品牌。2023 年 4 月,鸟巢、水立方、冰之帆、冰丝带四

---

① 《2023 年市政府工作报告重点任务和重要民生实事项目市体育局承担的任务第二季度落实情况》,北京市体育局网站,2023 年 6 月 28 日,http://tyj.beijing.gov.cn/bjsports/zfxxgk_/1421305/zdrwjz/326140934/index.html。

② 《2023 年北京市共举办各级各类国际赛事 39 项》,北京市体育局网站,2023 年 6 月 27 日,http://tyj.beijing.gov.cn/bjsports/gzdt84/zwdt/326139136/index.html。

大奥运场馆组成"奥运场馆联盟"，签署战略合作协议，首次启动协同运营模式，依托各方企业资源，借助品牌影响力，形成合力，积极探索"体育+旅游+文化"等融合发展之路，实现共享共赢。

（五）奥运文化赋能发展

北京通过成功举办奥运会和冬奥会，极大地提升了城市文化软实力。在后奥运时期，通过开展形式各异的文化活动，实现了冬奥文化广泛的传播与传承。北京冬奥会成功举办一周年之际，"冰墩墩兔年特别版系列"亮相国家体育场，在保留熊猫原貌的基础上，创新性加入北京传统民俗中的"兔爷"元素，实现了奥林匹克历史知识产权在中国辖区内的再利用。此外，以冬奥为主题，北京市相关单位组织开展了各类冬奥文化遗产研学活动，持续扩大冰雪运动普及度，以奥运精神助力学生成长。2023年4月，北京国际奥林匹克学院与国际公平竞赛委员会签署谅解合作备忘录，共同致力于奥林匹克相关研究，为中国乃至世界大型赛事贡献中国智慧。2023北京市体育公益活动社区行在海淀区凤凰岭成功举办，主办方特别设立了"北京冬奥回顾展"，让市民在"赏冰乐雪"的同时，重温冬奥会精彩故事，这是对奥林匹克精神与体育文化的生动传承。2023年5月，北京冬奥会官方电影《北京2022》在全国震撼上映，成为后冬奥时代奥运精神传播的有力载体。

二 后奥运时代北京冰雪产业高质量发展的机遇与挑战

（一）机遇

1."国际消费中心"培育，优化营商环境

北京市商务局在2023年4月印发《加快恢复和扩大消费持续发力北京国际消费中心城市建设2023年行动方案》（以下简称《行动方案》），进一步深化供给侧结构性改革，坚持提供"五子"联动服务。

近年来，北京市聚焦国际企业需求，不断优化营商环境。一方面，开展

跨境电商网购保税零售进口跨关区退货模式试点工作，积极推进口岸通关监管改革，在"首都之窗"官网设立了"涉外服务专区"，打造了外商投资"一站式"服务平台，为城市冰雪产业"引进来"营造更加健康的营商环境。另一方面，《行动方案》明确提出了"促进商旅文体消费融合发展"的要求，利用城市体育消费节、市体育大会等多种形式，培育更多新兴体育项目。同时，更加积极地推进奥运场馆向社会开放、申办国际冰雪赛事，打造冰雪消费名片。

2. "双奥之城"遗产开发，奠定体育基础

北京冬奥组委先后发布了《北京2022年冬奥会和冬残奥会遗产报告集（2022）》《北京2022年冬奥会和冬残奥会赛后遗产报告》。北京作为世界上首个"双奥之城"，积累了两届奥运会留下的各类型场馆场地、基础设施、文化产品和体育精神等大量奥运遗产，这是北京市未来冰雪产业发展及城市建设的重要财富。

在"后奥运时代"，一方面，北京市充分利用冬奥文化广场、冰雪运动场地、冰雪博物馆等奥运遗产，拓展了市民的休闲文化空间，进一步提升城市的公共服务水平，在全社会营造全民健身的体育文化氛围。另一方面，冬奥场馆成功引入政府与社会资本合作模式，通过举办世界级体育赛事，以及与文化旅游产业融合，扩大了国际影响力，吸引了全球游客参观消费，这种市场化的运营方式实现了奥运遗产经济效益与社会效益的统一。

3. "国际体育名城"建设，推动产业交流

在北京市《"十四五"时期健康北京建设规划》（以下简称《建设规划》）媒体沟通会中，"首都国际体育名城"建设目标首次被提出。主要任务包括提供2022年冬奥会的赛事服务保障、筹办和申办高水平国际品牌赛事，加快推进筹办2023年亚洲杯北京赛区赛事，组织举办市运会、青少年锦标赛市级品牌赛事，以及举办内容丰富的全民健身活动等几项重点任务。

国际体育赛事名城的建设，将从竞技体育赛事、体育文化表演、全民健身、体育场地设施管理、体育传媒等多个业态加强与国际体育产业的沟通与联系，打造高质量、有城市特色且可持续的体育产业发展模式，通过体育搭

建起城市国际交流的桥梁，推动国际范围内的体育产业交流互鉴，为全球体育治理贡献更多的中国智慧和中国力量。

4. "科技创新中心"落户，助力创新发展

2023年5月科技部等12部委印发《深入贯彻落实习近平总书记重要批示精神　加快推动北京国际科技创新中心建设的工作方案》（以下简称《工作方案》），充分利用国际科技创新中心，提升中关村科学城、怀柔科学城、未来科学城，北京经济技术开发区和顺义创新产业集群示范区创新能级，发挥首都在技术、人才、教育等方面的优势，实现科技自立自强、产业高质量发展。

在后奥运时代，冰雪产业在与科技创新产业的融合中将释放出更大的经济活力。《工作方案》为北京市面向国际进一步发展冰雪产业提供更多的技术支持，形成以科技进步促产业经济的良性循环。科技创新中心的落户，在后奥运时代将为奥运遗产的可持续开发、各项体育相关技术创新提供创新支持。更重要的是，以冬奥会为契机，通过技术的交流开放，中国深化了在冰雪产业领域与世界各国的交流合作，充分践行了奥林匹克团结合作的精神。

5. "三亿人上冰雪"实现，扩大消费市场

我国在举办2022年冬奥会之前已提前完成"三亿人上冰雪"目标，为后续冰雪产业可持续发展奠定了坚实的群众基础，也激发了我国冰雪产业市场潜力。截止到2023年2月，北京市凭借优质的营商环境和广阔的市场拥有冰雪产业企业424家[①]。三里屯太古里、侨福芳草地等高质量商圈还吸引了BOGNER（德国滑雪界知名品牌）、HEAD（奥地利高端滑雪运动品牌）、Goldwin（日本滑雪户外服饰品牌）等一众高端的国际冰雪产业品牌入驻，充分满足了冰雪运动消费者的购买需求。

在后奥运时代，北京市充分利用奥运会带来的冰雪消费红利，在2023年1月，北京市体育局联合高德地图发布"2023北京冰雪消费地图"。冰雪

---

① 《2023年中国冰雪产业企业大数据全景图谱》，"前瞻经济学人"百家号，2023年3月8日，https://baijiahao.baidu.com/s? id=1759771855491440903&wfr=spider&for=pc。

消费地图利用数字化技术，以滑雪场、综合场馆、健身房等为分类方式，为市民推荐了市内 100 多家冰雪运动场地和 300 多家健身消费场所①，最大限度地为消费者进行冰雪消费及健身消费提供便利。

（二）挑战

1. 四季运营能力不足，影响可持续发展

体育运动场馆设施是大众参与冰雪运动的空间载体。首先，北京冬奥会后留下了一批专业、先进的奥运场馆设施，这是发展后奥运时代冰雪经济的独特资源与金字招牌。但冰雪运动属于季节性项目，尤其是滑雪运动，雪场主要依赖冬季的冰雪条件进行运营，这种季节性限制导致冰雪场馆在非冬季时期面临着客流量减少、场馆利用率降低、运营收入锐减等问题。其次，冰雪设施建设与维护需要投入大量的资源，包括场地、设备、人力等，且场馆在制冰、制雪过程中，能耗较高。高投入、高能耗、低效率、低收入的运营状态，增加了经营成本，造成了资源浪费，对冰雪产业的可持续发展构成了挑战。最后，冰雪场馆运营内容较为单一，大众参与黏性较低。很多场馆在产品和服务供给方面缺乏差异化与特色化设计，同质化现象较为突出，从而加剧了市场竞争。冰雪场馆如何"破局"，在秉承绿色发展理念下，如何实现场馆冬夏快速转换、提高场馆运营效率，是场馆创新运营亟待解决的核心问题。

2. 本土品牌优势甚微，制约产业提质增效

冬奥会的成功举办，进一步打开了我国对外窗口，吸引了来自世界各地的赞助商和品牌，同时，也为北京提供了向世界展示本土品牌的机会。但相比之下，北京本土冰雪运动品牌在国际市场上的知名度和认可度较低，国际品牌在冰雪产业中具有更强的品牌影响力和市场份额，这使得国内品牌在市场竞争中面临着巨大的压力，难以实现高质量发展。长期以来，我们通过"引进来"政

---

① 《冬奥场馆助力北京冰雪运动消费季》，北青网，2023 年 1 月 7 日，https：//t. ynet. cn/baijia/33774603. html。

策，成为世界加工厂，在全球价值链中处于制造、加工等低附加值环节。打造具有国际影响力的中国冰雪品牌，则要求我们尽快解决"卡脖子"问题，从"制造"向"智造"转变，从价值链条上向前端产品服务设计、技术研发创新与后端的营销推广延伸，建立具有本土特色和优势的冰雪品牌。

3. 产品服务标准缺失，阻碍"走出去"进程

建立"标准化"制度是促进冰雪产业健康与高质量发展的有效治理路径。产品服务标准的缺失可能引发产品质量安全风险。在国内冰雪产业发展中，缺乏统一的行业标准将导致市场上产品和服务的差异化，极有可能出现质量不稳定、设备安全隐患等问题。这将直接影响用户体验感和安全感，也会影响冰雪产业的品牌形象和信誉，难以形成统一的品牌形象和行业认可度。

此外，缺乏明确的产品服务标准也可能导致冰雪产业在国际市场上遭遇准入障碍。国际市场对于进口产品和服务有着严格的标准和认证要求，包括质量认证、安全认证、环境认证等。这将阻碍冰雪产业"走出去"，限制本土冰雪品牌在国际竞争中的发展。

4. 培养体系尚不完善，造成人才短缺局面

冰雪产业需要专业化的人才负责运营管理、教练指导、技术研发等工作。人力资源是产业发展升级的核心要素之一。我国作为人口大国，如何有效将"人口"优势转变为"人才"红利，是冰雪产业未来高质量发展亟须突破的瓶颈。北京市部分高校借冬奥之机已开设冰雪相关专业，但在冰雪教育方面的课程设置、师资培养和教育资源等方面仍存在不足，缺乏系统性和全面性。尚未形成健全的冰雪产业专业人才培育体系，无法满足产业快速发展需求。这也使得北京市冰雪人才的供给相对不足，难以满足冰雪产业高质量发展的要求。

三 后奥运时代北京冰雪产业高质量发展的建议

（一）充分利用城市奥运遗产，为冰雪发展注入新动能

奥运遗产是北京积累的独特优势资源，应加大力度发挥冬奥遗产作用，

将冰雪融入城市经济发展脉络。首先，以冬奥场馆为依托，通过创新运营模式，释放场馆赛后可持续利用价值。一是以数字赋能，丰富冰雪主题应用场景，打破冰雪运动季节性边界，通过数字技术的应用使冰雪产品服务、冰雪运动空间呈现出智能化属性，提升大众体验感，搭建冰雪消费新场景；二是打造多元化功能的体育综合体，以冬奥场馆为基点，辐射带动周边休闲娱乐、餐饮、运动技能培训等配套设施建设，增加综合服务供给，实现全民共享。

其次，以举办高质量体育赛事为重点，利用奥运文化与人才红利，提升场馆利用率，增添城市活力。2023 年北京市将举办包括北京马拉松、中网公开赛、国际雪联单板及自由式滑雪大跳台世界杯赛在内的各类型国际体育赛事 39 项①。

最后，以冰雪文化为内核，通过举办各类冰雪赛事文化活动，增加场馆的吸引力和知名度。比如定期举办冰雪节、冰雪嘉年华等活动，吸引更多的游客和市民前来体验冰雪运动，推广冰雪文化，此举不仅可以提高场馆的运营收入，增加场馆流量，亦可提升场馆影响力，推动其可持续发展。

（二）立足国内体育消费需求，增强品牌创新意识

据《中国冰雪旅游消费大数据报告（2023）》，到"十四五"末期我国冰雪旅游人数有望达到 5.2 亿人次，冰雪旅游收入或将突破 7200 亿元②。面对广阔的国内消费市场，一方面，北京市冰雪产业要以"产品和服务"为核心，充分挖掘国内消费者的冰雪消费需求，以"冰雪+"为纽带，设计城市冰雪旅游特色线路、冰雪赛事 IP、冰雪文化创意产品。同时，加强数字技术的应用，打造智慧冰雪城市。

另一方面，提升企业创新能力。其一，加大对研发创新的投入力度，加强与高校、科研机构和行业协会的合作。注重国际交流学习，通过"干中

---

① 《2023 年北京市共举办各级各类国际赛事 39 项》，北京市体育局网站，2023 年 6 月 27 日，http：//tyj.beijing.gov.cn/bjsports/gzdt84/zwdt/326139136/index.html。

② 《2022—2023 冰雪季游客量预计超 3 亿》，光明网，2023 年 1 月 10 日，https：//m.gmw.cn/baijia/2023-01/10/36290701.html。

学"与技术创新,不断提高自主品牌的技术含量和市场竞争力。同时,注意强化品牌保护和知识产权意识。其二,建立产业链合作与创新协同机制。冰雪产业企业应加强与产业链上的合作伙伴的沟通与合作,提高产业链上各环节的效率,实现资源共享和风险共担,增强整个产业链的韧性和协同创新能力,推动冰雪产业链的健康发展。

(三)推进冰雪领域标准化建设,提升国际市场话语权

构建完善的标准体系是实现冰雪产业高质量发展的前提。从政府层面,应进行规划引导,提供政策支持,建立一套全面的冰雪产业标准化体系,从生产标准到安全监管,涵盖冰雪设施建设、赛事组织、冰雪装备等方面,为冰雪企业提供明确的法律依据和规范指导。

从市场层面,首先,企业应不断优化自身产品服务质量。为进一步与国际市场接轨,推进国内国际"双循环",应深入研究国际冰雪市场需求与趋势,注重产品的研发和创新,结合国际市场偏好、需求与文化差异,不断改进和优化产品服务。其次,积极与国际标准化组织、行业协会等合作,参与制定、推广冰雪产业的国际标准,推动冰雪产业的规范化发展,提升国际市场的竞争力。最后,与国际上的冰雪产业企业、协会、研究机构等加强合作与交流,建立国际合作伙伴关系,共同推动冰雪产业的国际化发展。此外,通过举办国际性冰雪赛事、展览和论坛等活动,促进赛事经济、会展经济等新业态发展。吸引国际冰雪产业的目光,展示自身的实力和潜力,建立强大的冰雪产业品牌形象,借助国际化的营销渠道和手段,扩大品牌在国际市场的知名度和美誉度,提升自身在国际舞台上的曝光度和影响力。

(四)加大冰雪人才要素投入,助力人才培养提档升级

充分挖掘北京市冰雪人力资源潜力,完善培养体系,通过专业性人才带来新的思维和创新观念,推动冰雪产业链的健康发展。首先,提供政策支持,加强人才培养,如引导企业加大人才吸纳、培养力度,鼓励学校设立专项奖学金项目。其次,强化冰雪教育,扩大人才库。将冰雪运动和冰雪产业

知识纳入课程体系，培养青少年对冰雪运动的兴趣，扩大冰雪运动群众基础。同时，应增设冰雪专业性课程，培养更多冰雪产业相关的专业型人才。再次，推动校企联合，培养复合应用型人才。利用北京市教育优势，与企业合作，构建产学研一体化培养体系，加强校企交流，帮助学生将理论与实践相结合，提高就业竞争力。最后，设立冰雪产业人才引进计划，吸引海内外优秀人才。向海内外优秀人才发出邀请，通过优厚待遇和良好的工作环境，吸引全球优质人才落户北京发展。

参考文献

刘花香：《后冬奥时代我国冰雪运动产业高质量发展研究》，《体育文化导刊》2023年第 6 期。

张瑞林、李凌：《我国冰雪产业发展的影响因素及对策分析》，《武汉体育学院学报》2022 年第 11 期。

孙葆丽等：《可持续发展视域下"双奥之城"北京市冬奥体育遗产愿景实现效益研究》，《西安体育学院学报》2022 年第 6 期。

案 例 研 究

Case Studies

B.17
打造高水平开放平台，
创新特殊区域协同发展

——北京地区综合保税区发展现状、趋势与方向

徐　晨*

摘　要： 本报告从中关村和亦庄综合保税区建设思路的角度，对北京地区
综合保税区发展现状和新定位、新作用进行了整体分析，结合海
关特殊监管区域国家改革政策与企业创新需求，对北京地区综合
保税区发展的有利条件、功能特色和制度创新进行了分析归纳。
本报告认为，北京地区综合保税区已经进入快速发展与协同发展
的新阶段。在新阶段应当从京津冀协同发展的角度，借鉴长三角
综合保税区协同发展创新经验，既做好北京地区综合保税区的协
同发展，也做好京津冀地区综合保税区的协同发展，打造整体化
高水平开放平台。

---

* 徐晨，博士，对外经济贸易大学北京对外开放研究院研究员，中国报关协会副秘书长，中国
口岸协会高级顾问，主要研究方向为海关管理、口岸营商环境。

关键词： 综合保税区 京津冀 协同发展 中关村 亦庄

综合保税区是我国高水平开放的重要平台。2023 年 5 月 30 日，北京市第三个综合保税区"北京中关村综合保税区"正式获国务院批复设立。至此，继 2020 年北京大兴国际机场综合保税区获得批复设立后，北京市已设立三个综合保税区。加之目前北京亦庄综合保税区也已启动申建筹备工作，北京地区综合保税区规划布局即将阶段性完整形成并进入快速发展阶段。2023 年 6 月底，雄安综合保税区与天津临港综合保税区又获国务院批复设立，8 月底海关总署印发《推动综合保税区高质量发展综合改革实施方案》，随着新一批综合保税区的建设，京津冀地区的综合保税区协同发展面临新的机遇与挑战。

一　案例背景：京津冀综合保税区发展与创新综述

在《北京对外开放发展报告（2022）》中，课题组对北京地区综合保税区发展与创新进行了综述分析，并对北京大兴国际机场综合保税区的创新发展进行了案例式研究。北京是京津冀协同发展的引领区域，2023 年，随着北京地区综合保税区数量的增加，考虑到京津冀协同发展的深度推进，对于综合保税区个体建设与协同发展在高水平开放过程中的作用，不应当仅着眼于北京地区，而应当从京津冀协同发展的整体化视角来观察，尤其应与长三角等区域进行多角度比较。

综合保税区是推进新发展格局中实施创新发展战略的重要载体，是统筹国内外两个市场、两种资源推进国内国际双循环相互促进的重要枢纽节点。这是综合保税区的具有划时代意义的新功能。2019 年初，《国务院关于促进综合保税区高水平开放高质量发展的若干意见》（国发〔2019〕3 号）已经提出"五大中心"发展方向。2022 年，我国首个针对综合保税区的正式管理办法《中华人民共和国海关综合保税区管理办法》（海关总署令第 256

号）于4月1日起施行，这一进步满足了综合保税区发展新阶段中，海关与出入境检验检疫职能队伍合并后对整合旧规与更高水平开放的双重要求。京津冀地区综合保税区数量的增加与功能定位的创新，正是在以上背景下发生的。截至2023年7月底，京津冀地区共设有海关特殊监管区域19个，其中综合保税区13个，其中北京3家，天津、河北各5家（见表1）。①

表1　2023年1~7月京津冀地区海关特殊监管区域简况

单位：万元，%

行政区	海关特殊监管区域	2023年1~7月进出口总值	同比增减
北京市	北京天竺综合保税区	7040481	33.5
	北京大兴国际机场综合保税区	26621	1164.9
	北京中关村综合保税区	—	—
	北京亦庄保税物流中心	725446	−20.4
天津市	天津港综合保税区	898167	25.4
	天津泰达综合保税区	736940	51.5
	天津东疆综合保税区	4972475	29.2
	天津滨海新区综合保税区	1784710	27.4
	天津临港综合保税区	—	—
	天津经济技术开发区保税物流中心	576284	−12.4
	天津蓟州保税物流中心	1110	2343.7
河北省	石家庄综合保税区	172566	9.9
	曹妃甸综合保税区	1898694	−9.8
	廊坊综合保税区	9372	14.9
	秦皇岛综合保税区	81283	54.5
	雄安综合保税区	—	—
	辛集保税物流中心	32815	106.2
	唐山港京唐港区保税物流中心	114584	55.1
	河北武安保税物流中心	1830	−63.2

资料来源：海关总署官方网站。

---

① 因篇幅所限，本报告不详细区分海关特殊监管区域、综合保税区、保税区和保税物流中心的概念。

2023 年，京津冀地区有 3 家综合保税区获批，京津冀各 1 家。虽然在数量上比长三角、珠三角少，在总体面积与进出口规模上还存在较大差距，但是在功能定位和落实国家重大区域发展战略上更有亮点，已实现理想规划布局。

从新设立综合保税区看，北京中关村综合保税区是全国首个在中央文件中明确以研发创新为特色的综合保税区，定位于代表国家创新形象的数字智慧综合保税区，将构建"2+2+N"保税业务谱系，即以集成电路和医药健康产业为核心，以人工智能产业和科技服务产业为重点，拓展总部经济、跨境电商、数字文化、融资租赁、高端软件服务外包等 N 个保税服务业态，充分发挥海淀区区块链技术研发优势，优化保税研发政策环境，促进高校院所科技成果转化。北京中关村综合保税区在电子围网监管方面的创新值得期待。

雄安综合保税区将充分依托"雄安新区+自贸试验区+跨境电商综试区+综合保税区"四区叠加的政策优势，构建以研发设计、高新产业为引领，高端制造和销售服务为重点，现代物流为支撑的"保税+"产业体系，努力打造综合保税区发展全国样板，为雄安新区大规模建设、承接北京非首都功能疏解和开放型经济高质量发展注入新动能。

天津临港综合保税区是新获批综合保税区中面积最大的，将重点打造海洋经济、氢能等标志性产业链，为做大做强海工装备、粮油加工等优势产业提供支撑，继续加速新旧动能转换，释放临港区域码头岸线资源，努力建设全国首个船舶保税制造与维修基地、全国最大的海上工程装备保税制造中心、国家级海洋工程保税研发示范区。

二 北京中关村综合保税区：以研发创新为特色的数字智慧综合保税区

北京市海淀区是我国科技创新资源和产业最为集中的区域之一。覆盖海淀区全境的中关村科学城是北京市推进建设国际科技创新中心的主阵地，定位于集聚全球高端创新要素，形成一批具有全球影响力的创新型领军企业、技术创新中心、原创成果和国际标准。2019 年，国发 3 号文专门提出支持国家产业创新中心、国家技术创新中心、国家工程研究中心、新型研发机构等研发创新机构在综合保税区发展，为中关村综合保税区的设立奠定了基础。随后，海关总署发布的《综合保税区发展绩效评估办法（试行）》更是强化了对科技创新、业态创新方面的引导。2021 年北京在"两区"建设规划中提出申报设想后，4 月全市综合保税区创新发展有关工作会议就明确要求以科技创新为特点研究制定申报方案。11 月中央深化改革委会议审议通过《关于支持中关村国家自主创新示范区开展高水平科技自立自强先行先试改革的若干措施》，提出建设以研发创新为特色的中关村综合保税区。2022 年 7 月，北京市政府正式向国务院提出申请设立中关村综合保税区，2023 年 5 月获得国务院同意设立批复。

依托丰富的科技创新资源设立北京中关村综合保税区，对服务国家与北京科技创新战略意义重大，是新时期北京对外开放发展的关键举措。

（一）选址方案

北京中关村综合保税区选址位于北京市海淀区西部（见图1），地处中国（北京）自由贸易试验区科技创新片区海淀组团范围内（见图2），规划面积约 0.4 平方公里。[①] 北京中关村综合保税区选址周边交通便利，北邻地铁 16 号线和城市快速路北清路，可向西接驳西六环路、向东接驳机场北线高速；东临城市主干路温阳路、可接驳北五环路；南临城市快速路京密引水渠滨河路（规划）。

（二）有利条件

北京市海淀区在基础前沿领域加速布局，形成具有独特内涵和价值体系的高精尖经济结构，是建设研发新型综合保税区的主要有利条件。

---

① 《北京中关村综合保税区获批设立》，北京市科学技术委员会、中关村科技园区管理委员会网站，2023 年 6 月 1 日，http：//kw. beijing. cn/art/2023/6/1/art_ 9632_ 644040. html。

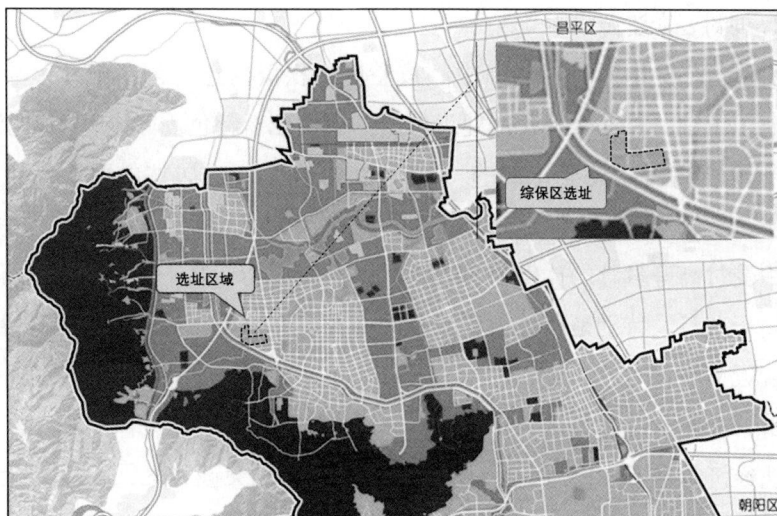

图 1　北京中关村综合保税区区位

资料来源：依据《海淀分区规划（国土空间规划）（2017 年—2035 年）》国土空间规划分区图绘制。

图 2　中国（北京）自由贸易试验区科技创新片区

资料来源：北京推进科技创新中心建设办公室。

1. 创新要素资源集中

海淀区作为国际科技创新中心核心区，积极构建"创新雨林"生态体系，赋予了中关村综合保税区建设鲜明的研发创新特色。区内有213家科研院所、39所高校；截至2022年9月，在海淀工作或居住的两院院士共有636名，占全国院士总数的35%，占全市的76.72%；[①]海淀区主要劳动年龄人口中受过高等教育的比例为76.8%，这一核心指标高于全市20个百分点，甚至高于硅谷，特别是科技创新活跃的中关村海淀园，从业人员受高等教育程度接近90%。[②]

2. 产业底蕴夯实基础

从经济总量上看，海淀区经济总量2022年已突破万亿元，成为全国第二个经济总量破万亿元的市辖区、全国第一个破万亿元的地市级区县。自1991年开始使用GDP指标至2022年，31年的时间里，海淀GDP增长了近500倍。2022年，海淀区的人均GDP为4.9万美元，人均GDP约可跻身全球20强，高技术制造业实现工业总产值2092.8亿元，数字经济核心产业增加值占GDP比重超50%。[③]

3. 基础前沿布局领先

海淀区在人工智能、集成电路、医药健康等领域，开展底层创新技术布局，高精尖产业发展新动能加速壮大，中关村国家实验室等重大创新平台和新型研发机构发展需要发挥产业在全球整合资源的作用，促进信息业和制造业相互融合、产业链上下游相互协调、国内和国际资源相互整合，促进海淀区高精尖产业链条向下游延伸，为前沿科技领域产业化贡献特殊力量。

4. 对外经济开放通道

海淀区开放型经济基础较好，实际利用外资与出口额在北京地区领

---

① 《国家级命名！海淀区上榜》，京报网，2023年1月29日，https://news.bjd.com.cn/2023/01/29/10317014.shtml。

② 《海淀区创新潜能全国排名第一》，中共北京市海淀区委网站，2022年9月28日，http://hdqw.bjhd.gov.cn/bmgz/xcgz/202210/t20221009_4557733.htm。

③ 《海淀区2022年国民经济与社会发展统计公报》，中国政府网，2023年4月11日，https://zyk.bjhd.gov.cn/sjkf/tjgb/202304/t20230411_4595947.shtml。

先。海淀区支持企业联合境外企业、知名大学和研究机构开展联合研发，推动北京协同创新研究院联合国际顶尖科学家打造柔性电子、先进制造等五个国际协同创新实验室。海淀区共有 3 个外贸转型升级基地（1 个国家级、2 个市级），其中集成电路设计基地集聚了全市 70% 以上的设计企业。[1]

5. 多重创新战略提升

中国（北京）自由贸易试验区科技创新片区海淀组团重点打造翠湖和永丰两个片区；国家服务业扩大开放综合示范区覆盖海淀区全域；海淀区正在打造北京国际科技创新中心核心区。"三区"政策叠加的独特优势，也是中关村综合保税区实现政策创新和突破的牢固依托。

（三）创新特色

中关村综合保税区将围绕功能和产业创新、监管和政策创新，为我国综合保税区发展寻创新路径、探创新模式、做创新示范。

第一，功能和产业创新。中关村综合保税区将转变以货物贸易和加工贸易为主要功能的传统发展模式，探索以研发创新为主要特征、以保税研发为主要功能的创新发展模式，引领我国综合保税区由货物贸易集聚区向服务贸易和货物贸易协调发展新高地转变，致力成为我国综合保税区科技创新样板区。

第二，监管和政策创新。围绕功能创新需求，通过复制推广、自主创新、探索创新，积极探索生物医药研发外包全程保税监管、跨境数据监管创新机制、基于数字贸易国际规则谈判的压力测试、离岸创新创业服务模式等，深层次、多维度探索综合保税区监管和政策创新，为我国以服务贸易为核心功能的综合保税区探索监管模式和政策创新。

---

[1] 《北京市海淀区人民政府办公室印发〈关于海淀区 2022 年国民经济和社会发展计划执行情况与 2023 年国民经济和社会发展计划的报告〉的通知》，北京市海淀区人民政府办公室网站，2023 年 1 月 17 日，https：//www.bjhd.gov.cn/ztzx/2021/ghzl/qtgh/202301/t20230119_4585419.shtml。

（四）重要意义

依托中关村国家自主创新示范区优势，结合海淀区建设科技创新出发地、原始创新策源地、自主创新主阵地的目标要求，设立中关村综合保税区，对于赋能科技创新体系有重要意义。整体上，科技创新和数字经济的强势崛起，成为新时代经济社会发展在危机中育先机、于变局中开新局的重要依托。从北京市的角度看，还有以下几个方面的意义。

第一，北京正在加快建设国际科技创新中心。进入新发展阶段，党中央明确了支持北京形成国际科技创新中心的战略任务，北京作为全国首个减量发展的城市，创新发展是唯一出路。率先构建新发展格局，需加强"五子"联动，关键要落好国际科技创新中心建设这个"第一子"。

第二，新格局要求更高水平的对外开放。当前我国正加快建立与国际制度贸易规则相融合的开放型经济新体制，积极参与全球治理体系变革及贸易规则制定，由商品和要素流动型开放向规则等制度型开放转变。区域经济合作将有助于扩大我国出口市场空间，满足国内进口消费需要，加强区域产业链供应链，积极促进与国际经贸规则的对接，也为中关村综合保税区开放型企业在亚太甚至全球范围内优化供应链布局提供了更多可能性和选择。

第三，中关村自主创新面临新要求。站在新起点，审视中关村国家自主创新示范区所处的新方位，北京海淀也处于机遇与挑战并存、优势与矛盾叠加的特殊时期，对中关村综合保税区的建设提出更高的要求。近年来，海淀区下大力气推动一般制造业及高端产业中不具备优势的制造环节的调整退出，并整合创新资源，构建"创新生态雨林"，为科技成果产生、转化、产业化提供全链条的创新资源供给和配置服务，造就了海淀区鲜明的以研发创新为主的产业特色。步入新时代，在"两区"建设大背景下，为了落实中关村新一轮先行先试改革、海淀国际科技创新中心核心区建设的要求，中关村综合保税区的建设必须与海淀区"两区"建设结合发展，需要与中关村新一轮先行先试改革紧密结合，以更加开放的姿态加强国际科技交流，积极参与全球创新网络，积极参与国际科技规则制定，提升国际话语权和影响力。

第四，有利于完善高精尖产业体系。企业在中关村综合保税区内建设公共研发实验室或独立实验室，可以享受"免税、保税、免证"等政策，能够有效降低研发企业硬件投资资金占用，提高研发耗材和试剂通关效率。根据调研，在综合保税区延伸开展研发产业链中的测试等环节，有利于完善高精尖产业生态。在综合保税区发展集成电路"研发+测试"行业，有利于增强集成电路设计企业的黏性。利用综合保税区"保税、免税、退税"等政策，有利于进一步推进高等院校的科技成果转化进程，完善海淀"创新雨林"生态环境。

第五，为"两区"建设搭建新平台。由于综合保税区物理围网、信息系统健全，有利于在区内对标国内外更高开放水平，在跨境研发、离岸业务、总部经济、外汇管理等领域研究储备一批开放政策，在全产业链保税、区内外联动、自贸试验区与综合保税区统筹等方面探索形成一批制度规范，从而将中关村综合保税区建设成为推进"两区"建设制度创新的重要平台。

三 北京亦庄综合保税区：以先进制造业为特色的保税开放服务平台

北京经济技术开发区（以下简称"北京经开区"）是北京乃至全国唯一一个集国家级经开区、国家高新区、中关村国家自主创新示范区、国家服务业扩大开放综合试验区、自贸试验区五项国家战略于一体的经济功能区，定位为首都的科技成果转化承载区、技术创新示范区、深化改革先行区、宜居宜业绿色城区和高精尖产业主阵地。目前，已经形成了新一代信息技术、高端汽车和新能源智能汽车、生物技术和大健康、机器人和智能制造四大主导产业，着力聚焦全球范围内研发投入最高、国际市场竞争最激烈、全球资源整合度最高的科技产业领域。

北京经开区的发展一直位于全国前列。在国家级经济技术开发区综合发展水平考核评价中，北京经开区在全国 217 家国家级经开区中排名第三。①然而其外资外贸发展却低于国内一流的国家级经开区。对比国内外向型经济发展领先的经开区，设立综合保税区发展外向型经济有望为北京经开区带来新的机遇和选择。随着北京"四个中心"和"两区"建设的能量进一步释放，对外开放必将为首都新发展提供强大支撑。在中关村综合保税区设立之后，进一步前瞻布局未来产业，用明天的科技锻造后天的产业，是北京赢得更大发展主动权的关键环节。

（一）建设构想

为贯彻落实习近平总书记对北京重要讲话精神，深入实施党中央、国务院批复的《北京城市总体规划（2016 年—2035 年）》，亦庄新城应运而生。根据《亦庄新城规划（国土空间规划）（2017 年—2035 年）》，新城总面积约 225 平方公里，定位是建设具有全球影响力的创新型产业集群和科技服务中心、首都东南部区域创新发展协同区、战略性新兴产业基地及制造业转型升级示范区、宜业宜居绿色城区。

亦庄新城是北京城市发展历史上第一次明确提出的"新城"，从功能上看接近于承担国家重大发展和改革开放战略任务的"国家级新区"。新城功能的最主要核心是建设具有全球影响力的创新型产业集群和科技服务中心，为实现这一目标，应加强承载支撑环境和服务能力建设，为科技产业提供国际交流合作、研发试验、资源共享的平台服务，为人才提供创新环境和服务保障，构筑科技服务核心能力。这一核心功能也有助于带动首都东南部区域创新发展协同，加强高精尖产业集群创新引领作用，通过构建产业集群输出对接机制，打造首都东南部地区乃至协同京津冀地区的创新发展协作平台。

---

① 《贯彻新发展理念　构建新发展格局——我国国家级经开区向着高质量发展迈进》，中国网，2022 年 3 月 14 日，http：//www.zgyq.china.com.cn/2022-03/14/content_41903965.html。

从北京市政策层面看，为更好发挥综合保税区在"两区"建设中的重要作用，《北京市实施新开放举措行动方案》提出构建由 1 个自贸试验区、3 个综合保税区、若干开放园区组成的"1+3+N"的开放型经济发展新格局。2021 年 11 月，《北京市人民政府关于支持综合保税区高质量发展的实施意见》（京政发〔2021〕33 号），明确将综合保税区建设纳入"两区"建设范畴，统筹谋划综合保税区发展定位，持续优化综合保税区功能，提出积极申报北京亦庄综合保税区，重点发展先进制造、供应链管理、保税服务等业务，高标准打造保税先进制造平台和科创平台，探索综合保税区高效服务新模式。

（二）必要性与可行性

设立亦庄综合保税区，对于推进落实国家创新驱动发展战略，加快推进"四个中心"和"两区"高水平建设，加快完善北京国际科创中心功能定位，加快建设经开区，成为具有全球影响力的创新型产业集群和科技服务中心，发挥综合保税区引领带动作用都具有重要作用。

1. 有利于推进落实我国创新驱动发展战略

北京市提出要推进国际科技创新中心建设，要抓住"三城一区"主平台，集中力量攻克解决关键核心技术"卡脖子"问题，坚持智能制造、高端制造方向，大力发展集成电路、新能源智能汽车、医药健康、新材料等战略性新兴产业，打造"北京智造"品牌。北京经开区具有丰富的科创产业转化资源。设立综合保税区，能够有效推动科技创新成果的转化落地，促进北京市落实创新驱动发展战略。

2. 有利于推进"两区"高水平开放平台建设

第一，作为中关村国家自主创新示范区"一区多园"的重要载体，北京经开区享有科技自主创新方面的制度创新和先行先试各项政策。《中国（北京）自由贸易试验区条例》明确支持综合保税区创新发展保税服务，鼓励自贸试验区开展临床前沿医疗技术研究，优化急需药品、医疗器械通关审批流程；支持在自贸区设立咨询、仲裁等专业服务机构，推动专业服务业开放。这些都是经开区亟须落地、企业期盼的开放政策。

第二，从国家级经开区开放角度看，《国务院关于推进国家级经济技术开发区创新提升打造改革开放新高地的意见》（国发〔2019〕11号）提出，支持符合条件的国家级经开区申请设立综合保税区。该意见还明确提出支持国家级经开区建设外贸转型升级基地、外贸公共服务平台；引进跨国公司地区总部、研发、财务、采购、销售、物流、结算等功能性机构；创建数字产业创新中心、智能工厂、智能车间。

第三，从国家高新区科技创新角度看，北京经开区共拥有经认定的研发机构398家，其中国家级研发机构25家，市级研发机构373家，经工信部批复设立国家智能网联汽车制造业创新中心。[①] 2020年7月13日公布的《国务院关于促进国家高新技术产业开发区高质量发展的若干意见》（国发〔2020〕7号）提出，支持国家高新区加强与国际创新产业高地联动发展，加快引进集聚国际高端创新资源，深度融合国际产业链、供应链、价值链。

3. 有利于完善科技创新成果转化承接通道

近年来，北京经开区积极发挥政策叠加优势，先后申请通过了生物医药、新型显示产业、汽车及零部件3个国家外贸转型升级基地评审，申请通过了北京地区出口汽车产品、出口新型显示产品、出口集成电路产品3个质量安全示范区，进一步巩固提升了产业集群的外向发展。目前，北京经开区的集成电路、生物医药等产业发展迅速，同长三角的同行业产业生态相比，既有明显优势又存在一定的政策瓶颈，保税研发、离岸创新、跨境贸易等国际化创新链、产业链、价值链体系存在短板，针对科创产业的全产业链保税和保税服务、保税贸易尚未形成规模，急需综合保税区这一功能政策平台。

4. 有利于满足北京经开区企业可持续发展需求

根据调研，北京经开区企业以生物医药和新一代信息技术产业企业为

---

① 《四级研发梯队再扩容驱动高精尖产业创新 经开区新增15家市级企业技术中心》，北京市人民政府网站，2022年10月21日，https：//www.beijing.gov.cn/ywdt/gzdt/202210/t20221025_ 2843219.html。

主，大部分主体对于综合保税区政策具有较强烈的需求，龙头企业与新建项目、潜在项目入驻意愿明显，对研发等新业态反馈强烈。同时，具有开展保税业务需求的企业也对搬迁入驻有一定的顾虑，希望政策受惠面能更广。

在企业需求中，全产业链的保税业务场景十分突出，大多为新一代信息技术、生物技术和大健康等北京经开区主导产业的产业链上下游企业和配套企业。调研发现，这些企业需要利用综合保税区设备免税、区内企业交易免征增值税等功能政策降低运营成本和开展业务，也希望复制其他地区保税研发、免税设备提供共享服务、区内企业享受增值税一般纳税人待遇、货物分类监管等新政策。科技研发、中试、小批量生产等业务发展是科技创新中心建设的必要组成，该类业务与国际市场来往频繁，对海关通关便利化要求较高。在将科研成果转化落地的过程中，还需要进口设备和试剂等以开展中试和小批量生产。

从企业对海关的贸易便利化需求角度看，新一代信息技术、生物技术和大健康等北京经开区主导产业的特点是前期投资巨大、投资周期长、研发周期长、工序工艺复杂、查验条件要求高、小批量多批次进出境、一般贸易监管证件要求高等，还需要在区内搭建创新一站式服务平台，整合政务、商务、法务、金融、办公甚至生活旅行等跨境相关服务；创新设备物料耗材试剂监管机制，针对逆向物流和循环物流开展保税业务创新。

（三）功能特色与制度创新

《北京市人民政府关于支持综合保税区高质量发展的实施意见》提出，更好发挥综合保税区在"两区"建设中的重要作用，推动本市更高水平开放型经济发展，加快构建新发展格局，打造本市开放型经济创新发展高地。北京地区各综合保税区应结合自身实际发展特色细分产业，形成优势互补、错位发展的格局。北京亦庄综合保税区的整体定位以先进制造业为特色，高标准打造保税先进制造平台和科创平台，探索综合保税区高效服务新模式。

以上述意见为指导，北京亦庄综合保税区可布局保税研发、保税检测维修、创新国际化一站式服务、跨境商务、京津冀产业协同五大功能，发展产业链、创新链、价值链三链以及研发设计、先进制造、保税服务、检测维修四态，同时，要特别注意统筹考虑网内网外联动发展，以及与北京天竺综合保税区、北京大兴国际机场综合保税区、北京中关村综合保税区和北京亦庄保税物流中心形成错位联动发展格局的需要。分区功能可以考虑如下创新功能设计。

第一，保税研发功能。与北京中关村综合保税区不同的是，北京亦庄综合保税区在产业领域和产业链环节上都具有独特的重点。生产型保税研发优势在于高货值设备在保税区范围内进行试生产或者研发试验，主要用于验证设备的性能、制造或试验能力以及与现有其他设备的集成性和兼容性，区域内设备根据相关政策享受保税待遇。北京亦庄综合保税区保税研发业务可聚焦产业转化环节的研发业务，解决相关产业的保税研发需求，吸引相关产业建设研发中心。

第二，检测维修功能。可面向新一代信息技术、生物技术和大健康产业，利用国内、国外两种资源，联合专业的第三方检测认证机构，在区内搭建专业检测认证平台，为生产型企业提供专业化、国际化的检验检测、认证测试、仪器共享等服务。检测维修是后工业4.0时代的战略性产业，是一个国家或地区先进制造及其配套高端服务业的重要竞争力指标。

第三，创新服务功能。贴近生产型企业，可重点发展外贸综合服务（创新一站式服务平台）、科技研发服务外包以及科创孵化等创新业态，面向区内外企业专业设备进出口业务发展融资租赁、科创产业会展、设备仓储等新业态。

第四，产业联动功能。可规划建设北京亦庄综合保税区科创孵化中心，引入专业化创投孵化机构，以四大主导产业为重点，积极承接北京经开区与三大科学城科技成果转化，充分利用综合保税区保税免税、免许可证等优惠条件，引入相关高等院校、科研院所等；设立京津冀保税园区联盟。

四　京津冀综合保税区协同管理与发展

今后一个时期，北京地区以及京津冀地区的综合保税区协同发展必将成为一个重要的课题。2022 年，《北京对外开放发展报告（2022）》中已经对北京大兴国际机场综合保税区的京冀跨行政区合作管理进行了讨论。在本报告前述部分，也在北京亦庄综合保税区的建设思路设想中，提出了以产业链为纽带，以综合保税区协同合作为特点的协同发展设想。当前，鉴于京津冀地区综合保税区协同管理的前沿性，这方面尚缺乏充足的研究资料。为此，本报告以长三角已经出台的相关政策文件为线索，初步提出京津冀综合保税区协同发展的命题。

2019 年底，中共中央、国务院印发《长江三角洲区域一体化发展规划纲要》，其中第八章"推进更高水平协同开放"从共建高水平开放平台、协同推进开放合作、合力打造国际一流营商环境三个方面进行了专门论述。但是，这一文件中尚未明确提出综合保税区的协同管理与发展问题，而是突出从高标准建设上海自由贸易试验区新片区的角度，提出"加强自由贸易试验区与海关特殊监管区域、经济技术开发区联动，放大自由贸易试验区辐射带动效应"。本报告认为，"一体化发展"既包含"共同发展"又包含"协同发展"。从前文论述的北京地区情况看，以产业链协同融合为特征的综合保税区协同发展问题，必然将很快因京津冀地区综合保税区数量的增加而出现。

2022 年 10 月，《国家发展改革委关于印发长三角国际一流营商环境建设三年行动方案的通知》（发改法规〔2022〕1562 号）则十分明确地提出，"建立健全长三角区域内直属海关一体协同工作机制，深化货物转运、查验、保税监管等领域一体化改革"等涉及协同管理的提升贸易便利化水平的措施。这也为尽快实现北京地区范围内三家已设立综合保税区和京津冀地区范围内 13 家综合保税区的协同发展与管理提供了借鉴。

截至 2022 年底，长三角地区海关特殊监管区域共有上海、江苏、浙江、安徽一市三省的 48 个海关特殊监管区域（占全国海关特殊监管区域数量的28.6%），其中上海 10 个、江苏 21 个、浙江 12 个、安徽 5 个。在全国海关特殊监管区域中，长三角地区海关特殊监管区域平均发展水平较高，外贸稳步增长，贸易结构逐步优化，产业齐全，分工明显，营商环境为国内一流水平，整体发展情况良好。主要特点如下。第一，建成推动外贸稳步增长的对外开放重要高地。海关特殊监管区域进出口值均不断增长，占该地区进出口总值的比重整体稳定在 20% 以上，略高于全国整体水平，上海最高，约达40%。第二，对进口增长的拉动作用更强。长三角区域整体进出口连续 4 年以来均为逆差，上海最高且逐步扩大，海关特殊监管区域进口逆差占全市总逆差的一半左右。第三，上海、江苏海关特殊监管区域对出口增长的拉动作用明显。第四，保税物流规模全国领先。该地区保税物流规模占全国比重稳定在 40% 以上。上海一市占比达到全国海关特殊监管区域的 1/5。第五，拥有多个加工制造大区强区。2022 年进出口总值排前 10 名的全国海关特殊监管区域，有 4 个位于长三角，加工贸易制造约占全国的 32%。[①] 目前已形成集成电路、生物医药、高端制造等技术密集、附加值高、成长性好、关联性强、带动性大的产业集群。这一现象需要在京津冀协同中高度重视和研究。

长三角地区海关特殊监管区域共同发展的成绩，为今后京津冀地区协同发展打下了坚实的基础，创造了有利的条件，值得学习和借鉴。这体现在建成产业齐全、分工明确的现代化产业体系，加大对传统产业的转型升级和转移，充分拓展保税功能，加快新兴产业和特色产业等项目的引进上，进一步推动了总部经济、先进制造、技术创新、营商环境优化。更进一步是以企业需求为出发点，推动海关监管和政府服务创新不断获得先行先试政策源头，取得发展促创新的新成绩。以此为案，在今后北京地区范围内和京津冀地区范围内两个层次的综合保税区协同发展方面，应重点考虑研究以下几个问题。

---

① 《（11）2022 年 12 月特定地区进出口总值表（人民币）》，海关总署网站，2023 年 1 月 18 日，http：//www. customs. gov. cn/customs/302249/zfxxgk/2799825/302274/302277/302276/4806997/index. html。

第一，海关特殊监管区域产业链的协同发展与协同管理，与形成先进特色产业集群密切高度相关。电子信息、生物医药、高端制造是全国多数产业集中区域的共同发展方向，哪里促进集群集聚发展，增强专业化配套能力，哪里就会出现一批具有战略性和全局性的产业链。综合保税区在强化项目投资牵引，建设产业能级高、产业链带动性强、社会效益好的重大项目，打造具备更强韧性的产业链供应链过程中具有不可替代的作用。

第二，产业链既需要先进龙头带动，也需要中低端配套。不同产业层级之间，网外网内之间应形成产业一体化发展格局。以"基础产业协调发展、新兴产业共同发展、支柱产业互补发展"为原则，以发展较好的海关特殊监管区域为龙头，合理确定各次区域的产业结构演进方向，实施合理的产业结构政策和产业布局规划，形成合理的产业分工合作，推动特殊区域产业一体化发展。切不可高精尖产业与保税新业态一拥而上，相互抢夺要素资源。

第三，扎实做好产业数字化转型。海关特殊监管区域的管理对信息化要求较高，在新区建设中，应加强新型基础设施建设的协同，以"内循环小循环"为支撑，不断壮大智能制造群体，提升政府对区内企业的集群数字化监管能力，推动数字经济和实体经济融合发展，提升海关特殊监管区域制造业数字化竞争力和发展新动能。

第四，综合保税区品牌建设亟须协同。京津冀协同发展立足于新时代国家重大战略目标，围绕区域资源大视野和产业发展大格局，希望能够统筹提升京津冀地区综合保税区的市场化水平和开放度，打造品牌效应，培育核心竞争力强的名企，塑造国际影响力大的名区，探索区域品牌创新发展新路径，为全国海关特殊监管区域品牌建设提供可复制可推广的示范性经验。

参考文献

《国务院关于深化北京市新一轮服务业扩大开放综合试点建设国家服务业扩大开放综

合示范区工作方案的批复》，中国政府网，2020 年 9 月 7 日，https：//www. gov. cn/zhengce/zhengceku/2020-09/07/content_ 5541291. htm。

《国务院关于印发北京、湖南、安徽自由贸易试验区总体方案及浙江自由贸易试验区扩展区域方案的通知》，中国政府网，2020 年 9 月 21 日，https：//www. gov. cn/zhengce/content/2020-09/21/content_ 5544926. htm。

《中共北京市委 北京市人民政府关于印发〈北京市"十四五"时期国际科技创新中心建设规划〉 的通知》，北京市人民政府网站，2021 年 11 月 24 日，https：//www. beijing. gov. cn/zhengce/zhengcefagui/202111/t20211124_ 2543346. html。

中国国际服务贸易交易会：打造全球服务贸易交流与合作平台

王　拓*

摘　要： 自 2012 年举办以来，中国国际服务贸易交易会已经举办超过十年。在此期间，全球经济发展格局发生深刻变化，服务贸易成为全球经济增长重要引擎，数字贸易快速崛起，大国博弈不断加剧。同时，我国服务贸易也快速发展，取得了一系列巨大成就。服贸会是全球唯一的服务贸易领域国际性展会，也是我国的重要国家级展会之一。服贸会的举办，有效促进了国际交流合作，为世界发展提供了中国机遇，为全球治理贡献了中国方案。同时，服贸会对我国实现高质量发展具有积极作用，推动我国开放水平不断提升，引进全球优质服务，推动我国服务"走出去"。未来，我国将充分发挥服贸会国际性展会的平台作用，促进国际合作、维护多边主义，持续扩大开放、共享发展成就，坚持包容发展，为推动全球服务贸易的发展贡献中国力量。

关键词： 服贸会　服务贸易　服务业开放

　　2012 年，经过国家批准，我国举办中国（北京）国际服务贸易交易会（简称"京交会"）。2020 年，在党和国家的大力支持下，将中国（北京）

---

* 王拓，经济学博士，商务部国际贸易经济合作研究院副研究员，主要研究方向为服务贸易和数字贸易。

服务贸易交易会升级为中国国际服务贸易交易会（简称"服贸会"），服贸会成为我国重要的国家级展会。服贸会是全球唯一国际性的服务贸易领域综合型展会，涵盖了服务贸易所包含的十二大领域，并紧扣时代发展趋势设置新的主题和内容。服贸会成为全球服务贸易发展的盛会，其举办也是我国推动经济全球化发展的务实举措。

一 全球发展与服贸会十年历程

在我国服贸会不断发展期间，全球经济格局发生深刻变化，服务贸易快速发展、数字贸易涌现，同时多边主义受阻、区域合作崛起，大国之间围绕自身利益展开博弈。我国服务贸易快速发展，规模不断扩大，结构持续优化，贸易竞争力不断提升。在此期间，服贸会成为全球服务贸易领域的一场盛会，为促进全球经济合作、推动我国开放发展做出巨大贡献，取得了一系列的成就。

（一）全球服务贸易发生重大变化

2012~2022年，是全球服务贸易快速发展的十年，也是我国服务贸易实现高质量发展、服务业持续扩大开放的十年。十年间，服务贸易与产业的经济地位不断上升、国际合作持续深化、开放水平不断提升，新兴技术应用不断深化、新业态新模式不断涌现，服务贸易成为重要的应用领域。在此期间，大国博弈加剧，围绕规则制定、产业链控制、核心技术展开竞争合作，区域矛盾冲突凸显，世界呈现"百年未有之大变局"。

服务贸易成为全球经济增长的重要动力。WTO数据库的数据显示，2012~2022年，全球服务贸易总额从2012年的9.11万亿美元增长至2022年的13.73万亿美元（见图1），平均增长率达到4.65%。在此期间，受全球新冠疫情冲击，世界经济发展受到重大影响。2020~2022年，全球服务贸易实现快速反弹，2022年全球服务贸易总额已经恢复并超过了疫情前全球服务贸易总额，平均增长率达到15.99%，成为全球经济复苏的重要引擎。

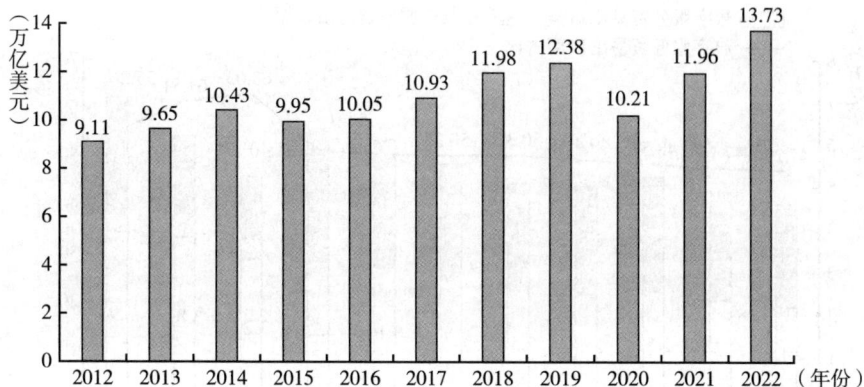

图 1　2012~2022 年全球服务贸易总额

资料来源：世界贸易组织（WTO）数据库。

数字服务贸易快速发展。伴随数字技术的发展与应用，2012~2022 年，全球数字服务贸易快速发展。UNCTAD 的统计数据显示，2012~2022 年，全球数字服务贸易出口额从 2.18 万亿美元增长至 3.94 万亿美元，平均增长率达到 6.10%，同期全球服务出口额平均增长率为 4.46%。数字服务贸易出口额平均增速高出全球服务贸易出口额平均增速 1.64 个百分点。2022 年，全球数字服务贸易出口额为 3.94 万亿美元，与 2021 年相比上升 3.14%，占全球服务贸易出口额的比重达到 55.26%，显著增强了服务贸易发展的韧性和动力（见图 2）。

全球大国规则博弈加剧。2012~2022 年这十年间，全球贸易竞争格局发生较大变化。WTO 争端解决机制陷入停摆，区域合作加强。高标准区域性国际协议不断涌现，如《美墨加协议》（USMCA）、《全面与进步跨太平洋伙伴关系协定》（CPTPP）等，都聚焦服务业领域，推动服务产业高度开放。同时，伴随数字技术的研发与应用，数字贸易成为国际规则焦点，各国在电信产业开放、数据跨境流动、个人隐私保护、数字知识产权、平台治理与反垄断等议题上立场不同、观点各异，短期内难以形成广泛共识，成为大国博弈的新领域。

图 2　2012～2022 年全球数字服务贸易出口额及其占比

资料来源：数字服务出口数据来自联合国贸易和发展会议（UNCTAD），服务出口数据来自 WTO 数据库。

（二）中国服务贸易快速腾飞

从国内看，我国服务产业与贸易快速发展，服务贸易规模、结构都实现跨越式进步，实现高质量发展，国际竞争力不断提升。同时，我国推动全面深化改革，服务业开放水平持续提升，市场准入壁垒不断降低，推动市场从要素流动型开放向规则、规制、管理、标准等制度型开放转变，构建全面开放新格局。

我国服务贸易快速腾飞。WTO 数据库的数据显示，2012～2022 年，我国服务进出口总额从 2012 年的 4828.76 亿美元增至 2022 年的 8891.09 亿美元，平均增长率达到 6.29%，连续多年位居世界第 2 位。贸易逆差从 797.24 亿美元下降至 409.97 亿美元，降幅达到 48.58%。① 2020 年，虽受到新冠疫情冲击，但得益于我国出口的快速增长，服务贸易已率先恢复至疫情前的水平。商务部的统计数据显示，2022 年我国服务进出口总额同比增长 12.9%。知识密集型服务出口同比增长 12.2%，其中，知识产权使用费、电信计算机

①　WTO 数据库。

和信息服务，分别增长 17.5%、13%。① 运输服务贸易额超过旅行服务贸易额，运输服务贸易成为我国最大服务贸易领域，同时，我国成为全球第一大运输服务贸易国。

服务贸易政策不断完善。伴随着世界服务贸易的发展，我国也越来越重视服务贸易的发展。十年间，我国服务贸易政策体系不断完善，服务贸易规模快速增长。党的十八大以来，我国先后出台《关于加快发展服务贸易的若干意见》《"十四五"服务贸易发展规划》等政策对服务贸易发展做出部署；通过负面清单制度缩减自贸区外商投资准入限制，发布首张跨境服务贸易负面清单；建设服务业扩大开放示范试点，先后批准总共 11 个城市作为试点，我国服务领域开放措施不断深化。同时，不断完善服务贸易发展载体和平台，形成了"一试点、一示范、多基地"的服务贸易创新发展格局。截至 2023 年 8 月，我国已经先后批准了 28 个服务贸易创新发展试点地区和 37 个服务外包示范城市。并且，为了推动各地根据自身情况发展特色服务贸易，设置特色服务出口基地，截至 2023 年 8 月，特色服务出口基地总数达 112 家，覆盖文化、中医药、数字服务、人力资源、地理信息、知识产权和语言服务 7 个领域。②

（三）服贸会取得一系列重大成就

2012~2022 年，服贸会历经了十年的发展。2012 年 5 月 28 日，中国（北京）国际服务贸易交易会正式举办，其作为服贸会的前身，是全球服务贸易领域唯一的综合型交易平台。

成交规模不断扩大。首届京交会成果也非常亮眼。组委会发布的数据显示，首届京交会共签订项目 458 个，成交 601.1 亿美元，其中国际意向签约额 112 亿美元。③ 京交会的成功举办，不仅促进了世界服务贸易的发展，也

---

① 《2022 年我国服务贸易保持较快增长》，中国政府网，2023 年 1 月 30 日，https：//www. gov. cn/xinwen/2023-01/30/content_ 5739184. htm。
② 商务部网站。
③ 《2020 年服贸会成果发布!》，"人民网"百家号，2020 年 9 月 9 日，https：//baijiahao. baidu. com/s? id=1677349298012267142&wfr=spider&for=pc。

是我国高度重视服务贸易的重要体现。此后，京交会不断发展壮大，促成成交金额不断提高，2019年的京交会成交金额达到1050.6亿美元，[①] 是2012年首届京交会成交金额的1.75倍，国际影响力日益提升。

展会主题不断丰富。服贸会从最初覆盖服务贸易十二大领域，到之后根据全球服务贸易发展趋势，设置和更新论坛和展会内容。2022年服贸会在原有8个专题的基础上，根据全球经济呈现的绿色化、数字化发展趋势，新设主题为"双碳赋能·焕发创新动力"的环境服务专题，围绕生态环保和绿色发展等趋势，举办高峰论坛、专题论坛和边会等百余场论坛会议活动。同时，突出数字经济发展专题，"元宇宙""新一代互联网技术"等成为展会重要元素，在电信、计算机和信息服务专题展中设置元宇宙体验馆，展示新型数字技术，运用元宇宙等相关技术打造成果发布厅，全面展示数字技术的发展与应用。

国际化水平不断提升。伴随我国服务贸易快速发展，我国服务业开放水平不断提升，参加服贸会的国家和外国企业数量持续攀升。2020年服贸会，共有来自148个国家和地区的2.2万家企业和机构线上线下参展参会，包括33家国际组织、68家驻华使馆、110家境外商协会、199家世界500强企业。[②] 2022年服贸会，举办了15.2万平方米的展览展示、128场专题论坛、65场推介洽谈等活动，吸引507家世界500强企业及行业龙头企业线下参展。整体国际化率达到20.8%，与2021年相比提升近3个百分点。[③]

开放成果不断突破。在服贸会上，我国宣布了打造国家服务业扩大开放综合示范区和设立北京证券交易所等政策举措，为推动我国服务贸易发展、扩大服务业开放做出了务实举措。在国家服务业扩大开放综合示范区建设方面，2020年9月8日，国务院发布《关于深化北京市新一轮服务业扩大开放

---

① 《中国国际服务贸易交易会意向签约金额超千亿美元》，中国政府网，2019年6月2日，https://www.gov.cn/xinwen/2019-06/02/content_5396789.htm。

② 《2020年服贸会成果发布!》，"人民网"百家号，2020年9月9日，https://baijiahao.baidu.com/s? id=1677349298012267142&wfr=spider&for=pc。

③ 《2022服贸会闭幕，我们的生活将这样改变》，中国国际服务贸易交易会网站，2022年9月10日，https://mediacenter.ciftis.org/consult? id=3606260688241&type=1。

综合试点建设国家服务业扩大开放综合示范区工作方案》，将北京市服务业扩大开放正式由"试点"升级为"示范区"，明确了到 2025 年，基本健全以贸易便利、投资便利为重点的服务业扩大开放政策制度体系的目标。2022 年 5 月，北京市印发《北京市人民代表大会常务委员会关于促进国家服务业扩大开放综合示范区建设的决定》，包括十六项建设国家服务业扩大开放综合示范区的举措。在北京证券交易所建设方面，2021 年，北交所正式揭牌开市，建立并完善了各项制度安排，聚焦战略性新兴产业和先进制造业领域，帮助中小企业获得融资支持。截至 2022 年，北交所上市公司 106 家，中小企业占比 77%，支持国家级专精特新"小巨人"企业 23 家，2 家公司获得国家科技进步奖。公开发行累计融资 227.57 亿元，平均每家 2.1 亿元，形成按需、小额、多次的接续融资机制，对我国服务贸易发展起到了重要的推动作用。[①]

二　服贸会对促进世界发展的重大意义

服贸会的举办，向世界展现了我国推动经济全球化发展、开展务实的国际合作的坚定信念，也展现了我国持续深化改革、推动服务业扩大开放的坚定决心，对于促进世界经济增长、维护多边主义具有重要意义。

（一）有利于促进全球服务领域合作交流

在世界处于百年未有之大变局的背景下，区域冲突凸显、逆全球化趋势抬头，经济全球化发展遭受前所未有的巨大挑战。服贸会的举办为世界各国搭建了加强国际合作、推动各国互信、企业相互认识的交流合作平台。服贸会聚集了全球各国优秀的服务领域企业，促进各国开展国际交流与合作，增进国际互信，推动经济全球化发展。服贸会累计吸引 195 个国家和地区的495 个境外机构和商协会 170 万余人次参展参会、洽商合作。其中，2022 年

---

① 《2022 年服贸会观察：北交所成立一周年　交出亮眼"成绩单"》，"人民网"百家号，2022 年 9 月 2 日，https：//baijiahao.baidu.com/s？id＝1742845196416492940&wfr＝spider&for＝pc。

服贸会，共有来自全球71个国家和地区通过线上线下相结合的方式参会。①并且，WTO、UNCTAD、经济合作与发展组织（OECD）等国际组织作为服贸会的支持单位，世界知识产权组织、国际贸易中心、全球服务贸易联盟、世界贸易网点联盟、世界贸易中心协会等国际组织作为合作机构，汇聚世界各方力量，共同交流探讨服务贸易，有效地促进了世界各个国家和地区及国际组织的交流与合作，凝聚最广泛的力量，共谋良策、共促发展。服贸会成为我国作为世界大国，推动经济全球化发展的务实举措，彰显了我国的大国担当。

（二）为世界发展提供了中国机遇

伴随中国服务业不断扩大开放，服贸会为世界展示了中国服务领域巨大市场的发展机遇。2015年，中国服务业增加值在GDP中的占比首次超过50%，②中国正式步入服务经济社会。同时，中国作为全球第二大经济体，GDP连年保持高速增长，为全球贸易与投资创造了巨大的市场需求。WTO的统计数据显示，2012~2022年，中国服务进口累计超过4万亿美元，成为拉动各国服务出口、促进经济增长的巨大动力。

同时，中国持续提升开放水平。加大试验试点改革力度，推动自由贸易试验区对标高标准国际规则，出台海南自贸港跨境服务贸易负面清单；积极对接高标准国际规则，正式签署RCEP，申请加入CPTPP和DEPA；加强自主开放，在原有加入世界贸易组织承诺开放100个服务部门的基础上，新增承诺了22个服务部门，中国开放的大门越开越大。服贸会设置的永久口号是"全球服务 互惠共享"，旨在吸引全球优质服务，与全球共享发展成果。服贸会的举办，集中展示了中国当前服务领域的发展成果，包括新业态新模式、开放政策、典型案例，不仅向全世界展示了中国所取得的发展成就，供其他国

---

① 《欢迎参加2022年中国国际服务贸易交易会》，商务部网站，2022年8月15日，http://dk. mofcom. gov. cn/article/f/202208/20220803340913. shtml。
② 《2015年国民经济和社会发展统计公报》，中国政府网，2016年2月29日，https://www.gov.cn/xinwen/2016-02/29/content_ 5047274. htm。

家借鉴学习，也向世界展示了中国的发展机遇，让全球企业更深刻地了解中国市场动向，寻找中国商机。伴随市场开放水平的不断提升，中国将与世界各国共同分享经济发展的成果，与全球共享中国服务业快速成长的巨大机遇。

（三）为全球治理提供了中国方案

服贸会作为全球服务贸易领域唯一的国际性展会，始终紧跟全球经贸发展趋势，聚焦服务贸易领域的热点、难点，汇聚全球精英，共谋发展良策。当前，全球经济发展绿色化、数字化趋势明显，但是在发展过程中依然遇到许多难题。比如，全球碳交易制度有待健全，绿色贸易尚处于发展阶段；全球数字贸易壁垒不断提升，数字贸易规则多边共识尚未达成，数字治理呈现碎片化等特点。为此，服贸会汇聚全球精英，为世界服务贸易创新发展积极贡献智慧，举办了7场高水平的高峰论坛、100多场专业论坛和行业会议，汇聚了各方政府工作人员、行业精英和专家学者，聚焦服务领域发展前沿、交流服务领域最新研究观点，为全球服务贸易创新发展、世界服务业开放贡献了重要智慧和力量。同时，在服贸会上，中国集中展示了自身推动服务贸易创新发展的新举措、新办法、新政策，向世界展现了中国服务贸易创新发展的新业态、新模式，将中国服务贸易发展的成果和相关治理政策呈现给世界，让世界其他国家借鉴中国的发展经验，带动大家共同发展。服贸会不仅成为中国经验展示的平台，也成为全球服务贸易热点问题及公共治理的重要交流平台。中国通过切实的举措、负责任的态度为全球服务贸易治理贡献巨大力量。

三 服贸会对我国服务贸易高质量发展的作用机制

服贸会的举办，吸引了全球多个国家和地区优秀企业的集聚，对于我国持续提升开放水平、引进全球优质服务、吸引外商投资具有重要推动作用，也帮助国内企业更好地了解国际需求、开拓国际市场。可以说，服贸会对我国服务贸易高质量发展具有重要积极作用。

（一）有利于我国扩大对外开放

党的十八大以来，我国持续推动服务业开放，构建全面开放发展的新格局。服贸会连续举办十年，始终聚焦我国服务贸易创新发展和服务业开放。不仅采取了推动我国服务业开放的务实举措，也促进了我国开放经验的交流和成果的共享。

服贸会宣布了我国推动服务业开放的新举措。2020 年服贸会上，习近平主席宣布推动北京打造国家服务业扩大开放综合示范区，聚焦服务业开放，探索可复制可推广经验，并设立以科技创新、服务业开放、数字经济为主要特征的自由贸易试验区，构建京津冀协同发展的高水平开放平台，带动形成更高层次改革开放新格局。[1] 2021 年 9 月，商务部推广 10 项北京国家服务业扩大开放综合示范区建设经验做法，为我国推动服务业开放发展提供了宝贵经验。建设服务业扩大开放综合示范区成为我国持续深化改革、推进服务业高质量发展的务实举措。

服贸会成为我国促进开放发展的经验交流平台。党的十八大以来，中国始终坚持推动服务业扩大开放，降低服务贸易壁垒。先后打造了 21 个自由贸易试验区，不断降低市场准入门槛，探索扩大开放的相关政策，促进贸易自由化发展。发布《自由贸易试验区外商投资准入特别管理措施（负面清单）》，内容由 190 条缩减至 27 条，制造业实现条目清零，重点推动服务业扩大开放，推动了外资市场准入，提升了以商业存在模式提供的服务贸易的发展。在服务贸易领域，服贸会集中展示我国服务贸易创新发展试点、服务外包示范城市、特色服务出口基地的发展成就。目前，我国服务贸易已经形成"一试点、一示范、多基地"的开放发展格局，共有 28 个服务贸易创新发展试点、37 个服务外包示范城市，还有超过 110 家特色服务出口基地，涵盖了数字服务、中医药、文化、人力资源、地理信息、知识产权和语音服

---

[1] 《习近平在 2020 年中国国际服务贸易交易会全球服务贸易峰会上的致辞（全文）》，"新华网"百家号，2020 年 9 月 4 日，https：//baijiahao.baidu.com/s？id＝16769109438930621 52&wfr＝spider&for＝pc。

务七大特色服务领域。服务贸易开放与创新发展载体平台不断完善。服贸会集中展示了这些服务领域的政策举措和发展成就，促进各地不断交流开放经验、分享开放成果，将服务业开放和服务贸易自由化的好经验、好做法不断提炼共享，成为我国推动全面深化改革、持续扩大开放的重要经验交流平台。

（二）有利于我国引进全球优质服务

服贸会是目前全球唯一一个以服务贸易为主题的展会。服贸会的举办，吸引了全球优质服务的集聚，不仅有利于促进全球服务贸易的融合发展，也有利于推动我国引进全球优质服务，推动我国服务贸易高质量发展。

服贸会为我国引进优质服务提供了重要机遇，为解决社会发展问题提供了新方案。当前，我国服务业增加值在 GDP 中的占比超过 50%，我国已经进入服务经济社会。我国每年都有大量人员走出国门，出境旅游、海外求学、海外就医。这一方面说明我国消费能力日益增强，另一方面说明我国在服务和产品的提供上存在不足，存在区域发展不平衡、产业发展不充分的问题，尤其是高端产品和服务供给存在短板。国内发展不平衡不充分，对我国产业升级、技术革新、消费提升都产生一定的阻碍。扩大优质服务进口，可以有效加强人力资本、数据要素、知识专利等核心要素的引进，通过提升服务质量，实现制造投入服务环节的质量提升，不仅有利于提高制造环节附加值，还可以通过进口溢出效应推动国内服务向更高水平发展。通过服贸会扩大优质服务进口，为国内发展带来世界先进技术、产品和服务，为改善国内有效供给、实现高质量发展提供了新方案。

服贸会为全国各省份招商引资提供了重要机遇。在全球经济发展受阻的情况下，我国采取多种措施推动稳外资、稳外贸，各个省份积极寻找优质外资企业，加大对外资企业的吸引力度。服贸会邀请全球优秀服务领域企业集中展示，为各省份提供了重要的招商引资机遇。各省份可以根据自身发展需要，选择重点领域的重点企业进行合作洽谈，通过招商引资，推动本地服务产业多元化发展，完善产业链条。服贸会的举办还为我国各地发展提供了新思路、新经验。服贸会展示了全球顶尖企业的发展动向，也包含各服务领域的发展成果。2022 年服贸会，达成各类成果 1339 个，百余项新产品、新技术首发首秀，[①] 向我国各省份展示了服务领域发展的前沿动态和各种新业态新模式，为各省份促进服务产业创新发展提供了重要思路。服贸会的举办，为我国各地服务产业创新发展提供了学习平台。

（三）有利于推动我国服务"走出去"

举办服贸会，向我国企业展示了世界各个国家和地区的发展情况以及优秀企业的发展案例，为我国众多市场主体提供了一个更好地了解世界、与各个国家和地区建立合作的良机，有利于我国企业"走出去"。

服贸会可以帮助国内企业寻找对外贸易商机，扩大服务出口规模。服贸会累计吸引了全球 195 个经济体 495 余个境外商协会和机构 170 余万人次参展，[②] 充分展示了各经济体服务贸易的发展情况和前沿方向，充分展示了各个国家和地区服务贸易合作发展情况，可以让我国市场主体积极了解各个国家和地区的服务需求，根据自身优势提供优质服务，通过满足国际需求、建立国际业务合作扩大我国服务出口。

服贸会让我国更好地了解各个国家和地区的发展环境，有利于我国服务领域对外投资。服贸会通过国别展会以及各个国家和地区参与的研讨会等形式，让我国企业更加深入地了解各个国家和地区的投资需求，帮我国有能力的企业进行海外投资合作，拓展国际市场。同时，通过深入沟通，可以更加有效地了解各个国家和地区的营商环境，包括制度政策、风土人情等，更好地帮助我国企业降低投资风险、寻找投资良机、开拓国际市场。

---

① 《2022 年服贸会达成成果 1300 余个》，中国政府网，2022 年 9 月 5 日，https://www.gov.cn/xinwen/2022-09/05/content_ 5708401. htm。
② 《优势与作用》，中国国际服务贸易交易会网站，2023 年 8 月 11 日，https://www.ciftis.org/article/61394/。

四　未来展望

（一）促进国际合作，维护多边主义

中国始终坚持维护多边主义，促进世界各方合作，推动经济全球化发展。中国将继续深化服贸会促进国际交流与合作的作用，扩大服贸会"朋友圈"，加强与各方交流与合作，通过务实的举措推动经济全球化发展，促进全球技术、人才、资金、数据等要素的有序流动，防止"脱钩断链"，反对部分经济体构筑的"高墙小院"，维护全球产业链、价值链、供应链的稳定。维护以世界贸易组织为核心的多边贸易体制，支持争端解决上诉机构恢复正常运行。积极推动 WTO 框架下的国际规则体系，维护多边经贸体制在国际规则领域的主渠道地位，重点加强贸易与环境、电子商务等领域规则谈判，推动服务业开放发展，降低各国贸易壁垒，推动投资与贸易便利化自由化发展。

（二）持续扩大开放，共享发展机遇

服务业开放是当前国际规则的重点内容，是各个国家和地区推动开放的重点领域。服贸会作为我国对外开放的重要平台，自举办以来，一直受到世界各方好评。下一步，中国将借助服贸会平台，持续深化服务领域开放，加强典型案例剖析，促进各地交流开放发展经验，推动可复制可推广经验形成，分享各地推动开放的好方式好做法，降低服务贸易壁垒。中国将继续加大服务业扩大开放综合试点的开放压力测试，探索服务业开放相关制度与政策，完善服务贸易创新发展试点、服务外包示范城市、特色服务出口基地等开放发展载体建设，积极对接 CPTPP 与 DEPA 等高标准国际规则，在服贸会上向世界集中展示。同时，中国作为世界重要的经济体，拥有广阔的发展空间和巨大的市场潜力，伴随中国服务业开放水平不断提升，中国将为世界提供巨大的发展机遇。之后，服贸会将把中国服务产业开放和服务贸易发展的最新成果不断向世界展示，让各方参与中国快速改革开放、创新发展的服务领域大市场，共享发展机遇，共享发展红利。

（三）坚持包容普惠，贡献中国方案

中国致力于打造更具包容性的治理体制。目前，各个国家和地区服务业开放水平不一，主要是因为各个国家和地区服务产业发展水平存在较大差异。部分发达经济体为了维护自身利益，构建"小圈子"，推动区域和双边新型规则，并不能完全代表广大发展中国家的利益诉求。中国作为世界大国，愿通过服贸会的窗口，与 WTO、OECD、UNCTAD 等国际组织加强合作，通过加强交流与探讨，共同缓解区域冲突、推动缩小世界贫富差距，与各方携手将服贸会打造成开放创新、互惠共享的合作平台，共同探索更具包容性、更可持续、更具活力的全球经济治理模式，解决世界贸易碎片化问题，努力引导经济全球化持续健康包容发展，打造人类命运共同体，为世界经济健康发展、人类共同富裕提供中国方案。

参考文献

《习近平在 2021 年中国国际服务贸易交易会全球服务贸易峰会上发表视频致辞》，中国新闻网，2021 年 9 月 2 日，https：//m. chinanews. com/wap/detail/zb/3589. shtml。

《服贸会亮点纷呈，服务贸易发展面临新机遇》，"中国网推荐"百家号，2022 年 8 月 31 日，https：//baijiahao. baidu. com/s？id＝1742695091523674988&wfr＝spider&for＝pc。

《中国服务贸易发展这十年》，"今日中国"百家号，2022 年 9 月 1 日，https：//baijiahao. baidu. com/s？id＝1742723173963886522&wfr＝spider&for＝pc。

附　录　北京对外开放大事记（2022）

对外经济贸易大学北京对外开放研究院课题组*

1月

1月4日　中共中央总书记、国家主席、中央军委主席习近平在北京考察 2022 年冬奥会、冬残奥会筹办备赛工作。

1月6日　北京市第十五届人民代表大会第五次会议在北京会议中心隆重开幕。市长陈吉宁代表北京市人民政府向大会报告工作。

1月7日　北京市第十五届人民代表大会第五次会议举行"推动新时代首都发展"新闻发布会，相关部门负责人围绕全国文化中心建设、科技冬奥、全球数字经济标杆城市建设、国际消费中心城市建设、接诉即办"每月一题"等工作介绍情况，通过一组组亮眼而翔实的数据，展现出新时代首都发展的新成就、新图景、新气象。

1月11日　"2021 中关村国际前沿科技创新大赛总决赛"在中关村示范区展示中心举行，从中国、英国、德国、爱尔兰、意大利、新加坡、日本等海内外上千个项目中突出重围的 23 个硬科技项目会师总决赛。

1月14日　以"相约北京冬奥　共谋合作发展"为主题的北京冬奥会

* 课题组负责人：王颖，经济学博士，对外经济贸易大学国家对外开放研究院常务副院长、研究员，主要研究方向为对外开放政策实践、中美经贸关系、国际贸易理论与政策。课题组成员：张焕，对外经济贸易大学国家对外开放研究院助理研究员，主要研究方向为公共管理、智库建设；王洁瑾，对外经济贸易大学国家对外开放研究院助理经济师，主要研究方向为金融管理、智库建设；田亚芳，对外经济贸易大学国际经济研究院 2022 级博士研究生，主要研究方向为数字经济、国际区域经济合作。

友城合作发展论坛开幕。来自 23 个国家的 72 个友好城市代表约 200 人通过线上线下形式参加。

1 月 15 日 中共中央政治局委员、北京市委书记、北京冬奥组委主席蔡奇视频会见了国际奥委会主席托马斯·巴赫。

1 月 17 日 国家主席习近平在北京出席 2022 年世界经济论坛视频会议,并发表题为《坚定信心 勇毅前行 共创后疫情时代美好世界》的演讲。

1 月 21 日 由北京市人民政府新闻办公室主办、中央广播电视总台国际在线承办,"感受双奥之城 分享魅力北京"——《魅力北京》系列电视片海外制作传播启动仪式在京举行。该系列电视片将重点展示北京 2022 年冬奥会场馆情况,以及北京科技创新、中轴线申遗、城市更新等内容,展现北京的人文魅力、科创魅力和"双奥之城"的魅力,向全世界传递奥运之美、北京之美、中国之美。

1 月 25 日 国家主席习近平在北京主持中国同中亚五国建交 30 周年视频峰会,发表题为《携手共命运 一起向未来》的重要讲话。

1 月 25 日 国家主席习近平在北京钓鱼台国宾馆会见国际奥委会主席巴赫。

1 月 25 日 中共中央政治局常委、国务院副总理韩正主持召开京津冀协同发展领导小组会议,深入学习贯彻习近平总书记有关重要讲话精神,贯彻落实党的十九届六中全会精神和中央经济工作会议部署,审议有关文件,研究部署下一步重点工作。

1 月 26 日 国家主席习近平向首届全球媒体创新论坛致贺信。首届全球媒体创新论坛当日在北京开幕,由中央广播电视总台主办。

1 月 27 日 在北京冬奥会倒计时 8 天之际,北京冬奥会 3 个赛区的冬奥村——北京、延庆和张家口冬奥村正式开村。

1 月 28 日 北京 2022 年冬奥会代表团团长例会以视频形式召开。北京市委书记、北京冬奥组委主席蔡奇,国际奥委会主席托马斯·巴赫致辞。

1 月 30 日 北京市人民政府发布《北京市营商环境创新试点工作实施

方案》，提出进一步破除妨碍市场资源配置的不合理限制，建立健全更加开放透明、规范高效的市场主体准入和退出机制，持续提升投资和建设便利度等 10 项主要任务。

2月

2月2日　北京 2022 年冬奥会火炬接力启动仪式在京隆重举行。北京 2022 年冬奥会火炬接力的主题是"迎接冰雪之约、奔向美好未来"。

2月4日　举世瞩目的北京第二十四届冬季奥林匹克运动会开幕式在国家体育场隆重举行。国家主席习近平出席开幕式并宣布本届冬奥会开幕。中华文明与奥林匹克运动再度携手，奏响全人类团结、和平、友谊的华美乐章。

2月5日　由北京奥运城市发展促进会举办的"奥运城市同携手·团结一起向未来"主题活动开幕。来自国际奥委会和世界奥林匹克城市联盟的执委会城市代表，在线分享奥运遗产传承方面的成果和经验，祝福北京冬奥会成功举办。

2月8日　北京冬奥组委举行宴会，欢迎来京参加第二十四届冬季奥林匹克运动会的国际奥委会主席托马斯·巴赫一行。中共中央政治局委员、北京市委书记、北京冬奥组委主席蔡奇，国际奥委会主席托马斯·巴赫致辞。

2月9日　北京市科学技术委员会、中关村科技园区管理委员会与天津市科学技术局、河北省科学技术厅联合举办"关于共同推进京津冀基础研究合作协议（第三期）"视频签约会，第三期京津冀基础研究合作协议顺利签约，协议将继续深入落实京津冀协同发展战略，推进基础研究合作开展。

2月10日　2022 北京新闻中心举行北京"两区"建设专场新闻发布会，披露北京"两区"建设新进展。

2月11日　中共北京市委办公厅、北京市人民政府办公厅发布《关于推进北京城市副中心高质量发展的实施方案》，提出强化科技创新引领，服务支撑北京国际科技创新中心建设；提升金融商务服务功能，建设国际商务服务新中心；紧抓"两区"建设契机，厚植服务业扩大开放新优势等工作任务。

2月11日 由2022北京新闻中心主办的"双奥之城新气象——2022中外媒体北京行"城市形象采访活动走进未来科学城"能源谷""生命谷"，来自27家中外媒体的40名记者现场感受了这块创新高地的魅力。

2月12日 北京市委书记、城市副中心建设领导小组组长蔡奇到城市副中心调查研究，并主持召开城市副中心建设领导小组全体会议。

2月15日 北京市政府召开常务会议，研究2021年北京市培育建设国际消费中心城市等事项。

2月16日 2022北京新闻中心主办"双奥之城新气象——2022中外媒体北京行"城市形象采访活动，邀请来自美国、法国、日本、韩国等国家的35家媒体的50余名中外媒体记者走进北京绿色交易所，深入了解北京市在推动绿色低碳发展和应对气候变化方面所取得的积极成效。

2月17日 国家发展和改革委员会公布了《国家发展改革委等部门关于同意京津冀地区启动建设全国一体化算力网络国家枢纽节点的复函》，同意在京津冀地区启动建设全国一体化算力网络国家枢纽节点，规划设立张家口数据中心集群。

2月17日 北京市委理论学习中心组学习（扩大）会举办构建新发展格局讲座，邀请商务部国际经贸关系司司长余本林围绕把握《区域全面经济伙伴关系协定》（RCEP）和高水平自贸协定重要机遇，推进更高水平对外开放做辅导报告。

2月18日 北京市市场监督管理局发布《北京市市场监督管理局培育和激发市场主体活力持续优化营商环境工作方案》，通过深化审批制度改革、加强监管执法体系建设、维护公平竞争秩序、营造优质高效的质量技术基础环境、提升政务服务水平等重点领域，将优化营商环境向纵深推进，不断培育和激发市场主体活力，切实增强企业和群众的获得感，助力北京全面建成国际一流营商环境高地。

2月18日　2022年，北京市投资促进暨"两区"招商引资和稳外资工作会议召开。会议总结了2021年全市投资促进、"两区"招商引资和稳外资工作情况，部署了2022年各项重点任务。

2月19日　在北京举行的国际奥委会第139次全会上，国际奥委会主席托马斯·巴赫向中国人民颁发奥林匹克奖杯，向中国人民对北京2022年冬奥会的支持表示感谢。

2月19日　由2022北京新闻中心主办的"双奥之城新气象——2022中外媒体北京行"城市形象采访活动，邀请了来自柬埔寨等国家42家媒体50余名中外记者走进城市副中心，探访五河交汇处、大运河森林公园、北京国际财富中心、张家湾设计小镇，感受北京城市副中心的勃发生机和高质量发展步伐。

2月20日　第二十四届冬季奥林匹克运动会闭幕式在国家体育场隆重举行。习近平、李克强、栗战书、汪洋、王沪宁、赵乐际、韩正、王岐山等党和国家领导人，国际奥委会主席托马斯·巴赫出席闭幕式。

2月22日　北京市政府召开常务会议，研究《北京国际科技创新中心建设重点任务2022年工作方案》等事项。

2月24日　北京市商务局召开2022北京消费季首场新闻发布会。2022北京消费季将以"约惠北京，乐享生活"为主题，开启首秀北京、时尚北京、潮购北京、智惠北京、文享北京、炫彩北京、寻味北京、品质北京八大活动板块，打造24项全市性标志活动，持续带动各区、各商协会和企业举办多项促消费活动。

2月25日　北京冬残奥村正式开村。

2月27日　北京市委书记、北京冬奥组委主席蔡奇视频会见了国际残奥委会主席安德鲁·帕森斯。

3月

3月1日　2022年（春季）全国消费促进月·北京消费季启动活动在

环球主题公园城市大道举办。启动活动紧扣"约惠北京，乐享生活"主题，全面展示消费季特色亮点。

3月1日 北京市人民政府办公厅发布《打造"双枢纽"国际消费桥头堡实施方案（2021—2025年）》。"双枢纽"将成为国际消费中心城市新标杆，拓展航空主业消费，提升具有空港特色的免税、保税、商务等消费功能，丰富消费场景和体验。

3月2日 国家主席习近平复信国际奥委会主席托马斯·巴赫。习近平指出，北京2022年冬奥会已经圆满落幕。中方全面兑现办奥承诺，为世界奉献了一届简约、安全、精彩的奥运盛会，得到国际社会高度评价。

3月4日 北京2022年冬残奥会开幕式在国家体育场隆重举行。国家主席习近平出席开幕式并宣布北京2022年冬残奥会开幕。

3月11日 北京市商务局印发《促进首店首发经济高质量发展若干措施》，推出建立品牌首店首发服务体系、支持品牌首店落地发展、打造全球品牌首发首秀展示平台、支持商业品牌总部发展等具体措施，着力将北京打造成国内外知名品牌集聚地和原创品牌孵化地。

3月13日 北京2022年冬残奥会闭幕式在国家体育场隆重举行。习近平、李克强、栗战书、汪洋、王沪宁、赵乐际、王岐山等党和国家领导人，国际残奥委会主席安德鲁·帕森斯出席闭幕式。

3月17日 北京市政协召开"推动中关村开展新一轮先行先试改革，加快建设世界领先的科技园区和创新高地"重点协商议题开题会暨情况通报会。

3月18日 中关村新一轮先行先试改革动员部署会召开。会议强调，开展中关村新一轮先行先试改革，是党中央赋予北京的光荣任务和历史责任，有利于释放科教资源创新潜力、激发创新创业主体活力、优化创新创业生态，有利于加快国际科技创新中心建设，有利于发挥中关村示范引领作用，引领我国未来科技创新方向，赢得国际科技竞争主动权。要聚焦重点任务，扎实推动改革举措落地见效。

3月18日 中关村论坛执委会召开全体会议，研究部署2022中关村论坛筹办工作。

3 月 22 日　北京市政府召开智慧城市建设工作调度会，总结 2021 年智慧城市建设工作，研究部署 2022 年重点任务。

3 月 29 日　北京推进国际交往中心功能建设领导小组全体会议召开。

3 月 29 日　北京市委外事工作委员会全体会议召开。会议强调，要深入学习贯彻习近平外交思想，发挥首都独特优势，推动北京外事工作高质量发展，更好服务党和国家对外工作大局，以实际行动迎接党的二十大胜利召开。

3 月 31 日　北京市人民政府办公厅发布《北京市关于支持外资研发中心设立和发展的规定》，从人才服务、科研激励、知识产权、营商环境、属地保障五大方面制定了相应政策内容。

3 月 31 日　北京市第十五届人民代表大会常务委员会第三十八次会议通过了《中国（北京）自由贸易试验区条例》，自 2022 年 5 月 1 日起实施。

4月

4 月 1 日　由北京 CBD 管委会联合北京朝阳海关打造的全市首个"B&R·RCEP 创新服务中心"正式成立。该中心将为"一带一路"共建国家、RCEP 成员国的重点进出口企业提供多项服务，助力企业享受 RCEP 带来的红利，为"两区"建设再加码，为区域经济发展再助力。

4 月 7 日　全国政协副主席、全国工商联主席高云龙率全国政协调研组来京调研数字经济发展情况，并召开专题座谈会。

4 月 7 日　2022 全球数字经济创新大赛在北京启动，该活动旨在聚集全球数字资源，促进数字技术和实体经济深度融合，激发企业创新活力，助力北京数字经济产业发展。

4 月 9 日　北京市委常委会扩大会议和北京冬奥组委党组扩大会议召开，学习贯彻习近平总书记在北京冬奥会、冬残奥会总结表彰大会上的重要讲话精神。

4月11日 北京市"两区"工作领导小组召开会议。会议指出,"两区"建设是"五子"联动融入新发展格局的关键一"子",是2022年稳增长的重要抓手。要进一步增强行动自觉,以制度创新促项目落地,以高水平开放助推高质量发展,更好服务国家开放发展大局。

4月13日 北京市委常委会召开会议,研究全面从严治党(党建)工作考核和促进平台经济规范健康发展等事项。

4月16日 部市共建北京国际科技创新中心现场推进会召开。

4月18日 北京市市场监督管理局发布《关于助企惠企促进市场主体发展壮大若干措施》,将着力为市场主体提供精准高效的服务,营造更加公平的竞争环境,持续降低企业制度性交易成本,支持市场主体发展壮大。

4月21日 北京市委理论学习中心组学习(扩大)会议举办构建新发展格局讲座,邀请住房和城乡建设部总经济师杨保军围绕现代化都市圈发展与实践做辅导报告。会议指出,培育发展现代化首都都市圈,有利于更好发挥北京"一核"辐射带动作用,在更大范围配置资源,优化提升首都功能,提高京津冀协同发展水平。

4月27日 北京市知识产权局发布《北京市知识产权信息公共服务体系建设行动方案(2022—2024年)》,从夯实知识产权信息公共服务基础、丰富知识产权信息公共服务产品和供给、提升知识产权信息服务能力和水平、营造优良知识产权信息服务环境等4个方面提出12项重点工作举措和41个具体工作着力点。

4月29日 北京市商务局发布《北京市"十四五"时期会展业发展规划》,提出立足首都功能定位,提升服务四个中心建设能力;优化空间布局,加强会展设施建设;突出首都特色,强化品牌战略;培育龙头企业,壮大市场主体;提升创新效能,完善服务体系等主要任务。

5月

5月11日 北京市商务局发布《把握RCEP机遇 助推"两区"高水

平发展行动方案》，提出提升货物贸易便利化水平、提升跨境电商发展效能、优化服务贸易发展环境等 9 部分 26 项措施。

5 月 13 日 北京海关发布《"四优四提促五子"促进外贸保稳提质若干措施》，推出 28 项具体举措，持续优化口岸营商环境，服务打造高水平、制度型对外开放格局。

5 月 18 日 北京市委常委会召开会议，研究关于促进国家服务业扩大开放综合示范区建设的决定和住房租赁条例、中轴线文化遗产保护条例立法工作等事项。

5 月 18 日 由北京市商务局、中国工商银行北京市分行主办，西麦克展览公司、世界贸易网点联盟北京中心、北京国际经济贸易发展协会承办的"北京市外贸进出口线上展洽会（南美专场）"在京开幕。

5 月 19 日 金砖国家政党、智库和民间社会组织论坛以视频方式在京开幕。中共中央总书记、国家主席习近平向论坛致贺信。

5 月 20 日 北京"两区"建设"全球超链接"系列活动之德国线上专场推介会——中德通用航空及文旅服务产业对接会，以线上形式在北京和德国柏林、法兰克福、科隆、杜塞尔多夫等多个城市同步举办。

5 月 20 日 北京 CBD 全球数字会客厅上线，将从数字化招商、办公服务及商务拓展与推广等方面，帮助企业实现线上办公和真实场景的商务洽谈。

5 月 25 日 北京市第十五届人民代表大会常务委员会印发《关于促进国家服务业扩大开放综合示范区建设的决定》。

5 月 27 日 北京市地方金融监督管理局、中国人民银行营业管理部、中国银行保险监督管理委员会北京监管局、中国证券监督管理委员会北京监管局联合发布《关于推进北京全球财富管理中心建设的意见》，旨在加快推动全球财富管理中心建设，推进更高水平金融开放合作，助力首都金融业高质量发展。

5 月 30 日 北京市经济和信息化局发布《北京市数字经济全产业链开放发展行动方案》，以"数据驱动、开放创新、应用牵引、安全发展"为原则，研提 6 个方面 22 条改革措施，努力打造数据驱动的数字经济全产业链发展高地。

6月

6月7日 京津冀三省市常务副省（市）长联席会以视频方式召开，会议深入学习贯彻习近平总书记关于京津冀协同发展的重要讲话和指示批示精神，围绕相关议题进行交流，扎实推进京津冀协同发展向纵深迈进。

6月10日 北京市政协以视频会议形式举办"科学精神与国际科创中心建设"学习宣讲会，邀请清华大学科学史系主任吴国盛做专题报告。

6月15日 北京市人力资源和社会保障局、北京市发展和改革委员会、北京市财政局、北京市商务局、北京市市场监督管理局联合发布《关于推进新时代首都人力资源服务业高质量发展的若干措施》，提出强化转型升级新动能、构建规模发展新格局、拓宽对外开放新空间等7个方面17项具体举措。

6月16日 中共中央政治局常委、国务院副总理、中国环境与发展国际合作委员会主席韩正在北京出席国合会2022年年会暨国合会30周年纪念活动。本次年会以"构建包容性绿色低碳经济"为主题。

6月16日 北京市科学技术委员会、中关村科技园区管理委员会发布《关于推动中关村加快建设世界领先科技园区的若干政策措施》，提出加快培育创新型世界一流企业、促进科技金融深度融合发展、支持园区高端化专业化集约化服务能力提升等支持方向和重点。

6月21日 北京市人民政府办公厅印发《北京市关于实施"三大工程"进一步支持和服务高新技术企业发展的若干措施》，提出实施"三大工程"、支持创新要素向企业集聚、健全工作机制3部分17条措施。

6月21日 北京市政协围绕"推动中关村开展新一轮先行先试改革，加快建设世界领先的科技园区和创新高地"，组织部分市政协委员到海淀区高科技企业和新型研发机构调研。

6月23日 国家主席习近平在北京以视频方式主持金砖国家领导人第十四次会晤并发表题为《构建高质量伙伴关系 开启金砖合作新征程》的重要讲话。

6月24日　国家主席习近平在北京以视频方式主持全球发展高层对话会，并发表题为《构建高质量伙伴关系　共创全球发展新时代》的重要讲话。

6月24日　北京市政府国际版门户网站品牌推广及影响力提升外国人座谈会在线上举办。

6月29日　"北京智能制造国际项目合作对接会"以线上线下形式成功举办，本次会议旨在推动国际智能制造领域洽谈合作，加强国际智能制造项目交流对接。

7月

7月1日　北京市人力资源和社会保障局、北京市人才工作局发布《北京市境外职业资格认可目录（2.0版）》，对持2.0版目录内境外职业资格的专业人员提供支持措施和便利化服务，构建具有国际竞争力的引才用才机制，助力打造世界一流营商环境，吸引国际化专业人员来京创新创业。

7月5日　中国国际服务贸易交易会执委会第一次全体会议召开，研究部署2022年服贸会筹办工作。

7月8日　中关村论坛组委会第二次全体会议在京举行。会议指出，本届论坛以"开放合作·共享未来"为主题，要通过论坛展示我国坚持推进开放合作，携手应对人类面临的气候变化、疫情等共同挑战的决心，通过本次论坛进一步凝聚全球各界共识，为促进全球科技创新交流合作做出新贡献。

7月10日　"意大利之源——古罗马文明展"在京开幕。此次活动由中国国家博物馆、意大利文化部博物馆司、罗马国家博物馆和意大利驻华使馆共同主办，中意两国政要、政府机构官员、文化界代表等近100人以线上线下方式出席。

7月12日　世界互联网大会成立大会在京举行。此次成立大会采用线下线上相结合的方式举行，来自18个国家和地区的会员代表、国际组织代表、国内外知名专家学者、中国政府有关部门负责人等约 150 人与会。

7 月 12 日 北京市商务局等 12 部门发布《加快建设一刻钟便民生活圈
促进生活服务业转型升级的若干措施》，旨在推动北京市生活服务业转型
升级，满足市民日益增长的美好生活需要，助力北京国际消费中心城市和国
际一流的和谐宜居之都建设。

7 月 12 日 北京市政府召开常务会议，研究《北京市数字经济促进条
例（草案）》等事项。

7 月 15 日 北京市政协和市委统战部联合召开议政会，围绕"推进建
设博物馆之城 助力全国文化中心建设"协商议政。

7 月 15 日 北京市商务局等 7 部门发布《北京市促进离岸贸易创新发
展的若干措施》，围绕建立离岸贸易协调工作机制、推进跨境结算便利化和
融资便利化、完善监管保障措施等 6 个方面提出 14 项措施。

7 月 19 日 北京市委书记蔡奇以视频形式会见了美国瓦里安医疗系统
公司首席执行官陶克瑞。

7 月 19 日 北京市经济和信息化局、北京市商务局发布《北京市数字
消费能级提升工作方案》，提出推动直播电商产业集聚升级、推进跨境直播
电商创新发展、构建直播电商专业人才体系等 8 类 25 项重点任务。

7 月 20 日 中共中央政治局委员、北京市委书记蔡奇与参加"同心同
行"——2022 两岸青年峰会的台湾方面代表座谈。

7 月 20 日 北京市委副书记、市长陈吉宁调研优化营商环境重点工作，
并主持召开营商环境调度会，研究部署世行迎评、数字政务建设等重点
任务。

7 月 20 日 北京市委常委会召开会议，研究 2022 年国民经济和社会发
展计划上半年执行情况、国际消费中心城市和全球数字经济标杆城市建设等
事项。

7 月 20 日至 21 日 全国人大常委会副委员长万鄂湘率全国人大常委会
执法检查组在京开展外商投资法执法检查。北京市人大常委会主任李伟参加
实地检查。

7 月 21 日　由国务院台办、教育部、全国青联和北京市人民政府共同主办的 2022 两岸青年峰会在京开幕。此次峰会以"携手绘青春　奋进新时代"为主题。

7 月 28 日　全国人大常委会副委员长陈竺率调研组在京就数字经济发展情况开展调研。北京市人大常委会主任李伟与调研组一行座谈。

7 月 28 日　北京市人力资源和社会保障局、北京市市场监督管理局、北京市商务局印发《北京市营利性外商投资职业技能培训机构办学管理办法》，从管理总则、设立条件和程序、机构组织和教学活动、变更终止程序、监督管理、附则 6 个方面，对外商投资北京市营利性职业培训机构进行了系统性规范，是北京市职业技能培训领域对外开放的重要突破。

7 月 29 日　2022 全球数字经济大会在国家会议中心开幕。本次大会以"启航数字文明——新要素、新规则、新格局"为主题。

7 月 29 日　以"科技赋能未来　创新引领发展"为主题的全球未来科技创新合作大会在北京举行。大会由中国贸促会、全国工商联、中国科协、北京市人民政府、联合国工业发展组织、世界知识产权组织共同主办。

8月

8 月 3 日　北京市经济和信息化局发布《北京市促进数字人产业创新发展行动计划（2022—2025 年）》，确立了 5 项发展目标、3 类 12 项重点任务和 3 项保障举措。

8 月 5 日　由北京奥运城市发展促进会主办、北京奥运城市发展促进中心承办、北京市昌平区人民政府协办的第十三届北京奥运城市体育文化节在昌平区永乐青年体育大本营开幕。

8 月 8 日　北京市商务局、北京市财政局发布《北京市外经贸发展资金管理实施细则》《北京市外经贸发展资金促进服务贸易创新发展实施方案》《北京市外经贸发展资金优化服务进出口结构实施方案》《北京市外经贸发展资金支持北京市外贸企业提升国际化经营能力实施方案》，修订发布《北京市外经贸发展资金支持北京市跨境电子商务发展实施方案》《北京市外经贸发展资金支持北京市对外投资合作实施方案》。

8月12日 北京市科技战略决策咨询委员会成立大会暨第一次全体委员会议召开。

8月16日 2022年中国国际服务贸易交易会组委会全体会议在京召开。国务院副总理、组委会主任委员胡春华主持会议并讲话。

8月20日 2022世界机器人大会在北京经济技术开发区开幕。大会以"共创共享 共商共赢"为主题,重点关注机器人领域前沿技术发展和产业应用赋能,全方位展示机器人领域的新技术、新产品、新模式、新业态,打造专业化、国际化的产业交流合作平台,推动机器人领域技术创新、学术交流、企业服务和人才培养,促进机器人科技与产业创新。

8月23日 国家发展和改革委员会与世界经济论坛共同组织跨国企业会员赴北京市通州区开展2022年首场"行走的达沃斯"活动。此次活动的主题为"加速绿色低碳转型,落实气候变化《巴黎协定》和《2030年联合国可持续发展议程》"。

8月23日 北京市政府召开常务会议,研究2022年上半年北京培育建设国际消费中心城市有关情况等事项。

8月24日、25日 北京市市长陈吉宁分别会见了德国拜耳集团大中华区总裁周晓兰和荷兰飞利浦公司全球执行委员会委员、大中华区总裁何国伟,围绕医疗健康、农业科技等方面合作进行交流。

8月25日 第五届中非媒体合作论坛以线上线下结合方式在北京开幕。本届论坛由国家广电总局、北京市人民政府、非洲广播联盟共同主办,来自40多个国家和地区的240余位中外嘉宾参加。

8月26日 HICOOL 2022全球创业者峰会开幕式在中国国际展览中心(新馆)举行。峰会以"创业同心 相聚创新"为主题,鼓励全球创业者们交流互鉴、开放合作。

8月26日 北京市金融服务工作领导小组发布《北京市"十四五"时期金融业发展规划》,重点提出了强化大国首都金融功能,高水平建设国家金融管理中心；优化首都金融组织体系，打造具有全球竞争力的现代金融业态等 10 个方面 55 项主要任务。

8 月 27 日　2022 世界新能源汽车大会在京开幕。本届大会以"碳中和愿景下的全面电动化与全球合作"为主题，重点就全面电动化与绿色低碳转型、氢能与燃料电池汽车商业化、全球产业链协同与跨界融通等领域，会聚全球政产学研各界人士进行深度研讨，并发布大会共识。

8 月 29 日　北京市委书记、北京冬奥组委主席蔡奇视频会见了国际奥委会主席托马斯·巴赫，向巴赫主席和国际奥委会给予北京冬奥会的支持表示感谢。

8 月 29 日　北京市第十五届人民代表大会常务委员会第四十二次会议通过《关于修改〈北京市优化营商环境条例〉的决定》，该决定自公布之日起施行。结合北京市开展国家营商环境创新试点和营商环境 5.0 版改革经验，并借鉴国际通行规则，本次条例修改共涉及市场准入、获得经营场所、市政公用设施报装等 3 个领域 9 项条款。

8 月 29 日　北京市人力资源和社会保障局印发《国家服务业扩大开放综合示范区和中国（北京）自由贸易试验区对境外人员开放职业资格考试目录（2.0 版）》，进一步拓宽境外人员在京参加职业资格考试项目范围，支持境外人员在北京市内申请参加目录内职业资格考试。

8 月 29 日　北京市人力资源和社会保障局印发《国家服务业扩大开放综合示范区和中国（北京）自由贸易试验区建设人力资源开发目录（2022年版）》，其主要内容包括重点产业领域人力资源开发目录和技能人才急需紧缺职业（工种）目录。

8 月 30 日　北京市商务局印发《关于加快引导时尚类零售企业在京发展的指导意见（2022—2025 年）》，围绕"两库动态管理、三类资金支持、四项升级引导、品牌活动助力"提出 10 项措施。

8 月 30 日　北京市市长陈吉宁以视频形式会见了瑞士诺华集团全球首席执行官万思瀚。

8 月 31 日　国家主席习近平向 2022 年中国国际服务贸易交易会致贺

信。2022 年中国国际服务贸易交易会于 8 月 31 日至 9 月 5 日在北京举行，主题为"服务合作促发展　绿色创新迎未来"，由商务部和北京市人民政府共同主办。

8 月 31 日　2022 年中国国际服务贸易交易会全球服务贸易峰会在北京举行。中共中央政治局委员、国务院副总理胡春华在峰会上宣读了习近平主席的贺信。中共中央政治局常委、国务院副总理韩正出席峰会并发表主旨演讲。

9月

9 月 1 日　2022 年中国国际服务贸易交易会全球服务贸易企业家峰会在国家会议中心举行。全球服务贸易企业家峰会作为 2022 年服贸会 7 场高峰论坛之一，围绕"创新的力量"主题，把脉全球服务贸易企业在科技创新、管理创新、商业模式和业态创新的大势所趋，展望发展前景，反映企业诉求和期待。

9 月 1 日　2022 年中国国际服务贸易交易会"北京日"暨"两区"建设、两周年主题活动在国家会议中心举办。

9 月 1 日　2022 世界旅游合作与发展大会在国家会议中心开幕。本次大会在 2022 年中国国际服务贸易交易会期间举办，以"深化合作　创新发展"为主题，包括开幕式、特别论坛、主题发言、沙发论坛等四部分，旨在搭建全球旅游业界交流分享平台，凝聚共识、深化合作，寻求后疫情时代旅游业发展新动力。

9 月 1 日　2022 年中国国际服务贸易交易会"服务贸易开放发展新趋势高峰论坛"举行。

9 月 1 日　中共北京市委举行"中国这十年·北京"主题新闻发布会，重点介绍党的十八大以来，北京落实习近平总书记重要指示精神，贯彻党中央决策部署的生动实践，以及各项事业取得的新进展新成效。

9 月 2 日　北京市地方金融监督管理局等 8 部门发布《"两区"建设绿色金融改革开放发展行动方案》，提出完善绿色金融市场功能、支持绿色产业发展和绿色城市建设、深化绿色金融国际合作、完善绿色金融基础设施等4个方面22项措施。

9月3日　在2022年中国国际服务贸易交易会·中医药创新发展论坛开幕式上，由北京市知识产权局和北京市中医管理局联合制定的《北京市中医药知识产权夯基行动计划》正式发布，这是我国中医药行业首个省级区域性知识产权行动计划，具有重要意义。

9月5日　2022侨梦苑北京论坛在石景山区举办。此次论坛以"侨海汇智　创享未来"为主题，围绕侨企融入新时代首都发展路径、博物馆之城建设机遇等主题交流研讨，举行了侨海项目推介洽商会。北京侨商会还与百家海外商会在开幕式上签署了友好商会协议。

9月6日　北京市政府召开常务会议，传达学习贯彻习近平总书记向2022年中国国际服务贸易交易会致贺信精神，研究纵深推进"两区"建设、促进首都高质量发展等事项。

9月7日　以"践行'双碳'战略　汇聚绿色动能"为主题的"海创论坛·2022"在京开幕。本届论坛上，业内专家学者、跨国公司和优秀企业家代表将通过交流经验、探讨问题、共商对策，研究和破解我国推进"双碳"战略中的难点和挑战，深入探寻在"双碳"战略下的发展之路。

9月8日　北京市政协组织部分市政协委员就《北京市数字经济促进条例》立法协商开展调研。

9月15日　北京市人大常委会组织部分委员和代表到顺义区围绕纵深推进"两区"建设开展专题调研。

9月17日　2022全球能源转型高层论坛在昌平区未来科学城盛大开幕。本届论坛由国务院发展研究中心等4部委与北京市政府共同举办，以"数字赋能　绿色未来"为主题。

9月19日　北京市人大常委会主任李伟以视频形式会见了韩国首尔市议会议长金显基。

9月19日　第二十五届京台科技论坛以视频形式在北京、台湾两地同时举办。本届论坛以"探索新路径　融入新发展　共享新成果"为主题，将以线上线下结合方式举办两岸产业减碳合作研讨会、新兴产业合作、金融合作等专题论坛。

9 月 20 日 北京市人大常委会组织部分委员和代表，就进一步做好北京市数字经济促进条例立法工作开展专题调研。

9 月 22 日 中国人民银行营业管理部等 10 部门印发《金融服务北京地区科技创新、"专精特新"中小企业健康发展若干措施》，围绕建立完善会商机制、加强专项信贷支持、拓展直接融资渠道、提升跨境业务便利等 4 个方面，提出 15 项具体措施。

9 月 29 日 北京市市长陈吉宁以视频形式会见了德国科隆市市长何珂。

10月

10 月 10 日 中共北京市委、北京市人民政府印发《首都标准化发展纲要 2035》，旨在更好落实首都城市战略定位、建设国际一流的和谐宜居之都，以标准化助力高技术创新、促进高水平开放、引领高质量发展。

10 月 12 日 中国出口信用保险公司第三营业部、北京市商务局发布《关于加大出口信用保险支持进一步做好稳外贸稳经济大盘工作的若干措施》，从支持企业稳固传统市场，开拓新兴市场；降低企业投保成本，优化保单承保条件；提高理赔服务效率，提升保险服务效能等 5 个方面提出 13 项具体举措。

10 月 14 日 由北京市"两区"办、昌平区政府主办的北京"两区"建设之法国专场推介会在京举行。本次推介会主题为"携手并进 共享开放合作先机"。

10 月 24 日 北京市召开全市领导干部会议，传达学习贯彻党的二十大精神。

10 月 31 日 北京市政府召开常务会议，研究前三季度经济社会发展形势等事项。

11月

11月14日　中国银行保险监督管理委员会北京监管局发布《关于进一步发挥出口信用保险保单融资作用加强中小微外贸企业金融服务的通知》，引导北京辖内相关银行保险机构进一步做好出口信用保险保单融资业务，充分发挥政策性出口信用保险保单融资增信作用，切实满足中小微外贸企业金融服务需求。

11月16日　北京市委常委会召开会议，研究数字经济促进条例等事项。

11月17日　北京市金融监管局发布消息，近日中国证监会正式批复同意，在北京市区域性股权市场开展并启动股权登记和转让综合服务试点，这也是该项综合服务在全国的首个试点。试点将通过服务模式和产品创新，探索破解早期科创企业融资难题，进一步拓宽科创企业的融资渠道。

11月18日　第十五届北京市市长国际企业家顾问会议以视频形式举行，16位企业家顾问围绕"以高水平开放助推高质量发展，促进合作共赢""发挥'双奥之城'优势，建设高品质宜居城市"等议题为北京发展建言献策。

11月21日　以"踔厉奋发，共向未来——变局下的经济发展与金融合作"为主题的2022金融街论坛年会在京开幕。

11月21日　北京市经济和信息化局印发《关于推进北京市数据专区建设的指导意见》，从建立健全组织管理体系、完善专区数据供给机制、提升专区运营服务能力等5个方面提出14条具体举措。

11月23日　京津冀政协主席联席会议第八次会议在京以视频形式召开，会议主题为"构建现代化首都都市圈，推动京津冀协同发展"。

11月30日　北京市规划和自然资源委员会、北京市商务局发布《北京市商业消费空间布局专项规划（2022年—2035年）》，旨在加快推进北京国际消费中心城市建设，建立层次结构清晰、空间布局高效、功能业态完善、空间品质宜人的商圈体系，构建国际消费有魅力、城市消费有实力、地区消费有活力、社区消费高便利的全市商业消费空间新格局，打造"中国潮""国际范"与"烟火气"共融共生的国际消费中心示范城市、国际一流的和谐宜居之都。

11 月 30 日　北京市商务局发布《北京市商圈改造提升行动计划（2022—2025 年）》，启动新一轮商圈改造提升行动。

12月

12 月 2 日　北京市委全面深化改革委员会召开第三次会议，审议《北京市建立健全生态产品价值实现机制的实施方案》《关于加强和改进北京新视听国际传播工作的实施意见》《关于加强"微改革、微创新"经验总结推广工作有关情况的报告》等事项。

12 月 5 日至 7 日　国际奥委会执行委员会会议在洛桑召开。在 12 月 6 日的会议上，北京市副市长、北京冬奥组委执行副主席张建东在京通过视频会议方式做了陈述报告。

12 月 7 日至 8 日　第十八届"北京—东京论坛"在北京、东京两地以线上线下相结合的形式举行。本次论坛的主题是"维护世界和平与国际合作的中日两国责任——邦交正常化 50 周年之际的思考"。

12 月 8 日　中共中央政治局委员、北京市委书记尹力会见了两岸企业家峰会参访团。

12 月 14 日　第二十五届北京·香港经济合作研讨洽谈会开幕。本届洽谈会以"融入新格局　合作谱新篇"为主题，设置开幕式暨京港合作峰会和京港合作专题交流等环节，旨在宣介北京推进高水平对外开放成果，推进京港两地深化合作，提振两地携手创造更加美好未来的信心。

12 月 14 日　北京市人民代表大会常务委员会发布《北京市数字经济促进条例》，条例以习近平总书记关于建设科技强国、网络强国、数字中国、做强做优做大我国数字经济等讲话精神为指导，为"五子联动"推动北京高质量发展、加快建设全球数字经济标杆城市提供法治保障。

12 月 19 日　中共北京十三届市委财经委员会召开第三次会议，听取关于京津冀协同发展监测情况的汇报，书面审议北京市推动先进制造业和现代服务业深度融合发展的实施意见。

12 月 20 日　北京市商务局发布《"两区"建设国际收支便利化全环节改革工作方案》，聚焦提升经常项目外汇业务便利化水平、推进资本项目外汇业务便利化改革、推广跨境人民币结算业务等 5 个方面提出 17 项任务。

以上内容根据国家发展和改革委员会，外交部，北京市发展和改革委员会，北京市科学技术委员会、中关村科技园区管理委员会，北京市经济和信息化局，北京市人力资源和社会保障局，北京市规划和自然资源委员会，北京市商务局，北京市市场监督管理局，北京市人民政府外事办公室，北京市地方金融监督管理局，北京市知识产权局，北京海关，新华社，新华网，央视网，中国新闻网，中国日报网，中国网，《经济参考报》，首都之窗，"识政"公众号，《北京日报》，《北京青年报》，千龙网，石景山区融媒体中心等网站相关内容和报道整理。

Abstract

The *Annual Report on Beijing Opening-up Development* (*2023*) comprehensively reviews and deeply analyses Beijing's opening-up and development in 2022, identifies the problems existing in the process of Beijing's opening-up and development, and taps potential opportunities for Beijing's further opening-up in combination with the international situation and national strategies. This report further puts forward some ideas and suggestions to realize a higher level of opening to the outside world. The report is divided into five parts including general report, sub-report, special report, case report and appendix, and adopts various methods such as investigation and research, case analysis, horizontal comparison and empirical research to comprehensively describe the main characteristics and development trends of Beijing's opening-up, and provides a solid theoretical and factual basis for Beijing to further open up. The study found that under the complex and severe geopolitical risks faced by China, the level of Beijing's opening-up in 2022 has been stable and improved.

Based on the strategic positioning of "four central", Beijing has promoted the construction of "two districts" and "three platforms". The total volume of trade in goods has reached a record high for two consecutive years, the scale and quality of trade in services have significantly improved, and fruitful results have been achieved in the new stage of high-level opening-up. In terms of institutional innovation, Beijing has actively optimized the business environment, opened up space for international cooperation, improved the city's international influence through the "China International Fair For Trade In Services" and "the first city to host both the Summer and Winter Olympics", and actively explored the construction of the "The Belt and Road Initiatives" financing platform for small and medium-sized enterprises, the institutional innovation of the Beijing Pilot Free

Trade Zone and the innovation and development of Beijing's service trade. In terms of digital economy, Beijing continues to increase resource investment, strengthen digital infrastructure construction, and actively carry out international cooperation research on digital economy, providing a good business environment for the development of emerging business forms such as platform economy. In terms of consumption upgrading, Beijing, relying on its own profound cultural heritage, actively promotes cultural tourism consumption, promotes the construction of an international consumption center city, and has achieved remarkable results in "culture and sports", "culture and exhibition", "culture and health care".

This report believes that in 2022, Beijing has made a series of achievements in promoting a higher level of opening-up, but it still faces numerous tests from domestic and foreign economic situations. At present, the global economic situation is complex and severe, and the crisis of chain break keeps emerging, but the internal impetus of domestic economy is not strong enough, effective demand is still insufficient, key technologies are facing constraints, both the training mode and supply of high-quality personnel are inadequate. In the face of unknown risks and challenges, it is suggested that Beijing should adhere to the institutional opening-up, actively benchmark the international high-standard economic and trade rules and the World Bank's new evaluation standards for the business environment, innovate the high-level opening up system, and try first in the demonstration zone. Beijing should also continue to improve the business environment, strengthen international exchange and cooperation, and further promote the flow of factors. Meanwhile, Beijing needs to promote the development of digital technologies, promote industrial transformation and upgrading, stimulate the innovation vitality of enterprises, expand international market share, and enhance the position in the division of labor in the global value chain. It is also important for Beijing to promote the development of international consumption center cities, consumption expansion as well as maintaining economic stability. Moreover, Beijing should enhance the international influence of Beijing's cultural industries, integrate green concepts to build a smart city, and cultivate interdisciplinary talents based on practice.

Keywords: Opening-up; Construction of "Two Zones"; Institutional Innovation; Consumption Upgrading; Cultural Trade

Contents

I General Report

Abstract: The current international situation is becoming increasingly complex and volatile, the global economy is facing the test of low growth, and artificial intelligence has triggered a new technological revolution and industrial upgrading. The report of the 20th CPC National Congress clearly pointed out that China has entered the key stage of building a socialist modernized country in an all-round way and striving for the second hundred years. Beijing is building an open system for the service industry that is more adaptable to international economic and trade rules, making efforts to link up the "Five Sons", actively promoting the construction of the "Two Districts", and accelerating the empowerment of high-quality development of the economy. 2022 Beijing will continue to optimize the structure of the trade in goods; improve the scale and quality of the trade in services; and enhance the quality of high-technology trade. In 2022, Beijing will continue to optimize the structure of trade in goods; improve the scale and quality of trade in services; rapidly develop high-tech industries; increase foreign investment in many areas; further upgrade the business environment and empower business districts with new forms and modes of business; effectively enhance the international influence of the "City of the Olympic Games"; and promote the Beijing-Tianjin-Hebei regional cooperation with the help of the digital economy. In the face of unknown risks and challenges, Beijing will focus on building a new development pattern around services, focusing on systematic opening up, adhering to major national strategies, focusing on deepening institutional reforms in key areas of foreign exchanges and cooperation, such as investment, trade, finance, innovation, and so on, in order to build a higher level of a new open economy system.

Keywords: Opening up to the Outside World; Construction of the "Two Zones"; Import and Export Trade; Beijing

II Subject-reports

B.2 Research on Promoting the International Cooperation of the Digital Economy in Beijing

Lan Qingxin, Zhang Xinping / 034

Abstract: Against the backdrop of continuous advancement in the digital economy, engaging in international cooperation in the digital economy has become a crucial means to promote technological innovation, strengthen digital economic advantages, and enhance international competitiveness. As the capital of China and an international hub for technological innovation, Beijing's efforts to promote international cooperation in the digital economy serve as an important channel to integrate into the new development paradigm, enhance international influence, and establish itself as a benchmark city for the global digital economy. Based on a comprehensive review of the essence and characteristics of the digital economy, this report delves into the global trends in digital economic development and the current status of domestic digital economy. Through a comparative analysis of international, regional, and domestic aspects, the report systematically analyzes and summarizes Beijing's strengths and weaknesses in participating in international cooperation in the digital economy. Furthermore, the report provides targeted policy recommendations to drive the international cooperation of Beijing's digital economy. The study found that Beijing has obvious advantages in digital economy competitiveness, a strong foundation for digital economy development, and a constantly improving top-level design for international cooperation, but at the same time, there are limitations such as insufficient development of digital innovation and talents, digital governance environment that still needs to be improved, and a lack of discourse on digital trade rules. In view of this, the construction of Beijing's digital infrastructure, international cooperation in digital technology and talent cultivation, integration of international rule and standardization cooperation should be continuously promoted.

Keywords: Digital Economy; Digital Trade; International Cooperation

B.3 Research on Institutional Innovation and Industrial

Development of Beijing Pilot Free Trade Zone   *Lu Fuyong* / 055

Abstract: The construction of Beijing Pilot Free Trade Zone takes institutional innovation as the core task, and promotes industrial development through institutional innovation. The construction work focuses on key tasks such as scientific and technological innovation, digital economy, opening up of service industry, and coordinated development of Beijing, Tianjin and Hebei. Since the establishment of the Pilot Free Trade Zone, a total of 63 effective policy measures have been introduced. Among them, a total of 25 policies were issued by the governments of various districts and counties, the "Two Districts" Construction Office, and directly affiliated organs, accounting for 39.7%; The Beijing Municipal Government, municipal committees and bureaus, and other institutions have issued a total of 38 policies, accounting for 60.3%. By analyzing the tool structure, action cycle, policy object, intensity of action, and types of benefiting enterprises of the policies issued by the free trade pilot zone, it is found that the policy structure of the free trade pilot zone needs to be further optimized, and the compatibility between policy measures and industrial development needs to be further improved. Furthermore, this report proposes five policy optimization suggestions: firstly, improve the policy structure to provide more explicit support for key industries and growth enterprises; secondly, strengthen the overall planning and implementation of municipal industrial policies; thirdly, enhance policy support for the opening up of key service industries and the development of service trade; fourthly, promptly introduce effective policies and measures related to digital trade to align with advanced international rules; and fifthly, give high priority to policy innovation in key industries such as cultural industry, high-precision and advanced manufacturing, and business services.

Keywords: Beijing; Pilot Free Trade Zone; Institutional Innovation

B.4 The Key Areas and Implementation Paths in the Process of Education Opening up in Beijing

Xue Xinlong, *Zhou Yutong and Li Jing* / 068

Abstract: The opening up of education is an important part of China's reform and opening up. Education in Beijing needs to further clarify the key areas and implementation paths of education opening up in order to seek higher quality development. The report analyzes the development status of Education in Beijing's opening up from three aspects: current situation of education for studying in China, policy system for introducing overseas talents, and Sino foreign cooperation education. It points out that Education in Beijing's opening up to the outside world is mainly faced with the risk challenges such as the imperfect guarantee system of the international talent, the unbalanced development of Sino foreign cooperation in running schools, and the lack of practical experience in running schools abroad. Beijing should promote the opening up and development of education to the outside world via high-level education cooperation and talent exchange, the improvement of the governance system in Sino foreign cooperative education, and the reform of talent training system. At the same time, Beijing should promote implementation from four aspects: exploring the construction of an international high-end talent exchange platform and introducing and cultivating systems, optimizing the governance system of Sino foreign cooperative education to ensure the quality of education, innovating education supply models to improve the quality of education supply, and improving the construction of education organizational systems to promote international exchange and cooperation.

Keywords: Education Opening up; Scientific and Technological Innovation; Talents; Beijing

B.5   Research on the History and Development of Beijing International Talent Policy

Chu Xixi, Kuang Guoxin and Liu Xiangbo / 079

Abstract: Since the reform and opening-up, Beijing has always attached great importance to the construction of international talents. The policies of international talents' cultivation and introduction have experienced a historical evolution from decentralization to system, and from common policies to the coexistence of common and individual policies, which have played a positive role in building the construction of international S&T innovation center. In order to study Beijing's international talent policy in depth and systematically, this report collects 356 policy documents related to international talent issued by Beijing from 1980 to 2023, analyze its policy changes, systematically summarizes the main features and important contents of the policies and measures in each period, and make an outlook on the development of Beijing international talent policy. It is suggested to continue to make efforts from the aspects of strengthening the Party's management of talents, believing in the leading role of talents, deepening the reform of institutional mechanisms, paying attention to the introduction and education of talents and upholding fundamental principles and break new ground, so as to help building a "strong magnetic field" of international talent gathering.

Keywords: Reform and Opening-up; International Talent; Beijing

Ⅲ   Special Reports

（1）Institutional Opening Chapter

B．6　Analysis on Institutional Innovation Path of Service Trade

　　　Innovation Development in Beijing　　*Liu Bin*，*Zhu Xiaomei* / 095

Abstract：Service trade is an important field of international economic and trade cooperation both in current and future contexts. It is also a significant lever for promoting the new driving forces of China's economic development and constructing a strong trading nation. As the world's second-largest market for service trade, Beijing accounts for approximately one-fifth of the country's service trade volume. In 2020, Beijing became one of the pilot cities to comprehensively deepen innovation and development in the service trade sector. In recent years, Beijing's service trade has achieved scale improvement and structure optimization, and further expanded the opening of Beijing's service industry by relying on the "two districts" construction, and steadily promoted the quality and efficiency of service trade innovation and development. However, at this stage, there are still some development problems and institutional obstacles, such as insufficient utilization of foreign capital in service trade, branding of service trade, insufficient development of characteristic service trade, difficulty in institutional innovation due to the complexity of service trade, high barriers still exist in some service industries, and the opening of service industry fails to develop in coordination with service trade. In the future, Beijing can solve the current institutional innovation bottleneck by further opening up its service industry, and thus promote innovative development within the service trade sector.

Keywords：Service Trade；Institutional Innovation；Opening of Service Industry；Beijing

B . 7　Research on How Beijing Can Ease the Financing Difficulties of

the SMEs in the Belt and Road　　*Lan Qingxin*, *Tian Geng* / 105

Abstract: Since the Belt and Road Initiative was put forward, Beijing has seized the strategic positioning of the capital city and actively participated in high-quality economic and trade cooperation along the Belt and Road. SMEs, as an important participant in Beijing's economic development, have also established in-depth trade and investment partnerships with enterprises along the Belt and Road. However, the problem of financing is still plaguing the sustainable participation of Beijing SMEs in the Belt and Road construction. Although Beijing has made initial progress in solving the financing difficulties of SMEs, it still needs to firmly grasp its own advantages, and from the perspectives of enterprises, financial institutions, the government, and the social environment, works hard to comprehensively improve the financing capacity of SMEs, create a highly free and open financing environment, promote the financing of "Belt and Road", and deepen the "Belt and Road" financing.

Keywords: Small and Medium-sized Enterprises; Financing; Capital Market; Financial Center; The Belt and Road

（2）**Innovation Leading Chapter**

B . 8　Cross-Industrial Operation of Digital Platforms in Beijing:

Current Development and Typical Platform Analysis

Liu Hang, *Li Xiaozhuang* / 117

Abstract: The role of Beijing's platform economy in enabling the high-quality economic and social development has become increasingly prominent. This report first sorts out the current situation of Beijing's platform economy enabling high-quality development, and highlights the emergence of various new types of business and new types of models in Beijing's platform economy, among which the three subdivisions of online retail, online education, and health care are prominent, and on this basis, the important role played by Beijing's platform economy in economic development is further described from the three aspects of employment, innovation and consumption. This report then carefully reviews the various policies issued by the municipal and district governments in Beijing to promote the healthy development of the platform economy and better enable high-quality development. Then, this report discusses the mechanism of platform economy to empower high-quality development from three aspects: promoting employment, stimulating innovation, and boosting consumption. Finally, the report puts forward targeted policy recommendations from three aspects: improving the public service system of the gig market of the platform economy, guiding platform capital to enter the field of innovation, and empowering the new development pattern of "dual circulation" to promote household consumption.

Keywords: Platform Economy; Employment; Consumption; High-Quality Development; Beijing

B.9 Research on the Development and Countermeasures of Intelligent Production in Beijing under the Background of Digital Economy

Zheng Xiuxiu, Hou Yuqi and Zhang Chenxi / 140

Abstract: the report to the 20th National Congress of the Communist Party of China clarifies that the direction for the high-quality development of the manufacturing industry is "high-end, intelligent, and green". Industrial robots are the core equipment for intelligent manufacturing and a key driver for the intelligent production of the manufacturing industry. Beijing has already released a series of policies and measures to promote the development of industrial robots and accelerate the process of intelligent production. The research results of this report indicate the following: Firstly, the number of registered industrial robot enterprises in

Beijing is growing rapidly, with a low proportion of technology innovation enterprises and a high proportion of private enterprises in the ownership structure. Secondly, the output of industrial robots continues to expand in Beijing, with a large trade deficit. The ordinary trade regime domains Beijing's industrial robot exports and imports, and the main product type is handling robots. Those industrial robots are mainly imported from developed economies and exported to developing economies. Looking into the future, it is suggested that the relevant authorities in Beijing put more efforts in providing support for technology innovations, promoting international technology communications, regulating the industry market order, and optimizing the export structure and quality, therefore effectively supporting the construction of Beijing as an international science and technology innovation center and a benchmark city for the global digital economy.

Keywords: Intelligent Production; Industrial Robot; Import and Export; Digital Economy; Beijing

B.10 Deep Integration of Industry, Academia, and Research: A Case Study of Beijing Chaoyan Pharmaceutical Research Center *Zhang Miaomiao* / 155

Abstract: The deep integration of industry, academia, and research is the core content and important manifestation of innovation-driven development. Strengthening the role of corporate innovation entities, enhancing their leadership position, and promoting the deep integration of industry, academia, and research have become pivotal steps. This advancement propels the establishment of a synergistic innovation ecosystem led by enterprises, contributing significantly to the acceleration of Beijing's international science and technology innovation center. Taking Beijing Chaoyan Pharmaceutical Research Center Co., Ltd. as a case study, this report delves into its experiences in leading industry-academia-research collaboration. The center has primarily established a comprehensive platform for innovative drug development services. It has forged long-term partnerships with universities, institutes, industrial alliances, etc. , facilitating activities such as talent exchange, technological breakthroughs, and market research. These collaborations effectively ensure the synergy of industry, academia, and research in activities related to talent cultivation, technological innovation, and collaborative industry efforts. Promoting enterprise-led collaborative innovation among industry, academia, and research involves several key factors. Firstly, it requires exploring novel models for organizing core technological breakthroughs, strengthening top-level designs for pivotal technology innovation systems. Secondly, it necessitates a focus on national strategies and significant industrial demands, refining mechanisms for leading technology enterprises to participate in major national scientific and techno-logical tasks. Thirdly, it emphasizes the role of technology companies in leading the construction of innovative platforms for substantial core technology break-throughs. Fourthly, it underscores elevating the status of enterprises as primary forces in technological innovation, leveraging leading technology enterprises as key drivers. Lastly, it encourages active engagement of small and medium-sized enterprises in collaborative innovation between industry, academia, and research, augmenting safeguard mechanisms for technology enterprise-led collaborative innovation.

Keywords: Science and Technology Innovation Center; Industry-Academia-Research Collaborative Innovation; Technology Enterprises; Beijing

(3) **Business Environment Chapter**

B. 11 Optimizing the Business Environment of Beijing Port in the Context of World Bank's B-Ready Evaluation

—*the Perspective of Goods Trade* *Xu Chen* / 166

Abstract: Under the transformation of government functions and the reform goal of "Liberalization, Governance, Services", the optimization of the business environment of Beijing port has made remarkable achievements. On the basis of summarizing and comparing the performance of the World Bank's Doing Business indicators at Beijing and Shanghai ports, this report analyzes the methodology, index system and inspection elements of the new assessment of the World Bank's B-Ready project. This report believes that under the new evaluation background, Beijing should deeply study the investigation methods of the structure, dimension, pillar and index of the new evaluation index system related to trade in goods, benchmark the best practices of the international first-class business environment, and actively respond to them. In the new evaluation cycle, the characteristics of Beijing port should be combined with the requirements of the coordinated development of Beijing-Tianjin-Hebei, with the goal of improving service and efficiency, and the business environment of Beijing port should be promoted to a mature international first-class level.

Keywords: Business Environment; Port; Goods Trade; Beijing

B. 12　Research on the System Innovation of Cross-border Data
　　　　Flow in Beijing Under the Background of Optimizing
　　　　Business Environment

Zhou Nianli, Liu Chunmiao and Yu Meiyue / 192

Abstract: With the development of digital trade, the World Bank has included cross-border data flows into a new assessment system for the business environment, and put forward requirements for the governance of cross-border data flow in economies. As the city with the highest degree of digital economy development in China, Beijing can take the lead in carrying out institutional innovation of cross-border data flow to benchmark the new World Bank system and optimize the business environment. Meanwhile, China's cross-border data transmission mechanism based on "security assessment, standard contracts, personal information protection certification and other paths" has been initially established, providing effective guidance for Beijing to carry out cross-border data flow system innovation. Therefore, this report will focus on the above cross-border data transmission mechanism, combine the specific problems in practical operation, and put forward five core points for Beijing to carry out the system innovation of cross-border data flow : to assist the data exit security assessment mechanism to land smoothly, first explore the personal information protection certification mechanism, optimize the standard contract in line with the trade situation, open up the data exit green channel, and formulate post-exit regulations for data.

Keywords: Business Environment; Cross-border Data Flow; System Innovation; Beijing

B.13   A research on Promoting Negative List Management of
Cross-border Service Trade in Beijing by Benchmarking
International Standards

Liu Bin, Hu Mei and Liu Yuejun / 202

Abstract: Promoting the compilation of negative list of cross-border service trade and improving the management system of cross-border service trade are important measures for China to promote high-quality opening-up and align with international economic and trade rules. At present, some major developed economies in the world have accumulated some experience in the formulation of negative list of cross-border service trade, which is rigorous and standardized in format, accurate and flexible in content. The negative list of cross-border trade in services for Hainan Free Trade Port is the first negative list released by China in the field of cross-border service trade. Its openness level is higher than China's commitment to openness in the free trade agreements, but there is still room for improvement in the content and format of the list. Beijing takes a leading position in the devel-opment of service industry in China, so it should leverage the advantages of the "two zones" and the platform superposition effect, actively connect with international industrial classification and trade statistics standards, improve the level of service trade liberalization and facilitation, improve the transparency and standardization of the list based on in-depth research on the existing negative list in China, and strengthen risk prevention and supervision management. We will promote substantive opening up of the service sector, formulate a negative list of cross-border service trade with Beijing characteristics, and explore management experience that can be promoted to the whole country.

Keywords: Negative List of Cross-border Service Trade; International Economic and Trade Rules; Pilot Free Trade Zones

（4） **Consumption Promotion Chapter**

B.14　The "Persistence" and "Renewal" of Beijing Time-honored Brands under the construction of International Consumption Center City　　　　　　　　*Deng Huihui, Zhang Yiming* / 214

Abstract: As a famous historical and cultural city, Beijing has gathered a large number of time-honored brands. At present, Beijing time-honored brands have the characteristics of large number, long history, wide coverage of industries, good profitability and have economic, cultural, social, brand values. Beijing's policy of cultivating and building an international consumption center city provides a good development opportunity for Beijing time-honored brands in terms of enhancing international visibility, driving consumption upgrading and promoting digital transformation. Under the guidance of this policy, Beijing Time-honored brands actively promote the brand characteristics and craftsman spirit, innovative marketing methods, cross-border cooperation development model. In view of the problems of some Beijing time-honored brands, such as unclear brand positioning, outdated expression of aesthetic interest, and backward publicity concept, Beijing time-honored brands need to demonstrate their brand value through a reasonable grasp of brand positioning, innovative expression of aesthetic interest and consumption experience scenes, and so on, in the "stick" and "refresh".

Keywords: Beijing Time-honored Brand; Brand Construction; International Consumer Center City

B.15 Analysis of the Path and Countermeasures to Promote the High Quality Development of Cultural and Tourism Consumption in Beijing *Wang Haiwen, Sun Liuming* / 230

Abstract: At present, the cultural tourism consumption market in Beijing is experiencing a strong recovery, with cultural tourism products covering all types of consumption, and outstanding achievements in building cultural tourism brands. However, there are still shortcomings such as further diversification of cultural and tourism consumption entities, continuous optimization of the expenditure structure of cultural tourism consumption, and further expansion of regional space for cultural tourism consumption. To this end, we need to promote the high-quality development of Beijing's cultural tourism consumption through policies, supply, demand, and openness, with a focus on top-level policy design, supply side reform, demand side management, and digital technology applications.

Keywords: Cultural Travel Consumption; High Quality Development; Beijing

B.16 Research on the High-quality Development of Beijing Ice and Snow Industry in the Post-Olympic Era *Li Yanli, Li Yao and Sun Zhenni* / 245

Abstract: The Beijing 2022 Winter Olympics has stimulated the potential of Beijing's ice and snow market. At present, Beijing has laid a solid foundation for the high-quality development of Beijing's ice and snow industry in the post-Olympic era from the aspects of policy dividends, regional resource allocation, urban consumption vitality, the development of the ice and snow industry, and the dissemination of Olympic culture. At the same time, the rich Olympic legacy, the huge ice and snow consumption market, and the construction of Beijing international consumption center, international sports city, and scientific and technological innovation center all provide good opportunities for the development of Beijing's ice and snow industry. However, the Beijing ice and snow industry is also facing problems such as insufficient operation capacity of ice and snow venues, lack of product and service standards, weak advantages of local brands, and shortage of ice and snow talents. Therefore, the suggestions are as follows: make full use of the city's Olympic legacy and inject new momentum into the development of ice and snow; activate domestic sports consumption demand and enhance brand innovation awareness; promote the standardization construction and enhance the international discourse power; increase the input of ice and snow talent elements to perfect personnel training system.

Keywords: Ice and Snow Industry; High-quality Development; Post-Olympic Era; Olympic Legacy

Ⅳ Case Studies

B . 17 Build a High-level Open Platform and Innovate the Coordinated Development of Special Regions

—*the Development, Trend and Direction of the Comprehensive Bonded Zones in Beijing*

Xu Chen / 258

Abstract: From the perspective of the construction plans of Zhongguancun and Yizhuang Comprehensive Bonded Zones (CBZs), this report makes an overall analysis of the development status quo, new positioning and new role of the CBZs in Beijing, and analyzes and summarizes the favorable conditions, functional characteristics and system innovation of the development of the CBZs in

Beijing in combination with the nation-level reform policies and the innovation needs of enterprises in the special customs supervision areas. This report holds that the development of Beijing's CBZs has entered a new stage of rapid and collaborative development. In the new stage, from the perspective of the coordinated development of the Beijing-Tianjin-Hebei region, we should learn from the experience of the coordinated development and innovation within CBZs in Yangtze River Delta Region, and do a good job in the coordinated development of the CBZs in Beijing and them in Beijing-Tianjin-Hebei region, so as to build an integrated high-level open platform.

Keywords: Comprehensive Bonded Zone; Beijing-Tianjin-Hebei; Coordinated Development; Zhongguancun; Yizhuang

Abstract: Since its holding in 2012, the Service Trade Fair has been held for over ten years. During this period, the global economic development pattern has undergone profound changes, with service trade becoming an important engine of global economic growth, digital trade rapidly rising, and the game between major powers constantly intensifying. At the same time, China's service trade has also developed rapidly and achieved a series of significant achievements. The Service Trade Fair is the only international level exhibition in the field of service trade worldwide, and also one of the important national level exhibitions in China. The hosting of the Service Trade Fair has effectively promoted international exchange and cooperation, provided China with opportunities for world development, and contributed China's solutions to global governance. At the same time, the Service Trade Fair also plays a positive role in achieving high-quality development in China, promoting the continuous improvement of China's opening-up level, introducing global high-quality services, and promoting China's service internationalization. In the future, China will fully leverage the platform role of international trade fairs, promote international cooperation, uphold multilateralism, continue to expand openness and share development opportunities, adhere to inclusive development, and contribute China's strength to promoting the development of global service trade.

Keywords: CIFTIS; Trade in Services; Opening-up of Services Sector

Appendix: Chronicle of Events on Beijing's Opening to the
Outside World (2022)

Research Group of Beijing Open Economy Research Institute,
University of International Business and Economics (*UIBE*) / 291

社会科学文献出版社

皮 书

智库成果出版与传播平台

❖ 皮书定义 ❖

皮书是对中国与世界发展状况和热点问题进行年度监测，以专业的角度、专家的视野和实证研究方法，针对某一领域或区域现状与发展态势展开分析和预测，具备前沿性、原创性、实证性、连续性、时效性等特点的公开出版物，由一系列权威研究报告组成。

❖ 皮书作者 ❖

皮书系列报告作者以国内外一流研究机构、知名高校等重点智库的研究人员为主，多为相关领域一流专家学者，他们的观点代表了当下学界对中国与世界的现实和未来最高水平的解读与分析。截至 2022 年底，皮书研创机构逾千家，报告作者累计超过 10 万人。

❖ 皮书荣誉 ❖

皮书作为中国社会科学院基础理论研究与应用对策研究融合发展的代表性成果，不仅是哲学社会科学工作者服务中国特色社会主义现代化建设的重要成果，更是助力中国特色新型智库建设、构建中国特色哲学社会科学"三大体系"的重要平台。皮书系列先后被列入"十二五""十三五""十四五"时期国家重点出版物出版专项规划项目；2013~2023 年，重点皮书列入中国社会科学院国家哲学社会科学创新工程项目。

皮书网

（网址：www.pishu.cn）

发布皮书研创资讯，传播皮书精彩内容
引领皮书出版潮流，打造皮书服务平台

栏目设置

◆ **关于皮书**

何谓皮书、皮书分类、皮书大事记、
皮书荣誉、皮书出版第一人、皮书编辑部

◆ **最新资讯**

通知公告、新闻动态、媒体聚焦、
网站专题、视频直播、下载专区

◆ **皮书研创**

皮书规范、皮书选题、皮书出版、
皮书研究、研创团队

◆ **皮书评奖评价**

指标体系、皮书评价、皮书评奖

◆ **皮书研究院理事会**

理事会章程、理事单位、个人理事、高级
研究员、理事会秘书处、入会指南

所获荣誉

◆ 2008 年、2011 年、2014 年，皮书网均
在全国新闻出版业网站荣誉评选中获得
"最具商业价值网站"称号；
◆ 2012 年，获得"出版业网站百强"称号。

网库合一

2014年，皮书网与皮书数据库端口合
一，实现资源共享，搭建智库成果融合创
新平台。

皮书网　　　　"皮书说"　　　皮书微博
　　　　　　　微信公众号

权威报告·连续出版·独家资源

皮书数据库
ANNUAL REPORT(YEARBOOK)
DATABASE

分析解读当下中国发展变迁的高端智库平台

所获荣誉

- 2020年，入选全国新闻出版深度融合发展创新案例
- 2019年，入选国家新闻出版署数字出版精品遴选推荐计划
- 2016年，入选"十三五"国家重点电子出版物出版规划骨干工程
- 2013年，荣获"中国出版政府奖·网络出版物奖"提名奖
- 连续多年荣获中国数字出版博览会"数字出版·优秀品牌"奖

皮书数据库　"社科数托邦"
微信公众号

成为用户

　　登录网址www.pishu.com.cn访问皮书数据库网站或下载皮书数据库APP，通过手机号码验证或邮箱验证即可成为皮书数据库用户。

用户福利

- 已注册用户购书后可免费获赠100元皮书数据库充值卡。刮开充值卡涂层获取充值密码，登录并进入"会员中心"—"在线充值"—"充值卡充值"，充值成功即可购买和查看数据库内容。
- 用户福利最终解释权归社会科学文献出版社所有。

数据库服务热线：400-008-6695
数据库服务QQ：2475522410
数据库服务邮箱：database@ssap.cn
图书销售热线：010-59367070/7028
图书服务QQ：1265056568
图书服务邮箱：duzhe@ssap.cn

社会科学文献出版社　皮书系列
SOCIAL SCIENCES ACADEMIC PRESS (CHINA)
卡号：287169344247
密码：

S 基本子库
UB DATABASE

中国社会发展数据库（下设 12 个专题子库）

紧扣人口、政治、外交、法律、教育、医疗卫生、资源环境等 12 个社会发展领域的前沿和热点，全面整合专业著作、智库报告、学术资讯、调研数据等类型资源，帮助用户追踪中国社会发展动态、研究社会发展战略与政策、了解社会热点问题、分析社会发展趋势。

中国经济发展数据库（下设 12 专题子库）

内容涵盖宏观经济、产业经济、工业经济、农业经济、财政金融、房地产经济、城市经济、商业贸易等 12 个重点经济领域，为把握经济运行态势、洞察经济发展规律、研判经济发展趋势、进行经济调控决策提供参考和依据。

中国行业发展数据库（下设 17 个专题子库）

以中国国民经济行业分类为依据，覆盖金融业、旅游业、交通运输业、能源矿产业、制造业等 100 多个行业，跟踪分析国民经济相关行业市场运行状况和政策导向，汇集行业发展前沿资讯，为投资、从业及各种经济决策提供理论支撑和实践指导。

中国区域发展数据库（下设 4 个专题子库）

对中国特定区域内的经济、社会、文化等领域现状与发展情况进行深度分析和预测，涉及省级行政区、城市群、城市、农村等不同维度，研究层级至县及县以下行政区，为学者研究地方经济社会宏观态势、经验模式、发展案例提供支撑，为地方政府决策提供参考。

中国文化传媒数据库（下设 18 个专题子库）

内容覆盖文化产业、新闻传播、电影娱乐、文学艺术、群众文化、图书情报等 18 个重点研究领域，聚焦文化传媒领域发展前沿、热点话题、行业实践，服务用户的教学科研、文化投资、企业规划等需要。

世界经济与国际关系数据库（下设 6 个专题子库）

整合世界经济、国际政治、世界文化与科技、全球性问题、国际组织与国际法、区域研究 6 大领域研究成果，对世界经济形势、国际形势进行连续性深度分析，对年度热点问题进行专题解读，为研判全球发展趋势提供事实和数据支持。

法律声明